21世纪高职高专规划教材·市场营销系列

"互联网+"创新型教材

（第2版）

现代推销技术项目教程

XIANDAI TUIXIAO JISHU XIANGMU JIAOCHENG

主　编　赵丽炯

武汉理工大学出版社
WUTP Wuhan University of Technology Press

内容提要

《现代推销技术项目教程》本着高职高专教育的培养目标，以理论知识“必需、够用”，“突出技能培训”为原则，选取教学内容，设计教材结构，同时在对“高级推销员”职业进行分析的基础上，结合职业技能鉴定教材的要求，以项目引导、任务驱动来构建教学内容体系。教材共分为九个项目，包括全面认识现代推销技术、推销理论、推销基本技能、寻找顾客、推销接近、推销洽谈、顾客异议处理、推销成交和推销管理等内容，每个项目下设若干具体子任务，每个任务后都设有工作任务和实训项目，以培养学生的实践能力和创新能力。

本教材可作为高职高专院校的市场营销、电子商务、连锁经营、投资理财、国际贸易以及其他相关专业的教学用书，也可作为各类独立院校、中职学校、技工学校财经类专业师生的参考用书，还可作为企业管理人员的专业培训教材或自学用书，对期望提高推销技能的读者也很适用。

图书在版编目(CIP)数据

现代推销技术项目教程/赵丽炯主编. —2版. —武汉：武汉理工大学出版社，2018.10
(21世纪高职高专规划教材·市场营销系列)
ISBN 978-7-5629-5919-9

Ⅰ.①现… Ⅱ.①赵… Ⅲ.①推销-高等职业教育-教材 Ⅳ.①F713.3

中国版本图书馆CIP数据核字(2018)第226294号

项目负责人：崔庆喜(027-87523138)　　**责任编辑**：向玉露
责任校对：雷　蕾　　**封面设计**：芳华时代
出版发行：武汉理工大学出版社
社　　址：武汉市洪山区珞狮路122号
邮　　编：430070
网　　址：http://www.wutp.com.cn
经　　销：各地新华书店
印　　刷：湖北恒泰印务有限公司
开　　本：787×1092　1/16
印　　张：13.5
插　　页：1
字　　数：348千字
版　　次：2018年10月第2版
印　　次：2018年10月第1次印刷
印　　数：1500册
定　　价：34.00元

凡使用本教材的教师，可通过E-mail索取教学参考资料。
E-mail：wutpcqx@163.com
凡购本书，如有缺页、倒页、脱页等印装质量问题，请向出版社发行部调换。
本社购书热线电话：027-87384729　87664138　87165708(传真)

前言 QIAN YAN

市场经济条件下，现代推销技术在经济活动中的应用越来越广泛，企业市场部开展的推销工作关乎企业的生存和发展。随着市场竞争的日趋激烈，企业对高素质推销人员的需求更加迫切。近几年来，高校营销类专业的毕业生在就业市场呈现供不应求的态势，需求缺口日益明显。为了满足企业对高素质推销人才的需求，突出高等职业院校人才培养在理论上强调"以够用为度"的特点，我们在借鉴、吸收国内外推销学研究成果和教学实践的基础上，编写了此教材。

"现代推销技术"是一门艺术性和实践性较强的学科。本教材立足推销岗位，以推销工作过程为导向，以项目引导、任务驱动来构建教学内容，注重理论与实践相结合，着力培养学生的综合能力和实践操作能力。本教材的突出特点表现在两个方面：一是内容全面、简单易学。针对推销工作岗位对现代推销技术知识和技能的要求，以及高级推销员职业技能鉴定考试内容的要求，并结合高等院校教育的特点和培养目标来确定本教材内容的深度与广度。理论知识以"够用"为度，简明扼要，简单易学。二是注重实用性。本教材将理论知识与实践训练相结合，在每个任务介绍之后都设有工作任务和实训项目，学生可通过实践深化对理论知识的理解，更重要的是可使学生学会理论方法的实际应用，有助于调动学生学习的积极性和提高学生的实际推销能力。

本教材各项目均由不同模块组成，分别是学习目标（包括知识目标、能力目标）、推销格言；问题导入——引出本项目要学习的主要内容；正文——主要的学习内容，由若干子任务组成；应用实例——目的是增加学生的学习趣味性；工作任务与实训——设计操作性强的工作任务和实训项目，通过调查、访问、探究等，提高学生的实际动手和操作能力；课程小结——目的是使学生对本项目所学的内容有一个清晰的认识，便于复习；课后练习——安排了复习思考题和案例分析，目的是让学生温习和巩固所学知识，并锻炼学生的分析能力和思辨表达能力。

此外，本教材运用"互联网＋"思维，将阅读材料、情景案例和测试题等资料通过二维码的形式插入到正文当中，以方便读者在线阅读和自主测试，了解、掌握和巩固有关的知识和技能。

本教材是集体智慧的结晶。具体编写分工如下：郑州工程技术学院赵丽炯编写项目一、项目二和项目三，赵伊娜编写项目四和项目五，郑远红编写项目六和项目七，杨仪青编写项目八和项目九。全书由赵丽炯总纂、定稿。

在编写过程中，我们借鉴了有关教材、著作、报刊和互联网的相关资料，在此谨向这些文献资料的作者表示衷心的感谢。

由于水平有限，尽管此次我们对教材进行了认真修订和完善，但其中仍难免存在不足甚至疏漏，敬请同行专家和广大读者批评指正。

编　者

2018 年 9 月

目录

MU LU

项目一　全面认识现代推销技术

知识目标

1. 了解推销和推销环境的含义、推销要素之间的联系；
2. 理解推销技术的演变过程和现代推销技术的思想内涵；
3. 熟悉推销环境中的宏观、微观环境及其构成要素；
4. 掌握现代推销学的特点和研究内容、推销人员的职责和影响顾客购买行为的因素。

能力目标

1. 能树立现代推销观念；
2. 能够结合实际购买行为，具体分析影响推销活动的因素。

推销格言

不要强迫推销。不是卖顾客喜欢的东西，而是卖对顾客有益的东西。

——松下幸之助

问题导入

华人首富李嘉诚的推销之路

李嘉诚先生是华人当中名副其实的首富，但其创业初期有过一段不寻常的推销经历。他出生于广东潮安县的一个书香门第，11岁的李嘉诚在读完两年小学后便因父亲去世而辍学，在他舅舅的南洋钟表公司做杂工。父亲的早逝，给李嘉诚留下一副家庭重担和一身债务。14岁的李嘉诚凭着毅力、韧性和真诚在港岛西营盘的春茗茶楼找到一份工作。他在努力做好每一件事的同时，给自己定了两门必修功课：其一是时时处处揣测顾客的籍贯、年龄、性格、职业、财富等，以便找机会验证；其二是揣摩顾客的消费心理，既待人真诚又投其所好，让顾客在高兴之余掏腰包。李嘉诚对顾客的消费需求和习惯了如指掌，如谁爱吃干蒸烧卖，谁爱吃虾饺，谁爱吃加辣椒的肠粉，谁爱喝红茶，什么时候上什么茶点，李嘉诚心中都有一本账，他练就了一套既能赢得顾客又能让顾客乖乖掏钱的本领。后来，李嘉诚到一家五金厂做推销员，他每天起得最早，第一个来到厂里，挑着铁桶沿街推销。靠着一双铁脚板，他走遍了香港的角角落落，从不放弃每一笔可做的生意。李嘉诚凭着坚韧不拔的毅力，建立了销售网络,赢得了良好的信誉,也深受老板器重。再后来,因为塑胶业的蒸蒸日上,李嘉诚开始推销塑胶产品。由于他肯动脑筋,又很勤奋,在塑胶产品推销过程中大显身手,业绩突出,20岁便被提拔为业务经理,而且淘得了第一桶"金",同时练就了一身推销本领,为日后进军塑胶业和构建庞大的企业帝国打下了坚实的基础。

放眼世界,大凡商界成功人士多从推销起家。美国的推销大师乔·吉拉德,35岁以前是个完全的失败者,并且患有严重的口吃,换过40多个工作仍一事无成,后来转行做推销员,竟然在短短三年内成为美国著名的推销员。他创造的吉尼斯世界纪录——连续12年日均销售6辆汽车至今无人能打破,他本人也因此而被誉为"世界最伟大的销售员"。日本"推销之神"原一平,在26岁进入保险公司之前是一名落魄的街头青年,后来成为一位亿万富翁。美国成功激励大师卡内基,从一名工厂的小职员做起,历经众多行业,后来接触推销行业,吸取精髓快速成长,成为享誉全球的训练大师。

问题:

(1)为什么说许多成功人士靠推销起家?

(2)你从李嘉诚身上学到了什么?

分析点评

任务一　理解推销、推销学和推销技术

基础知识

完成本任务所需的基础知识包括推销的含义、现代推销学的特点和研究内容、推销技术的演变过程和现代推销技术的思想内涵。

一、推销的含义

推销是一个古老而又年轻的概念,其历史源远流长。推销伴随着商品的产生而产生,伴随着商品生产和商品交换的发展而发展,它是现代企业经营活动中的重要环节之一。随着社会的进步及经济、科技的发展,其内涵也在不断地演变。关于推销的含义,人们从不同的角度有不同的理解,可谓众说纷纭。

商品经济发达的国家认为推销工作是"经营的命脉"、"熟悉经济环境及应付市场变化的好手"和"新产品的建议者和开发者"。

美国市场学会认为推销是用人为或非人为的方法协助和说服顾客购买某种产品或劳务,并依照对出售者具有商业意义的意见采取有利的行动。

世界著名的推销专家戈德曼则认为:推销就是要使顾客深信他购买你的产品是会得到某些好处的。

日本"推销之神"原一平认为:推销就是热情,就是战斗,就是勤奋地工作,就是勇气。

澳大利亚推销学会认为:推销是说服人们接受推销人员所推销的商品、劳务或意见,是一种具有发现和说服双重作用的工具,也就是要发现人们的需要和欲望,并说服他们采用被推销的商品或被推销的劳务,以满足其需要。

中国营销界认为：推销是指推销人员在一定的推销环境里，运用各种推销技术和推销手段，说服一定的推销对象，同时达到推销人员自身特定目的的活动。

归纳分析国内外学者和企业家的表述，推销可以从广义和狭义两个层面加以理解。

1. 广义的推销

广义的推销，指人们在社会活动中，通过一定的形式传递信息，说服别人接受自己的产品或观念的活动过程。由此看来，广义推销的行为在现实生活中是时时都会发生的，比如小商贩沿街叫卖、色彩艳丽的路牌广告、政治家的竞选演说、演员的艺术表演、老师的课堂讲授、刚毕业大学生的面试等。人们时时处处都能够感受到推销的存在，同时每个人都在生活中扮演着推销员的角色。

2. 狭义的推销

狭义的推销，指企业通过人员或非人员方式，运用各种推销技术和手段，说服和诱导现实的或潜在的顾客接受特定的产品、劳务及推销观点的整体活动过程。

推销是一门销售技艺，也是一项创造性的活动。完整理解推销的概念应注意以下几点：

第一，推销的基本任务是说服和诱导顾客接受产品、劳务及推销观点。

在推销活动过程中，推销人员需要用语言或其他形式将其意见传达给顾客，促使顾客作出反应，并争取顾客的认同。推销人员为了能够说服顾客，必须将推销观点编译成适当的语句、图表、体语或其他传输符号。在这个沟通过程中，推销人员要保证顾客对各种传输符号有客观、准确的理解，使顾客将这些信息积累起来，就会引起注意，激发兴趣，从而产生有利于推销的行为。

第二，推销是互惠互利的公平交易活动。

推销人员和推销对象都是推销活动的主体，都有各自特定的目的和需求，成功的推销就是要同时满足主体双方的目的和需求，即实现双赢。不仅推销人员将商品销售了出去，实现了赢利，而且推销对象也感到自己的需求得到了满足，给自己带来了多方面的利益。

第三，推销是一项系统活动过程。

推销不是单纯的你买我卖的简单交易，而是涉及寻找顾客、推销接近、约见顾客、推销洽谈、异议处理、推销成交等环节的一系列过程，它是环环相扣、互相制约和互相影响的一个系统过程。

第四，推销活动应将为顾客服务的宗旨贯彻始终。

为顾客服务、替顾客着想、千方百计满足顾客的需要、解决顾客的问题是推销的宗旨。在买方市场条件下，推销人员对顾客的服务意识和质量决定着推销的成败。因为现代企业推销的产品是整体产品，而服务是整体产品中必不可少的重要组成部分。随着社会经济的发展，人们对服务的要求越来越高，这就需要推销人员不断增强服务意识并提高服务质量。

动手动脑

思考推销与营销的区别和联系。

二、推销学

1. 推销学的产生

对推销理论的研究，最早出现在19世纪末、20世纪初的美国。当时，美国经济处于生产相对过剩的阶段，大量产品积压，为了解决产品的销售问题，在一些大学出现了关于推销技巧和推销广告的研究与演讲，由此，人们开始将推销学作为一门学科加以认识和研究。推销学有传统推销学和现代推销学之分，国外学者一般倾向于称20世纪50年代以前的推销学为传统推销学，称20世纪50年代以后的推销学为现代推销学。1958年，欧洲著名推销专家海因兹·姆·戈德曼所著的《推销技巧——如何赢得顾客》(*the classic manual of successful selling*——*HOW TO WIN CUSTOMERS*)一书的出版，标志着现代推销学的产生，海因兹·姆·戈德曼也被尊称为“现代推销之父”。传统推销学和现代推销学最大的区别是推销观念不同，突出表现在“以谁为中心”的问题上。传统推销学强调以推销人员为中心，即“我销什么你买什么”，把推销对象放在被动位置；现代推销学强调以消费者为中心，即“你买什么我卖什么”，把推销对象放在主动位置。

阅读材料

2. 现代推销学的特点

(1)推销工作职业化、专门化。市场经济和推销学理论的发展，促使推销成为一种专业性很强的职业，需要科学运用一定的理论原则和方式方法。另外，推销人员因其对企业销售作出的巨大贡献而备受社会尊重，也促使越来越多的精英加入到推销人员的队伍中。

(2)推销概念普及化、广泛化。在市场经济条件下，推销活动已经渗透到人们日常生活的方方面面，“推销无处不在”、“事事都需要推销”等观念已经被越来越多的人接受。许多人认识到，不仅营利性组织需要推销，非营利性组织也需要推销；不仅让顾客购买产品或服务需要推销，让别人接受某种观念、思想也需要推销。

(3)现代科学技术广泛应用。随着科学技术的发展和企业对推销工作的日益重视，许多现代化的技术手段，如手机、网络等通信手段，信息处理技术，信贷手段，结算手段和科学决策技术等在推销活动中得到广泛应用。

(4)推销研究重点由物转向人。在推销学发展初期，也是传统推销学时期，理论研究的重点是“物”，即对推销产品的性能、质量、外观、优缺点等的研究。后来，研究的重点转向推销活动，即推销过程、方式、技巧、策略等。现代推销学则以“人”(包括推销人员和推销对象)为研究重点，如研究推销对象的需求、动机、行为以及心理活动规律，研究推销人员应具备的素质和能力，研究推销环境对推销人员和推销对象产生的影响等。这些研究都为现代推销学的发展奠定了坚实的基础。

3. 现代推销学的研究范围和目的

现代推销学是一门涉及多学科的综合性应用学科，是研究推销人员为满足顾客需求而开展推销活动的全过程及其一般规律的学科。这个表述强调了以下两点：

(1)现代推销学的研究范围是推销活动的整体过程。推销活动过程是在现代推销观念的指导下，培养和甄选推销人员，从市场调研入手，分析推销环境、推销产品和竞争对手的状况，寻找并确定潜在顾客，进而研究推销对象的个性、需求、购买动机和购买行为特征，制定并实施有效的推销战略，运用适当的推销策略和技巧，约见和接近潜在顾客、与潜在顾客洽谈、处理异议、成交的过程。推销过程一方面是不断挖掘顾客潜在需要的过程，即推销人员在了解、分析、研究潜在顾客购买特征的基础上，与其约见、接近、洽谈的过程；另一方面也是制定推销策略的过程。

(2)现代推销学研究的目的是总结一些具有普遍意义的推销规律，从而更好地指导推销实践。推销过程十分复杂，但并非毫无规律可循，作为一门学科，它也具有规律性。如顾客方面的有关规律：顾客对产品基本效用和利益的追求、消费者的购买行为基于他自身的内在需求、人们对品牌的认知过程等。产品方面的有关规律：产品的生命周期规律表明，产品处在市场生命周期不同的阶段具有不同的特点，对推销具有不同的要求；产品不仅包括它的实体，而且包括外形和延伸等。再如客观经济规律：价值规律表明，供求关系决定价格，供给量与价格呈反方向变动等。

4. 现代推销学的研究内容

现代推销学是在市场营销理论的指导下，对人员推销的具体研究。其研究领域广阔，涉及学科较多，如管理学、经济学、商品学、市场营销学、商务礼仪、心理学等，是一门多学科交叉渗透的综合性应用学科。其研究内容主要包括：

(1)现代推销理论。推销理论是对推销过程中带有规律性的内容的归纳和总结，它源于实践，反过来又指导实践。现代推销学的基础理论研究主要包括对推销的含义、现代推销技术的思想演变、推销的活动过程、推销系统等方面的研究。

(2)顾客行为。企业开展推销活动的最终目的是在满足顾客需求的基础上，使企业和推销人员同时获得利益和回报。因此，顾客的需求特征，以及他们在推销活动过程中所表现出来的心理和行为的反应规律是现代推销学的研究重点之一。现代推销学对顾客的研究内容包括顾客的消费需求及其变化规律、顾客在接受推销过程中的心理活动及其规律、影响顾客接受推销的各种因素等。

(3)推销人员的个体特征。推销人员是推销活动的发起者，他们的个人素质不仅决定着个人推销业绩，而且关系到企业的效益。推销人员在推销活动中需要发挥主观能动性，需要对顾客的需求进行识别、引导和协调；除此之外，推销人员还承担着制定推销战略、运用推销技巧、维护老顾客、寻找新顾客、传递和收集市场信息、为顾客提供全方位的服务等多种重要职责。现代推销学要研究推销人员的基本素质、能力、基本任务以及礼仪等。

(4)推销策略和技巧。熟悉和掌握各种推销策略和技巧是推销人员成功推销的重要保障。现代推销学对推销策略和技巧的研究内容主要有寻找顾客及顾客资格审查、约见和接近顾客技巧、推销洽谈的策略和技巧、顾客异议处理策略和推销成交常用方法等。

动手动脑

你如何认识推销这个职业？如果让你做推销员，你会做吗？

三、推销技术

(一)推销技术的演变过程

推销技术可以分为传统推销技术和现代推销技术。传统推销技术是以单纯的推销术、广告术为手段，只推销现有产品，不考虑消费者需求的各种方法和技巧；现代推销技术是运用各种现代化的工具和手段，针对消费者需求所采用的各种方法和技巧的总称。推销技术的演变过程可以分为四个阶段。

1. 古典式推销技术(19世纪中叶以前)

推销是随着商品的产生而产生的，从有商品生产开始，推销活动就随之产生，并由此形成了古典式推销技术。这个时期，自给自足的自然经济占主导地位，商品经济还不发达。由于社会制度的原因而形成的势力割据，造成市场小而分散，从事推销活动的人主要是个体生产者和商人，推销技术主要以个人推销技术为主。这时期推销的特点是推销成功与否带有偶然性，推销活动的短期性、欺诈性和推销技术的原始性。

2. 生产型推销技术(19世纪中叶至20世纪20年代)

这一时期，商品经济取代了自给自足的自然经济，推销技术不再以个人为代表。在商品经济条件下，企业如果不能把产品卖出去，就不能进行再生产，也无法获得利润，将面临破产。因此，要求推销必须摆脱偶然性和短期性。但是，由于当时市场处于供不应求的状态，企业生产的产品不愁卖不出去，所以企业只以生产为中心，以产定销，并不重视推销活动。同时，推销成功与否的偶然性特点不很明显，推销仍具有短期行为的特点。广告开始从销售现场向非销售现场转移，印刷广告是当时非销售现场广告的主要形式。

3. 销售型推销技术(20世纪20年代至50年代中期)

随着资本主义国家对世界市场分割的完毕和世界范围内越来越频繁的经济危机，以及资本主义基本矛盾的日益尖锐，市场上的产品越来越难以销售出去，客观上要求企业必须重视产品推销。但这个时期的推销技术仍未摆脱传统的模式，主要有三个特点：企业开始设立销售部门；企业开始注意产品的质量差异；新的推销观念和推销技术逐步形成。

4. 市场型推销技术(也称现代推销技术，20世纪50年代中期至今)

这一时期，西方资本主义经济得到空前发展，买方市场真正形成，企业竞争日益激烈，这使得市场型推销技术即现代推销技术的产生成为必然。市场型推销技术从思想到方法都与传统推销技术有本质的区别，它的特点主要有：

(1)坚持以消费者为中心的推销观念，把满足消费者需要放在企业全部活动的首位。这时企业所推销的产品是充分体现消费者需要的产品，企业以销定产，以需定产，改变了传统推销中成功的偶然性。

(2)企业推销的产品是整体产品。这时企业所推销的不再是单纯的产品实体，而是将产品实体与产品服务融为一体的整体产品。整体产品包括三个层次：第一层是核心产品，即提供给消费者的基本效用和利益；第二层是形式产品，包括产品的品质、款式、包装、商标等；第三层是延伸产品，即产品的各种附加利益和服务，主要包括对产品的运送、安装、维修、保养等各种服务。

(3)企业活动是一种整体活动。企业活动的整体性表现在两个方面：一是营销机能的整体性，即产品、定价、渠道、促销的整体配合；二是职能部门的整体性，即企业各个部门的协同配合。

应用实例

野泽悦子的"投币浴室"

在日本东京都世界田谷区的松原有一个"索宜泰姆投币浴室",每天前去洗浴者甚众。走进投币浴室的大门,人们就可以看见一个个盒子式的洗浴间。洗浴间顶部设有放衣服的架子,还有一个淋浴的喷头,洗浴者只要往投币口投入一枚100日元的硬币,喷头立刻就会喷出5分钟温水。据估计,每人平均淋浴时间为10分钟,这就是说,花200日元就能痛痛快快地洗上一个澡。这间投币浴室24小时连续服务,人们随来随洗,既方便又实惠。该投币浴室的女老板名叫野泽悦子。她说:"从学生时代我就有个想法:如果能随时随地洗个热水澡,该有多好……这个想法便是投币浴室诞生的缘由。"由于投币浴室价廉、卫生、使用方便,恰好能满足学生的需要,因而门庭若市,尤其受学生欢迎。据统计,顾客的平均年龄只有22岁,女性约占20%,夏天的生意特别好。该浴室每天平均有2万日元的净收入,约为熟练技术工人日工资的两倍。投币浴室不需要专人管理,几乎是无人操作,经营起来十分轻松。野泽悦子独到的构思,使她的生意获得了成功并不断发展。

问题:

野泽悦子在哪些方面体现了现代推销观念?

(二)现代推销技术的思想内涵

1. 推销活动要以消费者需要为中心

现代推销技术建立在以满足消费者需要为出发点的思想基础上,具体包括三个方面内容:

第一方面,消费者需要是企业经营活动的出发点。首先,传统的企业经营活动是从购买开始的,而现代企业的经营活动是在市场调研和预测的基础上,按照消费者的需要开始产品的设计、构思以及原材料的购买等,这从根本上消除了传统推销活动中偶然性的弊端。其次,传统的企业经营围绕生产进行,企业重点考虑的是如何降低成本,而现代企业经营则要求根据消费者需要调整原材料购买计划,调整企业的生产设备和生产能力。企业的经营思想由过去的以产定销转变为以需定产,这是现代推销技术形成长期性、稳定性特点的重要原因。

第二方面,消费者需要必须在产品和服务中得到充分体现,即企业生产的产品和提供的服务必须充分满足消费者需要。充分满足是指除产品实体,即产品本身的使用价值能最大限度地满足消费者需要之外,它的延伸价值也要能最大限度地满足消费者需要。延伸价值是指消费者在使用这种产品的过程中所需要的产品实体之外的其他各种价值,如产品的运送、安装、维修、保养以及销售方式、服务项目等。这种对产品整体性的认识和理解,使现代推销技术的外延有了较大发展。

第三方面,消费者需要的满足程度是衡量企业全部活动优劣的根本标准。对于企业来说,消费者是最重要的公众成员,消费者对企业活动的评价是企业改进工作的最重要依据。现代推销技术还有这样一种思想:顾客购买企业特定产品是一种对企业的惠顾,这本身就包含着对企业的认知以及由认知所形成的良好印象和感情,如果消费者不再惠顾,就标志着企业的失败。

应用实例

王永庆卖米

王永庆,台湾著名的企业家、台塑集团创办人,被誉为台湾的"经营之神"。最初,祖籍在福建省安溪县的王家过着十分艰难的生活,几代人都以种茶为生,只能勉强糊口。

15岁那年,王永庆小学毕业,先到茶园做杂工,后到台湾南部嘉义县的一家小米店当了一年学徒。第二年,王永庆做出人生中第一个重要决定——开米店,自己当老板,启动资金则是父亲向别人借来的200元钱。

问题随之而来,王永庆的小店开张后没有多少生意,原因是隔壁的日本米店具有竞争优势,而城里的其他米店又拴住了老顾客。不过,16岁的王永庆展现了超强的营销能力,不仅挨家挨户上门推销自己的大米,而且还免费给居民掏陈米、洗米缸,照现在的话说,王永庆向嘉义县老百姓提供的是针对性极强的个性化服务,在维系客户关系上逐渐占了上风。

此外,当时的大米加工技术比较落后,出售的大米掺杂着米糠、沙粒和小石头,买卖双方都是见怪不怪。王永庆在每次卖米前都把米中的杂物拣干净,买主得到了实惠,一来二往便成了回头客。

王永庆卖米多是送米上门,他在一个本子上详细记录了顾客家有多少人、一个月吃多少米、何时发薪等。算算顾客的米该吃完了,就送米上门;等到顾客发薪的日子,再上门收取米款。此种"客户至上"的理念所延伸出来的品质改善、便利客户以及定期收款等,不但使王永庆的米店经营得极为出色,而且也奠定了他日后经营塑胶事业成功的基础。

问题:

王永庆的米店能成功经营的根本原因是什么?

2. 推销活动过程是一项系统工程

现代推销技术的第二个基本思想是用系统论的观点来看待推销技术和推销活动,把推销活动过程作为一项系统工程。具体包括以下四个方面内容:

第一方面,系统的目的性。推销活动的目的十分明确,就是把企业生产出来的产品推销出去,实现产品的价值和使用价值,在满足消费者需要并使消费者满意的前提下获得利润。

第二方面,系统的整体性。以系统论的观点来看,推销不是一种孤立的活动,而是企业的整体活动,企业中的任何一个部门,推销活动中的任何一个环节,甚至任何一项具体工作、任何一个推销人员,都是这个系统的重要组成部分,它们构成了一个有机的整体,这个整体的力量大于各个独立部分的力量之和,这个整体要通过共同努力来实现系统的目的和发挥特定功能。

第三方面,系统的关联性。推销活动的关联性包括两个方面的内容:一是企业内部各个部门、各项活动、各个环节、各个员工之间的关联性;二是企业对环境的适应性。企业要获得推销活动的成功,必须具有较强的环境适应能力和应变能力,根据环境的变化及时调整生产与销售策略。

第四方面，系统的层次性。虽然企业中的任何活动都相互联系和相互作用，并服从于统一目标，但是各个部门、各项活动、各个员工都具有更为具体的目标，企业系统的目的和特定功能正是由这些具体目标及经济指标综合形成的。

实训

推销自己

实训目的：

通过自我推销，熟悉推销技术的基本知识，锻炼个人的语言表达能力。

实训内容和步骤：

(1)回顾本任务基础知识中推销的概念和推销技术的思想演变。

(2)每个同学精心写一份自我推销介绍词，包括姓名、个人兴趣特长、对专业的理解和课程学习的认识、介绍家乡特产或旅游风景名胜等，然后在课堂上进行自我推销。

实训要求：

个人独立完成，并在课堂上进行讨论。

工作任务

组建推销团队

工作任务提示：

本工作任务要求学生自由组合建立推销团队，制定推销团队激励约束机制，通过团队的分工与协作，完成本课程的其他工作任务。

工作任务内容：

第一，组建团队。

团队成员通过自愿组合建立团队，团队人数为4～6人，男、女生合理搭配；团队成员能力要协调互补，特别是沟通能力、协调能力、文字处理能力和组织能力；团队成员通过自荐或推荐的方式选出队长，负责团队所有活动的组织、安排、协调工作，带头完成分配给自己的任务，监督、帮助其他成员完成相应的工作。

第二，确定团队的推销目标，设计标识。

团队的推销目标是团队通过推销实践要达到的目的或要实现的推销业绩。

团队标识主要包括队名、队徽、口号等。

第三，团队的分工与协作。

推销团队组建完成后，由队长根据成员能力和工作意愿协调分工，充分发挥每个人的特长和优势。团队成员之间要互相帮助、互相信任、互相团结。

第四，团队工作绩效考评。

编制团队成员绩效考评表。在每项工作任务完成后，由队长负责主持召开会议，讨论工作目标的实现程度、工作的得失,总结经验,吸取教训;根据各成员的表现,通过民主评议对个人进行考评,考评标准可设为优秀、良好、称职和不称职四个等级。

工作任务要求:

第一,以书面报告的形式提交推销团队资料,包括团队名称、团队简介、团队目标和口号、队长及成员的姓名、团队成员的特长等。

第二,以书面形式编制推销团队成员绩效考评表,由队长保存,并在每次工作任务完成之后进行记录。

第三,召开一次推销团队会,帮助团队成员互相了解,并进行会议记录。

任务二　推销环境分析

基础知识

完成本任务所需的基础知识包括推销环境的含义、宏观环境因素和微观环境因素等内容。

一、推销环境的含义与特点

1. 推销环境的含义

推销环境是围绕并影响企业生存和发展的各种因素的总和,这些因素在不同程度上独立于企业而存在,是与企业推销活动相关的外部条件,它们影响企业维持和拓展目标市场的能力,制约企业的推销活动。根据外界环境对企业推销活动产生影响的方式和程度,可以将推销环境分为两大类:微观环境和宏观环境。

微观环境是指直接影响与制约企业推销活动的环境因素,主要包括企业内部条件、供应商、顾客、竞争者和社会公众等,它们与推销活动直接联系,直接作用于推销过程,因此也称为直接环境。

宏观环境是指通过微观环境的相关因素作用于推销活动的社会力量,主要包括人口环境、经济环境、自然环境、政治法律环境、社会文化环境、科学技术环境等,它们不直接作用于企业,但会通过微观环境对企业产生强大影响,因此也称为间接环境。

宏观环境和微观环境两者并非并列关系,而是包容和从属的关系,微观环境受制于宏观环境,宏观环境借助于微观环境发挥作用。推销环境的关系如图1-1所示。

2. 推销环境的特点

(1)客观性。环境是客观存在的,它不以企业或推销人员的意志为转移,如自然、人口、经济水平等。企业或推销人员应该根据环境变化的规律,积极主动地适应环境变化和要求,不断调整推销策略,从而获得竞争优势。

(2)差异性。不同的企业受不同环境的影响,而且同样一种环境因素对不同企业的影响也是不同的。如不同国家或地区间在经济、文化、法律等方面存在广泛的差异。

(3)动态性。任何环境因素都不是静止的,企业所面临的环境无时无刻不在发生着变化,如国家政策、气候变化等。同时,构成环境的各因素在不断地重新组合,形成新的环境。

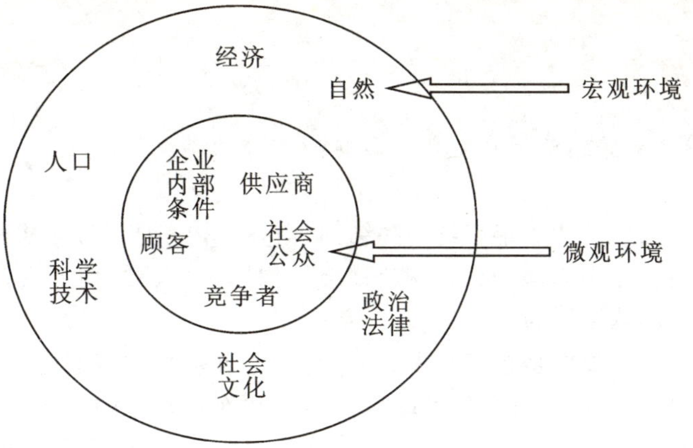

图 1-1 推销环境的关系

(4)关联性。各个环境因素不是独立的，它们相互作用、相互影响，任何一个环境因素的变化，都会引起其他环境因素和整个环境系统的变化，如气候的变化会引起购买习惯、消费习惯的变化等。

动手动脑

请同学们根据自己的经历举例说明推销环境是如何影响推销成败的。

二、宏观环境

1. 人口环境

现代市场营销学认为，市场是由具有购买欲望和购买能力的消费群体构成的，人口的多少直接决定市场的潜在容量。人口状况是企业和推销人员最为关注的首要环境因素，人口对推销的影响主要表现在以下几个方面：

(1)人口规模和增长率。人口规模即人口总量，是市场规模的基础，也是衡量市场潜在容量的重要因素。人口增长率反映一个国家或地区的人口增长速度，其直接影响未来市场需求增长的速度和方向。人口的增长意味着市场继续发展，市场需求总量进一步扩大，对基本生活资料和基础教育的需求量产生重要影响。

动手动脑

试分析目前我国的人口变动呈现的特点。

(2)人口地理分布和流动性。人口的地理分布是指人口在不同地区的密集程度，受自然地理条件和经济发展程度等多方面因素的影响，它对推销活动的影响主要表现在两个方面：一是直接影响着各个地区市场的需求量；二是影响着购买对象和需求结构。人口流动性是指人口流动的多少以及流向等。伴随着人口的流动，必然引起购买力的转移，从而引起各个地区的市场需求量发生变化。

动手动脑

人口的流动性会对推销活动产生什么影响?

(3)人口结构。人口结构决定市场产品结构、消费结构和产品需求类型。人口结构主要包括人口的年龄结构、性别结构、家庭结构、社会结构以及民族结构。人口结构状况会影响购买对象、消费档次和购买行为。

(4)家庭规模。家庭规模是指家庭人口的多少,它直接影响着家庭消费量、购买量以及家庭用品的消费结构等。随着计划生育政策的实施和晚婚晚育的倡导,以及职业妇女的增多,单亲家庭和独身者的涌现,家庭消费需求的变化很大。目前,我国的家庭规模在逐渐缩小,家庭户数增长,越是在经济发达的地区,家庭规模越小。这种变化也带来了家庭生活方式和生活习惯的变化。

2. 经济环境

经济环境的内容非常丰富,它对推销活动的影响可以从以下两个方面来分析:

(1)消费者收入。消费者收入的高低直接影响购买力的大小,从而决定了市场容量及消费支出模式。消费者收入主要是指消费者所得到的劳动收入和其他收入,这些收入并不全部用于购买商品,只有扣除直接负担的各项税收、保险金、罚款等项后,才形成消费者个人可支配收入,用来消费和储蓄。消费者可支配收入中消费支出比例的变化会对消费产生一定的影响。消费者收入是不断变化的,随着实际收入的变化,消费者支出模式和消费结构也发生变化,经济学家常用恩格尔系数来反映这种变化。

阅读材料

动手动脑

我国现阶段的消费支出模式和消费结构有哪些特点?

(2)经济发展水平。经济发展水平的高低直接影响消费需求,进而影响企业推销活动的展开。在经济发展水平较高的国家或地区,消费者更注重产品品质,品质竞争多于价格竞争;在经济发展水平低的国家或地区,消费者往往更注重产品的功能和利益,价格高低对消费者的购买选择影响更大。

应用实例

日本汽车工业的崛起

20世纪60年代以前,美国的汽车制造业一度在世界上占据霸主地位。当时有两个因素影响汽车工业:一是石油价格低廉,石油生产被发达国家所控制;二是轿车制造业发展很快,多座位的豪华车、大型车盛极一时。擅长于市场调查和预测的日本汽车制造商,透过表面的经济繁荣,看到产油国与跨国公司之间的明争暗斗,预测世界性能源危机即将发生,油耗将成为影响汽车消费的重要因素;而随着汽车数量的增多,马路上车流量增加,停车场的收费会提高,小型车的适应性更强;同时,通过对家庭用车状况的分析发现,一个家庭只有一部汽车已经不能满足家庭需要,小巧的轿车更能得到消费者的宠爱。

于是,日本物美价廉的小型节油轿车在20世纪70年代的世界性石油危机中横扫欧美市场,而欧美各国生产的传统豪华型轿车因耗油大、成本高,销路大受影响。

问题:

日本汽车工业崛起的原因是什么?

3. 自然环境

任何企业的经营活动都与自然环境息息相关。自然环境是影响企业产品销售、消费者消费方式和消费习惯的重要因素。自然环境主要包括自然地理状况和自然资源状况。

(1)自然地理状况。自然地理是指一个国家或地区的客观自然环境与条件,如阳光、雨水、地形、地貌、气候、温度等。这些因素决定了处于不同地理位置、不同经纬度地区的居民会有不同的消费需求,因此,企业在开展产品销售推广活动时必须因地制宜。例如,在潮湿、多雨的地区推销产品要注意产品是否具备防潮功能,同时,在寒冷的地区推销产品要考虑产品的防冻功能等。

应用实例

天公作美

天下未暑我先热,万人未冷我先寒。这是经营销售学里的一门学问,也是一个诀窍。广州南方大厦经营雨伞就是一个很好的实例。

那年冬季,南方大厦经理邓汉光从杂志上看到来年春季广州地区雨量多、雨季长的气象预测,便叫采购员打听哪里有雨伞供应。采购员不知何意,奉命从事。几经打听,得知深圳一家公司积压了20万把雨伞,正苦于无处打发。邓汉光要采购员全部兜揽过来。采购员很惊讶。

"邓经理,您这唱的什么戏呀?葡萄不到吃的时候,它的滋味可不好尝啊!"

"不要紧。"邓汉光也诙谐地说,"你把生葡萄摘回来,我能叫它熟透!"

20万把雨伞,耗资100多万元。把赌注押在老天爷身上有点太玄了!

第二年春,果如预报所言,那雨一场紧接一场,全城的人为了买雨伞都往南方大厦跑。20万把雨伞一售而空,净赚60多万元。

问题:

邓经理成功的原因是什么?

(2)自然资源状况。自然资源是指自然界提供给人类的各种形式的物质财富,如矿产资源、森林资源、土地资源、水力资源等。这些资源可分为三类:一是不可再生资源,如石油、矿产等;二是可再生资源,如森林等;三是其他自然资源,如水、空气等。当前在世界范围内普遍面临着自然资源日益短缺、能源成本不断提高、环境污染日趋严重、国家政府对自然资源管理和环境保护不断加强的局面。

应用实例

掘金雾霾天气:空气污染防护的新商机

从2013年1月全国多地爆发大规模的雾霾天气起,能源产业便被认为是导致出现雾霾天气的“祸首”。在北京,近2 000万人对PM2.5(大气中直径小于或等于2.5微米的颗粒物)的恐慌与担忧尚未散去,一场对商机的争夺与“狂欢”就已上演。

2013年1月12日上午9点,北京监测到的PM2.5指数最高值达到456。一般情况下,PM2.5指数达到300就是6级重度污染级别。许多市民开始寻找最专业的口罩,尤其是用于矿井、水泥厂和面粉厂等特定工作环境的口罩。

“仅仅一家天猫的旗舰店一天的销售量就达到了2万个。”回忆起当天网络上的火爆情形,“绿盾”口罩的生产商——上海兴诺康纶纤维公司董事长赵丹青告诉《中国企业家》,这个数字比平时增长了100倍。

越来越多的企业和投资机构捕捉到了这个新的增长点。车内空气净化成为汽车厂商们销售的新噱头,在经过DVD、倒车雷达时代后,车内空气净化装置开始成为标准配置。

雾霾天气没过几天,日本夏普公司“PM2.5颗粒1小时去除率达99%”的空气净化器广告就出现在国贸地铁等繁华地段。诸如飞利浦、松下、海尔、远大等国内外知名企业都在第一时间热推各自品牌的空气净化器。

远大集团开发了一系列产品,如空气净化器、装在空调末端以净化空调出风的设备和使室内空气不断循环流通的新风机;还推出了一款“生命手机”,不但拥有通话、收发短信等一切常用功能,同时还可以对空气品质进行随时随地的检测。

问题:

案例中的企业是如何利用雾霾天气寻找商机的?

4.政治法律环境

政治与法律是影响企业营销活动重要的宏观环境因素。在任何社会制度下,推销活动都是在特定的政治法律环境里进行的,必定要受到政治法律环境的影响和约束。

(1)政治环境。政治环境是指推销活动的外部政治形势、国家方针政策及其变化。一个国家或地区的政局稳定与否,会给推销活动带来重大影响。如果政治民主、局势稳定,就会带给推销活动宽松和良好的外围环境。相反,如果政治独裁、局势动乱,必定会影响企业推销活动的进展。特别是在跨国推销活动中,企业和推销人员一定要考虑东道国政局变动和社会稳定与否的情况。

应用实例

玩具熊“米沙”的销售失败

美国洛杉矶推销员斯坦福·布卢姆以25万美元的价格购买了西半球公司的一项专利,

生产了一种名叫“米沙”的小玩具熊，用作1980年莫斯科奥运会的吉祥物。买下后的两年里，布卢姆先生和他的伊美治体育用品公司致力于“米沙”的推销工作，并把“米沙”商标的使用权出让给了58家公司。成千上万的“米沙”被制造出来，分销到全国的玩具商店和百货商店，十几家杂志上出现了这种带4种色彩的小熊形象。开始，“米沙”的销路良好，布卢姆预计这项业务的营业收入可达5 000万到1亿美元。不料在奥运会开幕前，由于苏联拒绝从阿富汗撤军，美国总统宣布不参加在莫斯科举行的奥运会。骤然间，“米沙”变成了被人深恶痛绝的象征，布卢姆的赢利计划成了泡影。

问题：

是什么原因导致玩具熊“米沙”销售失败的？

(2)法律环境。法律环境是指国家或地方政府颁布的各项法规、法令、条例等。国家和地方的法令、法律直接影响着人们的消费需求和推销活动，国民经济各个方面都离不开法律环境，一切市场活动也不例外，必然受到法律环境的约束。企业研究并熟悉法律环境，不仅可以守法经营，运用法律手段保障自身权益，而且可以通过法律条文的变化对市场需求及其走势进行预测。在开展跨国推销活动时，企业和推销人员必须熟悉相关国家的政治制度和法律，遵守相关国家的法律，有关的国际法规、国际惯例和准则。推销人员要懂法守法，在法律允许的范围内从事正当的推销。

应用实例

房地产“限购令”的出台

我国于2010年出台“限购令”，通过加大对购房者购房条件的限制来打击房地产行业的投机行为，控制房价过快增长。2010年4月17日，国务院推出“新国十条”，其中的第三条明确指出要实行更为严格的差别化住房信贷政策，要严格限制各种名目的炒房和投机性购房。“新国十条”出台后，各地根据其房地产现状陆续颁布“限购令”。2010年4月30日，北京出台“国十条”实施细则，率先规定“每户家庭只能新购一套商品房”。2010年9月，国家多部门再次出台调控新措施，其后深圳、广州、上海、天津、南京、杭州等地陆续推出限购政策。2011年1月，国务院办公厅发布《关于进一步做好房地产市场调控工作有关问题的通知》，通知指出，各直辖市、计划单列市、省会城市和房价过高、上涨过快的城市，在一定时期内要从严制定和执行住房限购措施。截至2011年12月20日，全国共有48个城市实行了限购政策。

问题：

你认为“限购令”的出台会对人们哪些方面的消费产生影响？

5.社会文化环境

社会文化是人类在长期的社会生产和生活中形成的独特的生活方式、行为规范、价值观念、对事物的态度和看法、审美观,以及世代相传下来的风俗习惯、语言文字等,其有主体文化和次级文化之分。主体文化是占据支配地位的、起着凝聚整个国家和民族的作用、由千百年的历史所形成的文化,包括价值观、人生观等;次级文化是在主体文化的支配下所形成的文化分支,包括种族、地域、宗教等。每个人都生活在一定的社会文化环境中,不同的社会文化环境下,消费者的需求和行为存在很大差异,推销人员应做到"入境问俗",采取不同的推销策略。不同国家、不同地区有不同的社会文化背景,推销人员与外商洽谈生意时,必须了解对方的风俗习惯、商业习惯,避免造成双方的误会,影响成交。

(1)教育水平。教育水平反映并影响着社会生产力、生产关系和经济状况。教育水平不仅影响劳动者收入水平,而且影响消费者对商品的鉴别力,影响消费者心理、消费需求和消费观念,从而影响企业推销活动策略的制定和实施。

阅读材料

(2)价值观念。价值观念是人们在长期的社会生活中形成的对各种事物的普遍态度和看法。在不同的文化背景下,人们的价值观念相差很大,消费者对产品的需求和购买行为深受价值观念的影响。对于不同的价值观念,推销人员应采取不同的策略。

应用实例

跳进海里的商人

在国外流传着这样一个笑话:一艘船航行在汪洋大海上,有几个国家的商人正在船上开会。这时候船漏水了,眼看着要下沉,全船的人都十分惊恐。于是,船长就把船员叫过来,对他说:"快,通知船上的商人们穿上救生衣,跳进海里去。"过了一会儿,船员过来了,向船长汇报说商人们都不往水里跳。船长说:"真是个笨蛋,看我的。"一会儿船长回来了,对船员说商人们已经全都跳进海里了。船员们围着船长问:"您用了什么样的方法让他们都跳下海了呢?"船长说:"我用的是心理学的方法。我对英国人说,跳下去是绅士风度的体现;对法国人说,跳下去是很浪漫的;对德国人说,跳下去是命令;对意大利人说,跳下去是不被基督教禁止的;对美国人说,跳下去,因为您是买过保险的。"

问题:

船长是从什么角度来说服来自各国的商人跳海的呢?

阅读材料

(3)宗教信仰。宗教是影响人们消费行为的重要因素之一。世界上的许多国家和民族都有自己的宗教信仰。一种新产品出现后,宗教组织有时会提出限制或禁止使用的规定,认为该产品与宗教信仰相冲突。在推销活动中,推销人员要针对宗教组织设计适当的推销计划和方案,以避免由于矛盾和冲突给企业推销活动带来不必要的损失。

(4)风俗习惯。风俗习惯是人们根据自己的生活内容、生活方式和自然环境,在一定的社会物质生产条件下长期形成并世代相传、约束人们思想和行为的规范。不同国家、民族在居住、饮食、服饰、礼仪、婚丧等物质文化生活方面各有特点,形成风俗习惯的差别,进而导致人们消费需求的迥异。企业推销人员展开推销活动时，必须了解推销地区消费者的禁忌、习俗、避讳等。

应用实例

不受欢迎的毛毯

我国有一家进出口公司决定向阿拉伯某国出口一批毛毯。公司为了方便阿拉伯人每天做祷告，便在毛毯的边沿装上指南针，使阿拉伯人在世界的任何地方都可以准确地找到麦加的方向。公司领导人以为这种毛毯会在阿拉伯地区畅销，在没有经过详细调查的情况下，决定大量生产。但是将这种毛毯出口到阿拉伯地区后，他们意外地发现，这种毛毯的销售情况很差，公司的决策者大惑不解，后来公司领导委托当地一家市场调查公司进行调查，才知道问题出在这种毛毯的图案上。毛毯上印着一条金黄色的龙，阿拉伯人对龙的爪子数量是有不同看法的，偶数为吉龙，奇数为凶龙，而该公司毛毯上的龙的爪子数是奇数，被当地消费者认为是不吉的凶龙，当然这种商品是不可能获得消费者的青睐的。

问题：

你了解我国不同民族的风俗习惯吗？

6.科学技术环境

科学技术是第一生产力，人类历史上的每次技术革命，都强烈震撼和改变着社会经济生活的方方面面。科学技术环境不仅包括推动社会发展的重大的、革命性的行业技术进步，而且包括与企业生产直接相关的新技术、新工艺、新材料的发明、应用情况和发展趋势。信息化时代，科学技术突飞猛进，产品的更新速度越来越快，人们的消费观念也在不断更新。例如，媒体、网络技术和电子商务的发展，出现了“电视购物”“网上购物”等新型消费方式。通过网络系统，人们还可以在家里订购火车票、飞机票、电影票、球票等。这些都给推销工作带来了新的挑战。

科学技术是社会生产力中最活跃的决定性因素，它不仅直接影响企业内部的生产和经营，而且同时与其他环境因素相互依赖、相互作用，影响企业的营销活动。

应用实例

民营企业创新销售模式

朱秋成的公司是家族企业，从事海洋系列工艺品、日用品、服装出口20多年。金融危机前，美国是其主要客户市场。在美国市场遭受重创后，他通过电子商务拓展了意大利、德国、巴西、埃及这些新兴市场，尤其是在太平洋的岛国斐济打开了市场。在传统的外贸会上，一般遇不到新开辟市场所在国的客人。

2008年，朱秋成的在线商户人数从800激增到2 000，“打开电脑就像是一个联合国。”

通过这些客户的在线商圈,朱秋成能够随时知道各地市场的情况。"比如美国市场现在不行,那明天会怎么样呢?同时我还可以问问意大利的客人、德国的客人,随时可以调整转移目标市场。"

朱秋成认为,电子商务给企业带来的另一个好处是缓解了订单的资金压力。一些大客户,虽然订单数量大,但压价严重而且支付条件苛刻,他们甚至不付定金,要是出现问题,一个订单便可以让企业死掉。中小企业采购量虽然不是特别大,但他们不压价,可以保证一定的利润。中小企业买家一般都先付30%的货款,这笔钱可以缓解订单的资本压力。同时因为有定金,交易风险就小。而像斐济这样的市场利润很高,客人甚至愿意先付50%的货款,且市场没有竞争者。

问题:

在金融危机下,朱秋成的公司是怎样成功寻找新客户的?

三、微观环境

1. 企业内部条件

企业进行推销决策,制订推销计划,开展推销活动,无一不以企业的内部环境条件为基础,无一不与企业内部各方面的工作保持着直接的联系。企业的内部环境条件涉及人员条件、技术条件、生产条件、资源条件、管理条件、企业文化等。这些内部环境条件共同决定着企业综合素质的状况,形成了企业自下而上的发展能力。

2. 供应商

供应商是影响企业推销活动的微观环境的重要因素之一。供应商是指向企业及其竞争者提供生产产品或服务所需资源的企业或个人。供应商的供货是否稳定和及时会影响企业能否按期完成交货任务,间接影响推销活动的顺利进行,供应商所提供的原材料数量和质量直接影响企业产品的生产数量和质量,原材料的价格直接影响产品的成本、利润和价格。

3. 顾客

顾客是企业的目标市场,是企业服务的对象,也是推销活动的出发点和归宿。企业的推销活动都应以满足顾客需要为中心。因此,顾客是企业最重要的环境因素。

各类市场都有独特的顾客,他们的需求在不断发生变化,这就要求企业推销人员必须仔细研究市场需求及其变化,应对市场竞争。

4. 竞争者

竞争者是指那些与本企业提供相同或相似产品、目标市场相同的其他营销者。竞争者的营销活动及策略直接影响企业的经营和效益。

孙子曰:"知己知彼,百战不殆。"因此,推销人员不仅要考虑顾客,而且要考虑竞争者。推销人员必须深入了解现有的竞争者,要找到主要的竞争者,并且随时分析竞争者的动向,把握市场竞争的态势。依据这些信息,推销人员可以制定有针对性的推销策略。

5. 社会公众

社会公众是指对企业实现其目标具有实际或潜在利害关系和影响力的团体或个人。企业面对的广大公众的态度,会协助或妨碍企业推销活动的正常开展。所有的企业都必须采取积极措施，树立良好的企业形象，保持与主要公众之间的良好关系。企业面对的社会公众主要有融资公众、媒介公众、政府公众、社团公众和一般公众。

工作任务

推销环境分析

工作任务提示：

本工作任务将帮助学生了解推销环境状况，更好地理解宏观环境和微观环境对推销活动的影响，并使推销团队在推销实践中注意关注环境因素。

工作任务内容：

第一，收集学校周边的环境信息，了解大学生的消费需求和消费结构，分析推销团队本身、顾客、社会公众、竞争者等微观环境因素对推销活动的影响。

第二，根据推销环境分析结果、推销实战目标和要求，拟定简单的应对策略。

工作任务要求：

第一，团队分工协作完成。

第二，分析所收集的环境资料，形成分析报告，在课堂上进行交流。

任务三　掌握推销要素

基础知识

完成本任务所需要的基础知识包括推销要素的关系、推销人员的界定和职责、推销对象的界定和推销物品。

情景案例

一、推销要素的关系

推销要素是指构成推销活动过程的内在基本要素，包括推销人员、推销对象、推销物品三个方面的内容。在推销的三个要素中，推销人员是最关键的要素，是推销的灵魂，在整个推销过程发挥着重要作用。推销人员、推销对象、推销物品三者之间相互依赖、相互联系又相互制约，缺一不可。

在现代推销活动中，推销人员和推销对象构成推销活动的双重主体，其中，推销人员是主动向顾客推销产品或服务的主体，推销对象是接受推销人员推销的主体。推销主体是推销活动的社会推动力量，在推销活动中居于主动和主要地位。推销人员追求商品价值的实现，推销对象追求使用价值的实现。

推销物品是推销活动的客体，即被推销人员推销和推销对象接受的标的。推销客体接受推销主体力量的推动，居于被动和从属地位。

二、推销人员

1. 推销人员的界定

推销人员是企业和顾客之间的纽带和桥梁,承担着推销企业产品、为顾客服务的双重任务,是推销活动中最关键的因素,是推销的灵魂,把握着推销活动的进程。企业离不开推销人员,顾客的购买也同样离不开推销人员。下面从广义和狭义两个方面来界定推销人员的范围。

(1)广义的推销人员。从广义上说,一切与推销有关的业务人员都可以称为推销人员,包括工商企业中直接从事产品推销和商品推销的人员(推销人员、营业人员等)、直接参与销售决策和推销管理的人员(厂长、经理、销售主管)、与销售工作直接联系的从业人员(财会人员、物价人员、公关人员等)、直接从事商品采购及有关业务的人员(采购员、信息员、调拨员等)。

(2)狭义的推销人员。从狭义上说,推销人员是指直接从事产品推销和服务推销的人员。按照不同的分类方法,我们可将狭义的推销人员作以下分类:按照销售方式划分,包括推销员和营业员;按照企业性质划分,包括生产企业推销员和商业企业推销员。

阅读材料

2. 推销人员的职责

(1)收集资料,传递信息。推销人员是联系企业和市场、企业和顾客的桥梁和纽带,容易获取产品的需求动态、竞争者状况及顾客的意见等方面的重要信息,及时获取和反馈这些信息是推销人员的一项重要职责,这不仅可以为企业制订正确的营销策略提供可靠的依据,而且有助于推销人员提高自身的业务能力。同时,推销人员应及时准确地向消费者传递有关企业、商品和劳务的信息。

应用实例

"Power Book"笔记本电脑销售的成功

苹果公司的第一台重达17磅(1磅=0.453 592千克)的便携式电脑MAC在市场上失败以后,该公司的销售人员被派去观察那些使用竞争者笔记本电脑的客户。他们注意到竞争者的产品体积更小,人们在飞机上、汽车里、家里甚至床上都可以使用。他们得出结论:人们并不是真正想要小计算机,而是想要可以移动的计算机,价格只是其中的一个方面。销售人员注意到,乘坐飞机的电脑用户需要一块平面移动鼠标,需要一处地方放置他们的双手。因此,新产品Power Book就有了两个显著特点:跟踪球指标器以及可以将手放于其上的键盘。这些使Power Book更便于使用,特点更鲜明,更迎合消费者的需求,所以,苹果公司开发的Power Book上市后获得了巨大成功。

问题:

苹果公司开发的Power Book笔记本电脑的成功与推销人员的信息收集有关系吗?

(2)推销产品,开拓市场。推销产品、满足顾客需要是推销人员最直接、最重要的职责所在。因此,要求推销人员熟悉市场行情,掌握与自己业务有关的商品知识,对本企业的产品做到了如指掌，以便引起顾客的兴趣，激发其购买欲望，最终达成交易。

寻找目标市场和开拓新市场，是推销人员的主要工作。推销人员不仅要了解和熟悉现有客户的需求动态，而且要能够寻找新的目标市场，挖掘潜在客户，不断开拓新市场，提高本企业产品在市场上的占有率。

应用实例

把梳子卖给和尚

一家木梳厂快倒闭了，于是雇了四个推销员，并分别硬性分配了推销定额，甚至要求他们把梳子卖到寺庙去。第一个推销员空手而归。他说："开玩笑！和尚怎么会梳头呢？他们以为我嘲讽他们，打了我一顿，并把我赶了出来。"第二个推销员厉害，他卖掉了十几把梳子。怎么卖的？原来他动了脑筋，想到和尚虽然没有头发，但经常梳头有利于头部的血液循环，能延年益寿，和尚听了他的道理之后便动心了。第三个推销员更厉害，他卖掉了几百把梳子。他的脑筋更活，觉得和尚人数有限，不能只打和尚的主意。他对方丈说，香客来烧香时头发常沾满香灰，倘若庙里多备些梳子供香客梳头，香客们感受到庙里的关心，香火就会更旺。第四个推销员最绝！他不光打香客的主意，还打游客的主意，不光不要寺庙花钱，还帮寺庙赚钱。他说服方丈把木梳作为纪念品卖给游客，把最受欢迎的寺庙对联刻在梳子上，并刻上"积善梳"三个字。因为寺庙可以赚钱，便大举订购。

问题：

这则案例给了你什么样的启示呢？

(3)维系顾客，提供服务。商品推销活动的过程就是为顾客提供服务的过程，服务包括售前服务、售中服务和售后服务。推销人员不仅要为顾客提供满意的商品，更重要的是要为顾客提供各种周到和完善的服务，如为顾客提供业务咨询、技术性协助、融资安排、准时交货、定期回访、安装、维修、退货等。世界著名推销大师乔·吉拉德说过："我相信推销活动真正的开始在成交之后，而不是之前。"推销是一个连续的过程，成交之后能否保持和重视与顾客的联系，是推销活动能否持续发展的关键。

应用实例

甘道夫的推销之道

甘道夫是全美十大杰出业务员之一，历史上第一位一年内销售额超过10亿美元的寿险业务员，被称为"世界上最伟大的保险业务员"。甘道夫在全美50个州共服务了超过一万名客户，从普通工人到亿万富豪，各个阶层都有。甘道夫说："你对你的客户服务得越周到，他们与你的合作关系就会越长久。不管你推销的是什么，这个法则都不会改变。"

每当完成一笔交易时，甘道夫总会寄答谢卡给他的客户，即使这位客户非常富有。甘道夫有许多成功、富有的客户,他们拥有豪华汽车和别墅,什么都不缺,然而,他们仍然喜欢收到这些卡片。甘道夫还会在生意促成时记住客户的生日,然后在适当的时机寄送生日卡片。此外,每当客户向他买保险的时间满一周年时,甘道夫就会亲自登门拜访。他还会把可能有用的杂志或报道寄给客户。

问题:

你认为甘道夫有这么好的推销业绩的主要原因是什么?

三、推销对象

1. 推销对象的界定

推销对象又称顾客或购买者,是推销活动中接受推销的主体,是推销人员说服的对象。

推销对象包括生产者、中间商、消费者三种身份的顾客。生产者为了生产,要接受生产设备、生产资料及其他与生产有关的产品或服务的推销;中间商为了转卖,要接受生产企业或其他商业企业推销人员的推销;消费者为了消费,要接受各类推销人员的推销。

2. 影响顾客购买决定的因素

(1)顾客的决策能力。具有购买能力的顾客往往会十分关心推销人员的推销,但是未必一定会购买所推销的产品或服务,还要看顾客有没有购买决策能力。因此,顾客最终是否采取购买行动,除必要的购买能力外,还取决于他的购买决策能力。

(2)顾客的需求欲望。顾客对推销产品的需求欲望程度各不相同,这与他们需求的迫切程度以及推销产品满足其需要的能力等因素有关。推销的产品或服务越能够解决顾客的问题,顾客的购买欲望就越强。

(3)顾客的产品知识。顾客因所取得的产品资料及其来源不同,加上他们本身的差异,其产品知识会存在很大的差异。这些差异会影响顾客对产品的评价和认知。如顾客对产品或服务完全不了解,他们不会对产品或服务产生兴趣;顾客同时认同同类竞争产品或服务,他们在购买前就会比较这些产品或服务的优劣,进行综合评价。

(4)顾客的购买期望。顾客购买商品,都具有相应的期望值,购买不同产品存在不同的期望值。当顾客购买一般的日用品时,只对产品本身有期望,即对其性能、质量、功能、效用等方面有基本要求;当顾客购买高级消费品时,除了对产品本身有较高期望外,还对产品附加值存在较高的要求,如运送、安装、维修等。顾客的购买期望越高,购买越慎重。

应用实例

不情愿的购买者

某推销员在向一位顾客推销一件衣服时,为了使顾客买下这件衣服,与顾客进行了一系列对话。

推销员:这件衣服对您再合适不过了,您穿蓝色的衣服看上去很高贵,而且这种款式也是您的工作所需要的。

顾客(犹豫地):衣服看着的确不错。

推销员:当然,您应该马上就买下它,这件衣服就像刚出炉的热蛋糕,您不可能买到更好的了。

顾客:嗯,也许,我不知道……

推销员:您不知道什么?

顾客:我喜欢这件衣服,但我不知道是否该买别的颜色,我现在已经有一件蓝色的衣服了。

推销员:照照镜子,难道您不认为这件衣服很适合您的气质吗?如果您买回去不满意的话,可以随时退换货。

顾客:我还得好好考虑考虑。

推销员:好的,但当您再回来时或许这件衣服已经没货了。

问题:

推销员是否了解顾客的需求?推销员的做法是否属于硬性推销?

四、推销物品

推销物品是推销活动中的客体,是推销人员向推销对象推销的各种有形商品和无形商品的总称,主要包括商品、服务和观念。整个推销活动过程不仅是推销人员向顾客推销某种物品使用价值的过程,而且是向顾客提供服务、向顾客宣传观念的过程。作为推销活动的基本要素之一,推销物品必然会影响推销活动的各个方面和环节,如推销物品的性质、质量、技术性强弱、体积大小等,都关系到推销活动的具体方式和难易程度等。

按照不同的标准,推销物品可分为多种类型。按照经济用途的不同,可将推销物品分为生活资料和生产资料两大类。

动手动脑

请思考什么是生产资料和生活资料,并举例说明。

工作任务

掌握推销要素

工作任务提示:

本工作任务将帮助学生更好地理解推销活动的三要素,即推销人员、推销物品和推销对象的关系,并使推销团队在推销活动中注意三个要素之间的相互关系和相互作用。

工作任务内容:

根据对推销环境的分析和对推销活动中推销人员、推销物品、推销对象三要素关系的认识,确定所要推销产品的类型,然后付诸实施。

工作任务要求：

第一，团队成员每人提出一种产品类型，并分析交流意见。

第二，小组讨论，确定产品类型。

第三，形成书面可行性报告，并进行课堂交流。

课程小结

任务一　理解推销、推销学和推销技术

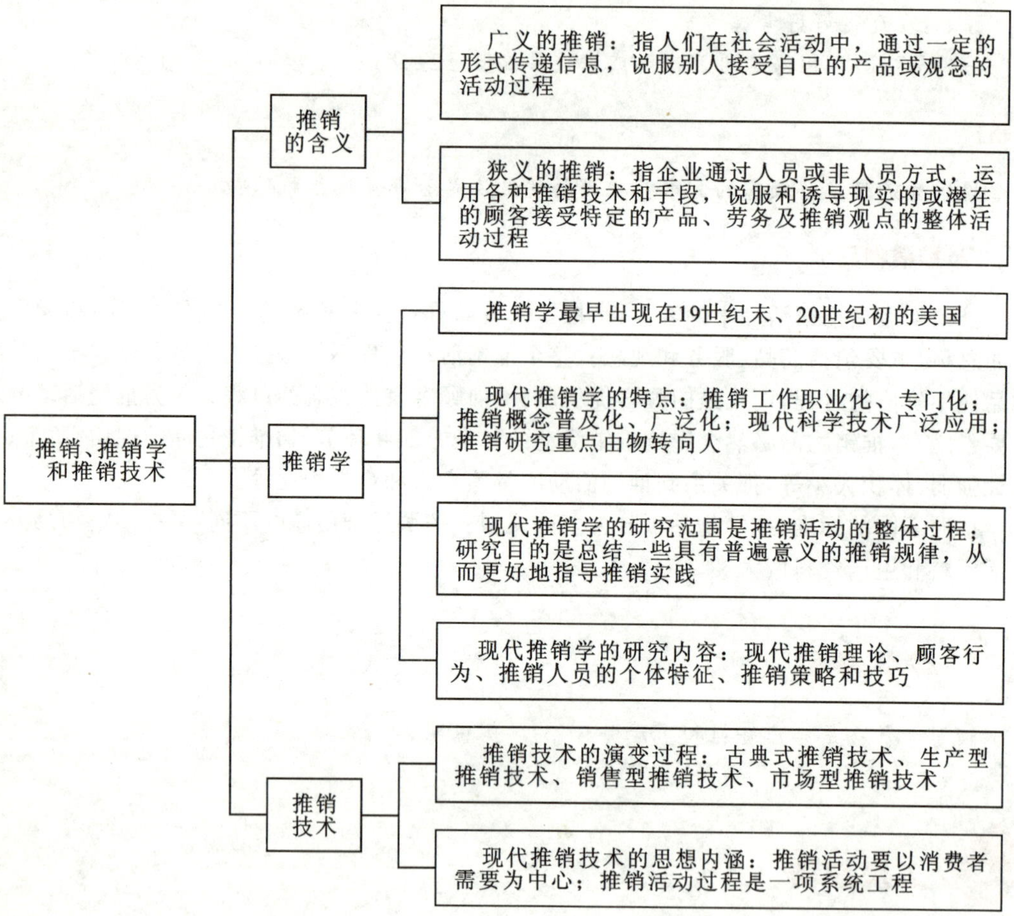

任务二　推销环境分析

- 推销环境
  - 推销环境的含义与特点
    - 推销环境的含义：围绕并影响企业生存和发展的各种因素的总和
    - 推销环境的特点：客观性、差异性、动态性和关联性
  - 宏观环境
    - 人口环境：人口规模和增长率；人口地理分布和流动性；人口结构；家庭规模
    - 经济环境：消费者收入和经济发展水平
    - 自然环境：自然地理状况和自然资源状况
    - 政治法律环境：政治环境和法律环境
    - 社会文化环境：教育水平、价值观念、宗教信仰、风俗习惯
    - 科学技术环境：行业技术进步；新技术、新工艺、新材料的发明、应用情况和发展趋势
  - 微观环境
    - 企业内部条件：人员条件、技术条件、生产条件、资源条件、管理条件和企业文化等
    - 供应商：向企业及其竞争者提供生产产品或服务所需资源的企业或个人
    - 顾客：各类市场都有独特的顾客，顾客是企业最重要的环境因素
    - 竞争者：找到主要竞争者、分析竞争者动向
    - 社会公众：包括融资公众、媒介公众、政府公众、社团公众和一般公众

任务三　掌握推销要素

- 推销要素
  - 推销要素的关系
    - 在现代推销活动中，推销人员和推销对象构成推销活动的双重主体
    - 推销物品是推销活动的客体，即被推销人员推销和推销对象接受的标的
  - 推销人员
    - 推销人员的界定
      - 广义的推销人员：一切与推销有关的业务人员
      - 狭义的推销人员：直接从事产品推销和服务推销的人员
    - 推销人员的职责：收集资料，传递信息；推销产品，开拓市场；维系顾客，提供服务
  - 推销对象
    - 推销对象的界定：包括生产者、中间商、消费者三种身份的顾客
    - 影响顾客购买决定的因素：顾客的决策能力、顾客的需求欲望、顾客的产品知识、顾客的购买期望
  - 推销物品
    - 推销物品是推销人员向推销对象推销的各种有形商品和无形商品的总称，包括商品、服务和观念
    - 推销物品按照经济用途可分为生活资料和生产资料

复习思考题

1. 如何理解推销的完整含义？
2. 现代推销学具有哪些特点？
3. 推销技术的发展演变先后经历了哪几个阶段？各个阶段有哪些主要特点？
4. 什么是推销环境？它包括哪两种类型？二者的关系如何？
5. 简答推销要素之间的关系。

测试题

案例分析

1. 看 10 岁卖花童如何推销玫瑰花

一个 10 岁不到的小男孩将玫瑰花卖给了三个大男人，而这三个大男人在卖花现场并没

有送花的对象，也就是说，在他们没有这种消费需求的前提下，却不知不觉地成为了卖花男孩成功的推销对象。我们一起看看他的这次推销经历。

一天，小李、小王和小张正在一家饭店包房内吃饭，卖花童在包房外敲门后问道："几位老板晚上好，能让我进来吗？"

"进来吧！"

一个身着洗得有些发白的牛仔服、满脸堆笑的小男孩站在距离餐台1米左右的地方冲着三人说："看几位先生满面红光，一定是发大财了，买几束鲜花吧?!"

"你看我们三个大男人买花送给谁呀？"小李不经意地说。

"送给帅哥呗！"小男孩冲着小王满脸堆笑地说。

"这小子，还挺会拍马屁。多大了？"小王微笑着对小男孩说。

"10岁了。听老板的口音是东北人呐，东北人都有钱，看您还抽中华呢！"小男孩说。

"这小子，就挑好听的说，快走吧，我们不买！"小张有些不耐烦了。

"不买不要紧，我送给您一支，玫瑰花能带给您桃花运！"小男孩调皮地笑着，一边将一支玫瑰花放在餐台上，一边拿起放在桌上的啤酒瓶挨个给这三个大男人斟满啤酒，然后闪到一边不动声色地看着大家。

"这怎么行，快给这个小家伙几块钱……"小王显然有些着急了。

小张递给小家伙5元钱。小男孩熟练地接过钱，迅速地揣进上衣口袋，抬起头从容地对小王说："一支10元钱！"并且迅速地走到小张的背后用他瘦弱的小拳头为他捶背！

小王和小张相对一笑，小张拿出钱夹，不巧没有零钱！于是，小张只好拿出10元钱并准备换回小男孩口袋里的5元钱。然而，出乎预料的是，小男孩接过后又迅速地揣入口袋，并面向小张深鞠一躬道："谢谢干爹！"

小张没有办法，更不好意思索回他那5元钱了！

三人笑得喷酒的喷酒，喷饭的喷饭！

小男孩满脸欢笑地向小张作了一个飞吻的手势，口中念着"干爹，I LOVE YOU"，并倒退着走出了房门！

问题：

(1)试分析10岁花童能够推销成功的原因。

(2)你从小花童身上学到了什么？

2. 肯德基初次进入香港市场的失败

1973年，赫赫有名的肯德基踌躇满志，大摇大摆地踏入香港市场。在一次记者招待会上，肯德基主席夸下海口：要在香港开设50～60家分店。

这并非信口雌黄。这种由贺兰迪斯上校用11种草本植物和香料秘制成的肯德基家乡鸡，由于工艺独特、香醇爽口，备受世界各地消费者的喜爱。到了20世纪70年代，肯德基在世界各地有数千家快餐店，形成了一个庞大的快餐店连锁网。于是它又把目光瞄准了香港。

肯德基家乡鸡首次在香港推出时，配合了声势浩大的宣传攻势。电视广告迅速引起消费者的注意。声势浩大的宣传攻势加上独特的烹调方法和配方，顾客们都乐于一尝。而且在肯德基进入香港以前，很少有香港人品尝过所谓的美式快餐。看来肯德基在香港市场的前景光明。但事实是肯德基在香港并没有风光多久。1974年9月,肯德基突然宣布旗下多家快餐店停业,只剩下4家坚持营业。到1975年2月,首批进入香港的肯德基“全军覆没”,全部关门停业。

当时的香港评论家曾大肆讨论此事,最后认为,肯德基首次进入香港的失败,在于对香港的文化环境未能深入了解。正如英国市场营销专家史迪尔先生所说:“当年肯德基进入香港市场,是采用与美国一样的方式。然而,当地的情况要求它必须修改全球性的战略来适应当地的需求。产品的用途和接受程度,受到当地的风土人情的影响,食物和饮品类产品的选择亦取决于这一点。当年的鸡类产品不能满足香港人的需求,宣传概念亦不得当。”

问题:

(1)导致肯德基初次进入香港市场失败的原因是什么?

(2)你认为推销环境对推销活动会产生影响吗?为什么?

项目二 推销理论

知识目标

1. 了解推销方式的类型和推销方式的创新；
2. 熟悉爱达推销模式、迪伯达推销模式、埃德帕推销模式的含义和具体步骤；
3. 掌握直接推销方式、间接推销方式和互动推销方式的具体方法和运用技巧。

能力目标

1. 能综合运用不同的推销方式进行产品推销；
2. 能运用爱达推销模式设计产品推销过程。

推销格言

推销员必须使客户的兴趣演变为强烈的购买欲望。他必须满腔热情，精神振奋，并用这种情绪去感染对方。

——马里奥·欧霍文

问题导入

推销渔具

一个乡下来的小伙子去应聘城里“世界最大”的“应有尽有”百货公司的销售员。老板问他：“你以前做过销售员吗？”

他回答说：“我以前是村里挨家挨户推销的小贩子。”老板喜欢他的机灵：“你明天可以来上班了。等下班的时候，我会来看一下。”

一天的光阴对这个乡下来的穷小子来说太长了，而且还有些难熬。但年轻人还是熬到了5点，差不多该下班了。老板真的来了，问他：“你今天做了几单买卖？”

“一单。”年轻人回答。

“只有一单？”老板很吃惊地说，“我们这儿的售货员一天基本上可以完成20～30单生意呢。你卖了多少钱？”

“300 000美元。”年轻人回答道。

“你怎么卖到那么多钱的？”目瞪口呆，半天才回过神来的老板问道。

"是这样的,"乡下来的年轻人说,"一个男士进店里来逛,我先卖给他一个小号的鱼钩,然后中号的鱼钩,最后大号的鱼钩。接着,我卖给他小号的渔线,中号的渔线,最后是大号的渔线。我问他上哪儿钓鱼,他说海边。我建议他买条船,所以我带他到卖船的专柜,卖给他长20米、有两个发动机的纵帆船。然后他说他的大众牌汽车可能拖不动这么大的船。我于是带他去汽车销售区,卖给他一辆丰田新款豪华型'巡洋舰'。"

老板后退两步,几乎难以置信地问道:"一个顾客仅仅来买个鱼钩,你就能卖给他这么多东西?"

"不是的,"乡下来的年轻售货员回答道,"他是来随便转转打发周末,我只是告诉他何不去钓鱼而已。"

分析点评

问题:

是什么原因使小伙子一单生意就卖出300 000美元呢?

任务一　了解推销方式

基础知识

完成本任务所需的基础知识包括推销方式的含义、类型和创新。

一、推销方式概述

1.推销方式的含义与类型

推销方式是指企业或推销人员向顾客传递企业及推销品的有关信息,帮助和说服顾客产生购买欲望,形成购买行为的各种活动形式。

现代推销方式多种多样。通常按照推销手段的指向性把推销方式分为直接推销方式、间接推销方式和无形推销方式。

2.推销方式的创新

(1)推销观念的创新。推销观念是推销活动的指导思想。企业及推销人员除了要认真贯彻服务观念、信息观念、竞争观念、系统观念、环境观念等基本的推销理念之外,还需要密切注意市场变化动态和消费者需求的变化,不断创新推销观念,只有这样才能更好地解决各种推销难题,取得推销的成功。

(2)销售方式的创新。推销人员应潜心研究推销品的特点和顾客接受推销品的习惯,不断推出新的销售方式。企业及推销人员既可以采用现货销售,又可以通过期货市场销售;既可以面对面洽谈销售,又可以利用电话、传真、网络等方式销售;既可以现金交易,又可以通过消费信贷、预销、赊销、信用卡等方式销售。

(3)促销方式的创新。企业及推销人员可以根据产品不同时期的特点,采用不同的广告宣传方式和促销形式来促进产品的销售;推销人员要根据顾客的特点和心理变化,不断调整推销方式和方法,不断推出具有创意的有效方式。

应用实例

卖幸运

20世纪20年代,美国有一个叫罗宾的人拥有一家糖果小厂和几家小店。在众多大厂的挤压下,他的糖果销售状况一直不好。虽然他使出了浑身解数,但一直收效甚微,销量越来越少。

一天,在推销糖果时,罗宾看到一群孩子正在玩游戏。很快,他被孩子们的游戏吸引住了。孩子们把几颗糖果平均放在几个口袋里,由一个"公选的人"把一颗"幸运糖"(一颗大一些的糖)放进其中某个口袋里,不许别人看见,然后大家随意选一个口袋,有幸拿到"幸运糖"的人就能享受特权,其他人要给这位幸运者上供一颗糖。他思索着这种奇怪而有趣的游戏规则,一个灵感闯入了他的脑海。于是,他决定向这些孩子"卖幸运"——每一个孩子都希望自己幸运,都希望自己"享有特权"。但这需要他改变以前的销售方式。

当时,美国的许多糖果都是以1分钱一颗的价格卖给小孩的。罗宾就在糖果包里包上1分钱的铜币作为"幸运品",并在报纸、电台打出广告:"打开,它就是你的!"

这种"卖幸运"的做法很快引起了孩子们的兴趣,孩子们纷纷前来购买这种糖。因为如果买的糖中包有铜币,他们不仅可以免费吃一颗糖,而且能够感受到"幸运"给自己带来的快乐。由于罗宾的销售方法新颖奇特,罗宾糖立即闻名全国,销量迅速涨了几百倍。罗宾的糖厂源源不断地获得了来自全国各地的订单。

问题:

你认为罗宾是如何创新推销方式的?

二、直接推销方式——推式推销

1.直接推销方式的含义

直接推销方式即推式推销,也称人员推销方式,是一种最主要、最直接、最有效的推销方式,也是最古老、最常见的推销方式。

直接推销是指企业派推销人员直接向用户推销商品和提供服务的一种推销方式。这里的推销人员是广义的推销人员,包括生产企业的推销员、批发企业的供货员、零售企业的售货员、服务企业的服务员等。

2.直接推销方式的特点

直接推销与广告、公共关系和营业推广等其他推销方式相比,有以下特点:

(1)能直接实现商品价值的转移。直接推销在推销宣传的同时会促成买卖活动,直接实现商品价值的转移,这是与广告、公共关系和营业推广等间接推销方式最明显的区别。

(2)适应性强。直接推销活动中,由推销人员直接访问或接触顾客。在洽谈交流过程中,推销人员可以根据顾客的需求变化、反应和他们的心理动机,灵活机动地采取推销策略,同时也可以对顾客提出的异议及时给予解释和回答,从而促成交易。

(3)针对性强。与其他推销方式相比,推销人员直接访问或接触的顾客是经过推销人员前期调查并经过资格审查所确定的潜在顾客,有较强的针对性。另外,由于推销人员直接与顾客接触,可有针对性地进行介绍,及时处理顾客异议,诱发顾客的购买欲望,促成其购买行为。

(4)多功能性。除了直接推销产品或服务外,推销人员还具有收集市场信息、为顾客提供各种服务和把本企业的形象“推销”出去的功能。

3. 直接推销的方法

直接推销的具体方法种类多样,常用的方法主要有以下几种:

(1)面谈推销法。面谈推销法是指生产企业或经营单位派出推销员向各类用户或消费者直接推销本企业生产或经营的产品或服务,并承接订货的推销方法。

面谈推销法包括派员上门推销、设店推销、设站推销、交流会推销、订货会推销、展览会推销等形式。

采用面谈推销法时要注意:推销人员在见顾客之前要制订全面的推销计划,见面之后要想方设法唤起顾客的注意,激发他们的兴趣,同时要进行示范表演,最终促使交易成功。

阅读材料

(2)电话推销法。电话推销法是一种独立的推销方法,是指推销人员用电话直接向顾客或用户推销产品或服务的推销方法。

电话推销法在联系距离较远的顾客,或为现有顾客服务方面有一定的优势。使用这种推销方法时要注意:推销人员在打电话前要做好充足的准备工作,要保持亲切友好的态度,要注意说话的韵律和声音的高低,要会使用感情色彩浓厚的词汇,帮助顾客产生联想,从而让顾客更好地了解产品。

(3)关系介绍法。关系介绍法是指推销人员利用各种人际关系、商务关系进行推销的一种方法。

关系介绍法的方式有用电话、名片、便笺、书信代为介绍、代送资料、代为传话等。

(4)合作推销法。合作推销法是指不同的企业分别派两名或两名以上的推销人员共同组成合作推销小组进行推销的推销方法。

合作推销法适用于推销额大、客户人数多、商品具有关联性以及社会关系和商务关系比较复杂的推销任务。

应用实例

美国有一个州规定消费者在购买汽车的同时必须办理汽车保险,于是该州有一家保险公司的推销员坚持同汽车销售商保持紧密关系,一旦汽车商卖出一辆汽车,便会马上与这位推销员联系办理一份汽车保险,这样既方便了客户,又方便了汽车商,同时推销出了保险,真可谓一举三得。

问题:

该案例中运用的是什么推销方式?

动手动脑

在实际运用合作推销法的时候,需要注意哪些方面的问题?

(5)团体推销法。团体推销法是指由两名或两名以上的推销员组成的集体形式进行推销的推销方法。

团体推销法适用于推销复杂的产品或推销对象在企业市场目标中所占地位比较重要的推销任务。采用团体推销法时要注意:各成员的职责权限要分工明确;组合人员构成比例要恰当。

三、间接推销方式——拉式推销

1.间接推销方式的含义

间接推销方式即拉式推销,是通常所说的非人员推销方式,它是一种不直接进行商品买卖的推销手段,而是通过宣传商品,说服和吸引消费者购买商品的一种推销方式。

2.间接推销的方法

(1)广告推销。广告推销是通过大众媒体向消费者或各类潜在顾客介绍商品性能、特点和服务内容的一种宣传推广方式。

广告是企业促销活动中效率最高、最能吸引消费者并影响其购买决定的重要媒体,它在推销活动中的主要作用在于传递信息、指导消费、创造需求和突出重点。

应用实例

德芙巧克力广告

在复古的英伦风街道上,一位身着小礼服的年轻女孩走到一个帽子橱窗口,看着镜子里的自己,想象着自己佩戴着橱窗里面的帽子,表情很愉快。她又走到珠宝的橱窗,看着玻璃上自己的影子,摆出各种 pose,想象着自己佩戴这些珠宝的样子。里面的店员看到了,温情地回眸一笑,此时,女孩从包里拿出德芙巧克力,轻咬一口,顺柔丝滑的感觉从口中漫延到身上,咖啡色的丝绸轻绕过女孩的手臂,缓缓飘离,女孩沉浸于其中。背景音乐欢快轻柔,最后丝绸再次揭开,画面正中一行字:此刻尽丝滑。同时旁白响起,令人回味无穷。

(资料来源:孙露露.德芙巧克力电视广告案例分析.道客巴巴网,2012.4。)

问题:

德芙巧克力的广告采用了什么样的表现方式?广告对推销德芙巧克力起到了什么样的作用?

(2)公共关系。公共关系是指组织为改善与社会公众的关系,促进公众对组织的认识、理解及支持,树立良好的组织形象,促进产品销售的一系列公共活动。

公共关系是一种状态,任何一个企业或个人都处于某种公共关系状态之中;公共关系又是一种活动,是企业或个人有意识地、自觉地采取措施改善和维持自己的公共关系状态的活动。公共关系在推销活动中的主要作用是向公众介绍企业的经营方针、经营宗旨、经营项目、产品特点、服务内容;争取公众对企业的支持;提高企业和产品的社会声誉;为企业创造良好的外部环境。

阅读材料

(3)营业推广。营业推广是指为刺激需求而采取的能够迅速激励购买行为的促销方式。

营业推广是一种适宜于短期推销的促销方法,它在推销活动中的主要作用是:能够刺激消费者迅速购买;强化消费者重复购买的行为;抵御竞争者的促销活动。

动手动脑

你知道的营业推广的方法有哪些?

四、无形推销方式——互动推销

这里所述的无形推销方式主要包括邮政推销、网络推销、服务推销等。

1.邮政推销

邮政推销是指通过邮政渠道来销售商品的推销形式,它属于直复式销售,销售商品和购买商品的双方无需见面,顾客不用出门就能购买到商品。

邮政推销的主要方式有:

(1)商品目录推销。具体方法是公司编制商品目录,并通过一定的途径分发到潜在顾客的手中,顾客填写订货单或通过电话、E-mail等途径向公司提出购买要求,推销公司在收到订单后,很快将顾客所需的商品通过邮购的方式寄到顾客手中。如果顾客所在之处不远,公司可直接送货上门。

(2)传媒推销。传媒推销是指企业运用广告,在报纸、杂志、广播或电视上介绍某种商品,从而希望顾客来咨询和订购的一种推销方法。

(3)直接邮售。直接邮售是推销人员先通过一定的顾客分析,选出那些对有关商品具有较大购买可能性的潜在顾客,然后把单独的邮件如信函、广告传单等,分别邮寄给这些顾客的一种推销方法。

应用实例

白酒转型新零售平台　茅台、五粮液借道快乐购

白酒行业告别此前高速发展的"黄金十年",自2012年第三季度起开始进入行业调整期,下行迹象日益显著,白酒企业由此面临日益加大的销售压力。为应对行业寒冬,提振业绩,各大酒企纷纷创新销售模式,开辟新型营销渠道。

起家于家庭电视购物的新型媒体零售平台,由此也逐渐走进酒业巨头的视野,而行业领军企业快乐购更是成为茅台、五粮液等知名酒企争先合作的对象。据快乐购方面透露,仅快乐购"中国原产"茅台首场专卖,在短短不到8个小时之内即实现销售额近1000万元。

据了解,2013年9月8日在茅台集团厂区上演的这场原产地直播,是快乐购"中国原产"第一次把外场直播现场搬到白酒企业。两个多月之后,五粮液紧随而上,第一次与快乐购"中国原产"展开合作,同样满载而归。当天,仅仅用时不到7个小时,这场直播即实现销售额达840多万元。

(资料来源:佚名.白酒转型新零售平台　茅台、五粮液借道快乐购.http://www.

tvsm. net/news. 2014. 1. 20。)

问题：

茅台、五粮液等知名酒企运用了什么样的推销方式？

2. 网络推销

网络推销是指企业或推销人员运用网络技术，通过网络平台向顾客传递企业和商品的各种信息，实现企业和顾客的双向互动的一种推销形式。

阅读材料

网络推销的优点在于：

(1)企业直接与消费者接触，能更好地为消费者服务，能使顾客全面地了解企业的资讯，从而避免盲目经营。

(2)减少了中间周转环节，节约了流通费用。

(3)企业掌握了主要消费对象的资料，可以有的放矢地开展宣传服务活动，提高了宣传服务活动的效果。

3. 服务推销

服务推销是指企业或其销售人员在销售前后为满足消费需求而采用各种服务性销售措施的一种推销方式。

服务推销的作用在于：

(1)能够全面地满足消费者的需求。

(2)有利于提高企业信誉度，增强企业核心竞争力。

(3)能促进企业不断改善经营管理，提高企业和社会的经济效益。

工作任务

推销方式的运用

工作任务提示：

本工作任务将帮助学生掌握直接推销方式和间接推销方式的具体方法和运用技巧。

工作任务内容：

请结合前期推销环境分析结果和推销物品的特点，推销团队成员自由组合，以2人为一组(最好男女生搭配)，以在校大学生为目标群体，分别进行广告设计和宣传、上门推销与电话推销。

工作任务要求：

第一，团队分工协作完成任务；

第二，总结得失，分析拒绝推销的原因；

第三，推销效果评价；

第四，班级讨论，交流经验，完成推销报告。

任务二　熟悉推销模式

基础知识

完成本任务所需的基础知识包括推销模式的含义,爱达模式、迪伯达模式和埃德帕模式的含义、适用范围及推销步骤。

一、推销模式的含义与种类

推销模式是指人们根据推销活动的特点及对顾客购买活动各阶段的心理演变所采取的策略,归纳出的一套程序化的标准推销形式。

推销模式来源于推销实践,具有很强的可操作性。在具体实践中,由于市场环境的多变性、产品的多样性和顾客的差异性,推销人员要针对具体的推销目标,灵活运用推销模式。

推销模式的种类很多,这里主要介绍应用比较广泛的三种模式,即爱达(AIDA)模式、迪伯达(DIPADA)模式和埃德帕(IDEPA)模式。

二、爱达模式

1. 爱达模式的含义

爱达模式是由世界著名的推销专家海因兹·姆·戈德曼于1958年在其所著的《推销技巧——如何赢得顾客》一书中提出的。"爱达"是AIDA的音译,AIDA是四个英文单词的首字母组合:A为Attention,即引起注意;I为Interest,即诱导兴趣;D为Desire,即激发欲望;最后一个字母A为Action,即促成购买。

爱达模式的具体含义是指一个成功的推销员必须把顾客的注意力吸引或转移到产品上,使顾客对推销人员所推销的产品产生兴趣,这样顾客欲望也就随之产生,而后再促使顾客采取购买行动。

2. 爱达模式的适用范围

爱达模式从消费者心理活动的角度来具体研究推销的不同阶段,它适用于店堂推销,如柜台推销、展览会推销,也适用于一些易于携带的生活用品和办公用品的推销,还适合于新推销人员的推销以及对陌生顾客的推销。

3. 爱达模式的推销步骤

(1)引起顾客注意(Attention)。引起顾客注意是指推销人员通过推销活动刺激顾客的感觉器官,把顾客的精力、注意力等吸引到推销人员和推销品上来,并促使顾客对推销产生良好的感觉。

顾客注意分为有意注意和无意注意两种类型。在推销活动中,顾客有意注意的发生比无意注意少得多。因此,在推销刚开始阶段,需要推销人员强化信息刺激,把顾客的无意注意转化为有意注意。

引起顾客注意的方法很多,主要有:

①实物招徕法,即利用产品本身及其包装或商标等吸引顾客注意的方法。这种方法有

利于加深顾客对商品的感性认识，快速对产品产生注意。食品、化妆品、服装等商品比较适合运用这种方法。

②出奇制胜法，即在顾客的思维需要重新调整时，唤起顾客注意的方法。出奇制胜法在推销活动中主要运用于开始阶段，这样能给顾客留下非常深刻的第一印象，有利于推销活动的顺利进行。

③旁征博引法，即利用顾客熟悉可信且感兴趣的事物（或事件）来验证并唤起顾客注意的方法。这种方法适合于开拓市场或企业扩大市场时采用。

④气氛渲染法，即引导顾客感知周围的事物，包括气味、照明、音响、空间等外界刺激，从而唤起注意的方法。这种方法常用于服务行业的推销。

⑤计谋引诱法，即利用神秘色彩突出特色，从而唤起顾客注意的方法。这种方法适合于有一定科技含量的商品或商业活动，通过制造悬念来达到推销商品、引起注意的目的。

应用实例

重兵把守的试验田

曾有一种新土豆传到法国，虽然该土豆新品价廉质优，但法国农民并不感兴趣。为了普及种植这种优质土豆，法国政府花了大力气进行推广，但收效甚微。

优质土豆被冷落，于是法国政府出了一个怪招。

不多久，人们突然发现，在各地种植新土豆的试验田边，都有全副武装的哨兵日夜把守。

一块庄稼地怎么会有哨兵把守呢？

周围的农民无不好奇，不断地趁着士兵“疏忽”时溜进去偷土豆，小心翼翼地把偷来的土豆拿回去研究，种在自家地里，用心看护，看看到底有何不同。

一个季节下来，此种土豆的优点广为人知。新土豆就这样被推广到法国各地，成为受法国农民欢迎的农作物之一。

问题：

法国政府运用什么方法让当地农民接受了新土豆？

（2）诱导顾客兴趣（Interest）。诱导顾客兴趣是指在顾客已经注意推销活动及推销物品的基础上，诱导顾客对推销物品产生积极的态度。在购买过程中，顾客的兴趣与注意有着密切的关系，顾客兴趣是在注意的基础上发展起来的，反过来又强化顾客的注意。顾客的兴趣与顾客的需要也有密切关系，顾客的兴趣是以他们各自的需要为前提的。因此，要诱导顾客兴趣，推销人员必须深入分析顾客的各种需要，让顾客认识到购买所带来的好处。

阅读材料

爱达模式中的诱导兴趣阶段就是示范阶段。推销员要尽可能地向顾客示范所推销的产品，增强顾客的实际感受。

诱导顾客兴趣的方法主要有：

①展示表演诱导法。通过摆设商品样品以唤起顾客注意，当顾客注意后进一步显示商品主

要部分的功能、特点,采用推销产品(或服务)展示表演的技巧来诱导顾客购买兴趣。

②感情联络诱导法。通过感情的联络使顾客体验到积极的情感,并通过积极的情感反作用于兴趣。例如,推销过程中推销人员真诚的微笑、亲切的问候、细致入微的服务等。

③应变诱导法。在顾客对推销产生兴趣时,根据顾客的各种变化来灵活调整推销活动,让推销活动适应顾客的购买。它是围绕购买而变化的方法。

④顾客亲身体验诱导法。让顾客亲身接触商品或身临其境感受商品所带来的利益,从而引导购买兴趣。

应用实例

安利老板买飞机

美国的一位推销员向安利直销公司的老板温安洛推销直升机,温安洛认为当时没有必要花这笔钱。推销员对他说:“正好公司的这架飞机暂时没有用,而安利公司最近又有很多经销商大会,您可以开这架飞机去参加经销商大会。”

一周后,温安洛没有作出购买的决定。两周后,他仍没有给推销员打电话。一个月后,推销员来取飞机,温安洛吃惊地对他说:“什么,你来取飞机?我每次都用它参加经销商大会呢!”温安洛已经习惯了使用直升机带来的便利,他非常自然地买下了那架飞机。

(资料来源:陈新武,龚士林.推销实训教程.武汉:华中科技大学出版社,2006。)

问题:

案例中应用了什么方法诱导顾客兴趣?

(3)激发顾客的购买欲望(Desire)。激发顾客的购买欲望是指推销人员通过推销活动,在唤起顾客对推销品的兴趣后,使顾客体会到购买该商品给自己带来的某种特定利益,从而对推销物品产生强烈的购买欲望。

在这一阶段,推销人员要使顾客充分认识产品和购买利益,要使顾客认识到他有需求,而推销的产品能够满足其需求,不断强化顾客的购买欲望。

激发顾客购买欲望的方法主要有:

①利益直陈法。通过直接对顾客购买后的利益进行充分的陈述来激发顾客的购买欲望。使用这种方法时要实事求是,对顾客要晓之以理、动之以情。

②因势利导法。推销人员通过精心设计的一系列提问或优惠的方法以诱导顾客逐渐悟出某些道理。

应用实例

推销洗发用品

某洗发用品的推销人员对顾客说:“您看,现在的年轻人都喜欢追潮流,前几年流行离子烫，今年又流行卷发，叫什么空气灵感烫。”

顾客：“是的啊。”

推销人员：“漂亮是漂亮，就是头发这么来回折腾，发质就会受损，变得干枯、易断，没有光泽和弹性了。”

顾客：“就是的，还枯黄。”

推销人员：“我们公司生产的洗发用品是专门针对受损发质研究生产的，效果很好，您买一瓶试试？”

问题：

案例中的洗发用品推销员是怎样激发顾客的购买欲望的？

③突出优势法。推销员和企业通过产品、服务和价格等方面的优势来吸引顾客并形成持续兴趣。这种方法可使顾客对推销产品形成忠诚，一般适合于产品和服务形象好、有独特竞争优势的企业的产品和服务。

(4)促成顾客购买(Action)。促成顾客购买是指推销员运用一定的成交技巧和策略来敦促顾客采取购买行为的过程。促成顾客购买是爱达模式的最后一个步骤，它是全部推销过程和推销努力的目标，也是对前三个步骤的总结。这一过程要求推销员在推销活动中注意捕捉顾客发出的成交信号，把握时机，运用策略和技巧来促成购买，否则前面的努力将功亏一篑。促成购买的方法有很多，后面的章节将会专门介绍，在此不予赘述。

应用实例

推销暖水袋

某推销员在校园中拦住了一名学生，以下是他使用爱达推销模式进行的推销活动。

推销员：“同学您好！我是爱华电器厂的推销员张华。冬天来了，天冷起来了，我带来了我们厂最新生产的电暖水袋，您看就是这种。”

学生：“暖水袋？不，我不需要，上课带着太不方便了。”

推销员：“那您在教室上课的时候不感觉冷吗？”

学生：“冷也没办法，其他同学也是这样的。”

推销员：“看，您的手那么红肿，是不是起冻疮了，平时很痒吧？”

学生：“真的啊，你不说我还没注意，就是一回到寝室，稍微暖和的时候，手还真不好受。”

推销员：“您看我们这个暖水袋是可以插电源的，这里有个卡片，挪开它就可以通电，一般你们寝室、教室都有电源的，插电 10 分钟就可以使用 2 个小时以上，尤其适合你们学生。您看这个图片是卡通的，多可爱啊！”

学生：“看着还不错，多少钱啊？”

推销员：“我们主要面向学生，每个才 10 元，超市要卖 15 元呢，非常划算的。”

学生：“价钱确实不贵。”

推销员：“那您要红色的还是绿色的？”

学生:“绿色的吧,给你钱。”

推销员:“这是我的名片,您同学要是也有需要,可以再联系我。”

(资料来源:田春来.现代推销技术.北京:北京理工大学出版社,2012。)

问题:

运用爱达模式分析该案例中推销员的推销活动过程。

三、迪伯达模式

1.迪伯达模式的含义

“迪伯达”是DIPADA的音译,DIPADA则是英文单词Definition(发现)、Identification(结合)、Proof(证实)、Acceptance(接受)、Desire(欲望)、Action(行动)的第一个字母的组合。迪伯达模式是由国际推销大师海因兹·姆·戈德曼根据自身的推销经验总结出来的一种行之有效的推销模式,被誉为现代推销法则。

迪伯达模式的具体含义是指在推销过程中,推销人员必须先准确地发现顾客的需要和愿望,然后把它们与自己推销的产品联系起来。推销人员应向顾客证明他所推销的产品符合顾客的需要和愿望,顾客确实需要该产品,并促使顾客采取购买行为。

2.迪伯达模式的适用范围

迪伯达模式适用于:生产资料市场产品的推销;对老顾客及熟识顾客的推销;保险、技术服务、咨询服务、信息情报、劳务市场上无形产品的推销及开展无形交易;单位(或集团)购买者的推销。

3.迪伯达模式的推销步骤

(1)准确地发现顾客的需求与愿望(Definition)。从推销实践来看,真正的推销障碍来自顾客的需求和欲望得不到满足。在这一阶段,推销人员要利用各种方法寻找与发现顾客现实和潜在的需求和愿望,而不要急于介绍推销品。这种做法最能引起顾客的兴趣,有利于营造融洽的推销气氛,有利于消除推销障碍。

(2)把顾客的需求与推销的产品结合起来(Identification)。在准确发现顾客的需求和愿望后,推销员再向顾客介绍产品,并把产品与顾客需求联系起来,这样就能很自然地引起顾客的兴趣。

(3)证实所推销的产品符合顾客的需求(Proof)。推销人员仅仅告诉顾客所推销的产品正是其所需要的,这是远远不够的,必须拿出充分的证据向顾客证实产品符合其需要。此阶段中,推销人员可采用人证法,如通过社会知名人士或顾客依赖的人士对推销的评价;也可采用物证法,如借助产品演示、质检或测试报告、获奖证书、报纸杂志的报道等;还可采用例证法进行证实。

(4)促使顾客接受所推销的产品(Acceptance)。顾客在查看了相关证据之后初步认可了所推销的产品,但这仅仅完成了顾客心理对产品认知的过程,并不能立刻促成购买行为。因此,推销人员还要拿出充分的证据向顾客证明推销品符合其需要,购买该产品是明智的选择。

(5)刺激顾客的购买欲望(Desire)。当顾客接受了推销的产品之后,推销人员要及时激发顾客的购买欲望，利用各种诱因和刺激使顾客产生强烈的用推销品满足其需要的愿望和想法，为顾客的购买行动打下基础。

(6)促使顾客采取购买行动(Action)。这是迪伯达模式的最后一个步骤。在这一阶段里，推销人员要在前面工作的基础上，不失时机地劝说顾客作出最后的购买决定。

应用实例

迪伯达模式的运用

某证券公司客户经理小刘是公司的王牌经纪人，为了推销公司最近推出的“安全受益基金3号”，他从公司客户资料中找到了投资人老王。寒暄过后，小刘用“DIPADA”模式进行了推销。

小刘：“老王，听说最近您投资不太顺利啊？”

老王：“是啊！最近大盘这么忽上忽下地折腾，一卖就涨，一买就跌。运气背死了。”

小刘：“您今年还想通过投资赚大钱吗？”

老王：“赚什么赚啊？这世道不亏钱就阿弥陀佛了。”

小刘：“我这里有几个几乎稳赚不赔的路子，想不想听听？”

老王：“什么路子？说来听听。”

小刘：“就是我们公司最近推出的‘安全受益基金3号’。选择的都是一些绝对安全且收益不错的品种来进行投资，基金经理都是我们公司里面的精英。刚好可以满足您安全赚钱的想法。”

老王：“基金？它靠得住吗？”

小刘：“放心吧，老王！您看这是我们推出的第3号基金了，我们的2号基金年收益率12%，1号基金年收益率15%，从现在的行情来看，3号基金的收益应该是相当不错的。这些资料您可以上网去查，也可以问问有时和您一起探讨股市走势的老张，他买了我们的2号基金。由于确实赚钱不少，现在他又买了10万份3号基金。您可以打电话问问他。”

老王：“老张也买了吗？”

小刘：“老张可是你们周围的‘股精’，没钱赚，他肯定不会买，对吧？”

老王：“那家伙就是鬼精。”

小刘：“怎么样？您也投一些吧！我们公司的这个品种很好卖哟！好东西咱们得多想着公司的老客户不是？您在咱们公司开户都11年了，看到您今年亏得这么惨，咱能不着急吗？我就想咱能帮一点是一点，现在发行期只剩最后3天了，我赶紧通知您一声，免得您错过，眼睁睁地看着老张数钱。”

老王：“小刘，够意思！以后有什么好事要记得通知我一声啊，别只照顾老张。”

小刘：“哪能呢？放心吧！咱们是什么交情啊？有好事我小刘绝忘不了通知您！这次，您是来个1万份呢，还是干脆来个10万份？”

老王：“手头紧啊！再说也不太熟，先来个2万份吧。”

小刘：“好咧！2万份基金3号，您先试试手，等赚了再投大些。”

(资料来源：张晓，许洪岩．现代推销技术．北京：北京交通大学出版社，2011。)

问题:

案例从哪些方面体现了迪伯达模式的推销步骤?

四、埃德帕模式

1.埃德帕模式的含义

埃德帕模式是迪伯达模式的简化形式。“埃德帕”是 IDEPA 的音译,IDEPA 是英文单词 Identification(结合)、Demonstration(示范)、Elimination(淘汰)、Proof(证实)、Acceptance(接受)的第一个字母的组合。

2.埃德帕模式的适用范围

埃德帕模式适合对有明确购买愿望和购买目标的顾客进行推销,也可用于向熟悉的中间商进行推销。

3.埃德帕模式的推销步骤

(1)把推销的产品与顾客的需要结合起来(Identification)。由于埃德帕模式针对的主要是有明确购买目标的顾客,推销人员在热情接待的同时,应按照顾客提出的需要标准,尽量提供较多的产品供顾客选择,并注意发现顾客的潜在需求和欲望,揣摩顾客的心理,把推销品与顾客的需要结合起来。

(2)向顾客示范产品(Demonstration)。在确认顾客的需要后,推销人员应根据顾客的具体需要和其存在的问题进行产品示范、介绍和说明。这样不仅能够吸引顾客的注意力,而且能使顾客清晰地看到购买好处而激发出购买欲望。

(3)淘汰不合适的产品(Elimination)。不合适的产品是指不符合顾客需要的产品。由于在前两个阶段中,推销人员向顾客提供的推销品较多,其中一部分可能与顾客的需要标准距离较大,需要把这部分不合适的产品淘汰掉,把推销的重点放在适合顾客需要的推销品上。在决定是否要淘汰某种推销品时,推销人员应认真了解和分析顾客需求的真实原因,不轻易淘汰推销品。

(4)证实顾客的选择是正确的(Proof)。证实有助于坚定顾客的购买信心,因此推销人员应注意针对顾客需求的不同类型,用具有说服力的例证去证明顾客的选择是正确的,并及时对顾客的正确选择予以赞扬。

(5)促使顾客接受推销的产品(Acceptance)。这一步骤中的接受不仅包括顾客在心理上对推销产品的接受,还要顾客从行动上接受产品。此时影响顾客购买的主要因素不是推销品本身,而是购买后的一系列问题,如结算、运输、手续办理、货物退赔等,推销人员若能对上述问题予以解决,就会坚定顾客的购买信心,使其作出购买决定。

应用实例

埃德帕模式在某家电商场格力空调专柜的应用

一中年男顾客走进格力空调专柜,销售员使用埃德帕模式完成了销售任务。

销售员："先生，您好！请问您买空调吗？"

顾客："是的，我先看看。"

销售员："先生自己家里用吧，您是在客厅用，还是在卧室用？"

顾客："我想给家里的卧室装一台空调。"

销售员："那您家的卧室大概有多少平方米呢？"

顾客："好像有12平方米吧，卧室面积小一点。"

销售员："哦，那您选择1匹的空调就可以了。您看这三款都是1匹的。"

顾客："1匹的应该很省电吧？"

销售员："您看这台，是格力今年新推出的一款，超静音，带速冷功能，火热的夏天，外面温度很高，进屋打开空调以后一般要15分钟以上才有凉爽的感觉，这款只要3分钟室温就会降低5度以上呢，非常舒服，而且它的方向是360度全方位，没有死角，您在屋子的任何方位都会感到非常舒适。您看这个高精度面板，可以清晰显示温度，敏感值0.1度，而其他品牌的敏感值为1度。您用手触摸一下，一点痕迹都没有，时间长了也不会显旧。"

顾客："这款多少钱？"

销售员："2 800元。"

顾客："1匹的空调2 800元，价格有点高啊。"

销售员："那这款也不错，价钱只要1 800元，能效是2级的。"

顾客："能效2级的，有点费电啊。有没有那种变频的？我老母亲退休了，在家里待的时间有点长，得经常使用空调。"

销售员："那这款是变频的，1级能效，4小时耗电才2度不到，非常合适的。"

顾客："这台多少钱？"

销售员："2 200元。"

顾客："嗯，看起来颜色也不错，行，我就要这台了。"

销售员："先生，您真会买东西，这台空调厂家现在搞活动，可以免费送一台小风扇，而且卖得非常火爆，前天才新进了100台，今天就剩下不到10台了。"

顾客脸上泛着笑容。

销售员："给您小票，请向前走10米，就能看见收银台了。"

顾客："好的。"

（资料来源：田春来.现代推销技术.北京：北京理工大学出版社，2012。）

问题：

案例从哪些方面体现了埃德帕模式的推销步骤？

实训

利用推销模式设计产品推销方案

实训目的：

通过实施该项目，学生能够灵活运用爱达模式、迪伯达模式和埃德帕模式中的任一推销模式来推销产品，促使交易成功。

实训内容和步骤：

(1)学生可以任选某一具体产品。

(2)学生根据产品特点和推销对象需求、消费心理等选择推销模式。

(3)每人利用选择的推销模式写一份简要的产品推销方案书，并制作成 PPT 格式。

实训要求：

个人独立完成，并在课堂上进行交流与讨论。

课程小结

任务一　了解推销方式

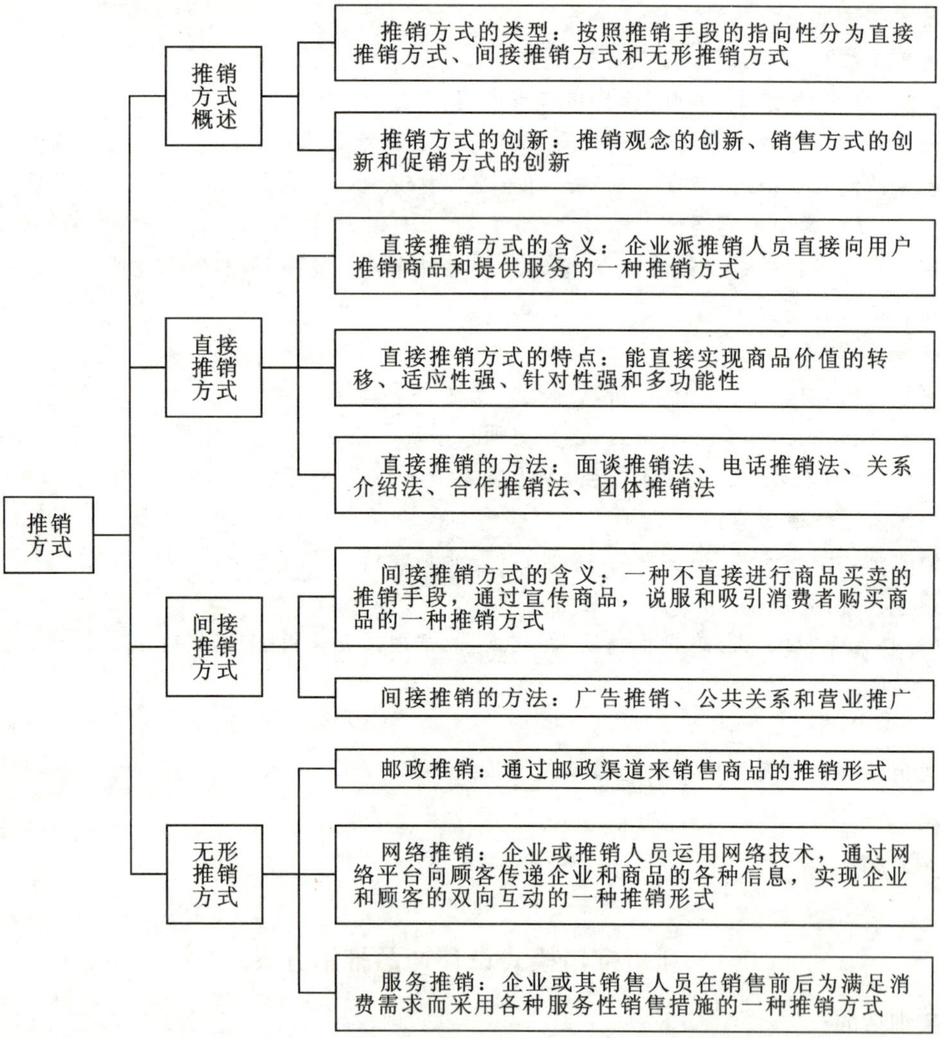

任务二　熟悉推销模式

- 推销模式
  - 推销模式的含义与种类
    - 推销模式的含义：人们根据推销活动的特点及对顾客购买活动各阶段的心理演变所采取的策略，归纳出的一套程序化的标准推销形式
    - 推销模式的种类：爱达（AIDA）模式、迪伯达（DIPADA）模式和埃德帕（IDEPA）模式
  - 爱达模式
    - 爱达模式的含义：一个成功的推销员必须把顾客的注意力吸引或转移到产品上，使顾客对推销人员所推销的产品产生兴趣，这样顾客欲望也就随之产生，而后再促使顾客采取购买行动
    - 爱达模式的适用范围：店堂推销、易于携带的生活用品和办公用品的推销、新推销人员的推销以及对陌生顾客的推销
    - 爱达模式的推销步骤：引起顾客注意、诱导顾客兴趣、激发顾客的购买欲望、促成顾客购买
  - 迪伯达模式
    - 迪伯达模式的含义：在推销过程中，推销人员必须先准确地发现顾客的需要和愿望，然后把它们与自己推销的产品联系起来，再向顾客证明他所推销的产品符合顾客的需要和愿望，顾客确实需要该产品，并促使顾客采取购买行为
    - 迪伯达模式的适用范围：生产资料市场产品的推销；对老顾客及熟识顾客的推销；保险、技术服务、咨询服务、信息情报、劳务市场上无形产品的推销及开展无形交易；单位（或集团）购买者的推销
    - 迪伯达模式的推销步骤：准确地发现顾客的需求与愿望、把顾客的需求与推销的产品结合起来、证实所推销的产品符合顾客的需求、促使顾客接受所推销的产品、刺激顾客的购买欲望、促使顾客采取购买行动
  - 埃德帕模式
    - 埃德帕模式的含义：埃德帕模式是迪伯达模式的简化形式。“埃德帕”是IDEPA的音译，IDEPA是英文单词Identification(结合)、Demonstration(示范)、Elimination(淘汰)、Proof(证实)、Acceptance（接受）的第一个字母的组合
    - 埃德帕模式的适用范围：适合对有明确购买愿望和购买目标的顾客进行推销，也可用于向熟悉的中间商进行推销
    - 埃德帕模式的推销步骤：把推销的产品与顾客的需要结合起来、向顾客示范产品、淘汰不合适的产品、证实顾客的选择是正确的、促使顾客接受推销的产品

复习思考题

1. 推销方式的创新包括哪几个方面?
2. 直接推销方式有哪些特点?
3. 间接推销的方法有哪些?
4. 网络推销有哪些优点?
5. 常用的推销模式有哪几种?简述各种模式的基本过程。

测试题

案例分析

小李卖鸡

小李是某冷冻食品厂的一位推销员。一次,小李受命推销一批西装鸡。当时市场上该种产品供应量大,积压较多,各供货单位之间的竞争十分激烈。小李按常规的推销方法登门拜访了几家客户,结果都碰了钉子,未能达成交易。面对这一现实,小李没有沮丧失望,而是积极地开动脑筋,努力寻找推销突破口。

这一次推销,小李选择在一个顾客较少的时机进入了一个超市,并径直走到出售西装鸡的柜台前,非常仔细、认真地察看柜台内陈列的商品,售货员看到这幅情景,以为他在寻找什么产品,忙走过来问:"您要点什么?"这时,小李站直身体,微笑着说:"我不买,只是想看看您这儿的品种是否齐全。"对这样的回答,售货员感到有点奇怪,就问了句:"您看这干什么?"小李微微一笑说:"对不起,这是我的职业病。""您的职业病?"售货员更是好奇了,"那您是干什么的?"抓住这一时机,小李亮出了自己的身份,回答道:"我们是同行,我也是卖鸡的,是专门负责向你们提供××公司的鸡产品的。"听到这样的介绍,售货员来了兴致,对小李也产生了更大的兴趣,于是又问道:"那您看我们这儿的货怎么样呢?还齐全吗?"这时,小李重新俯下身体,故作仔细地又看了一遍后,才抬起头答道:"不错,品种真不少,不过还有点欠缺,如××品种您这儿好像还没有。"顺着这一话题,他们俩就聊了起来。

快要离开时,小李貌似不经意地顺便提了一下,问售货员是否需要进一点他的货,售货员稍稍犹豫了一下:"这要组长同意才行。"但是,她马上又热情地补充道:"不过,您别急,我进去和组长说说。"于是,她进去找了组长,并在组长面前尽力推荐小李。当组长到了小李面前后,只简单地与小李谈了一下供货的条件,就同意先进一点货。这样,小李终于在这家商场打开了推销的局面,且因此与那位售货员成了朋友,这个柜台从此成了小李的老主顾,而且这位售货员还全力向同行们举荐小李。于是,小李在这方面的业务大大地拓展了。

问题:

(1)小李是如何引起售货员的注意的?

(2)小李在推销西装鸡的过程中运用了哪种推销模式?

项目三　推销基本技能

知识目标

1. 了解推销沟通的内容；
2. 掌握推销人员应具备的素质和能力；
3. 掌握推销人员个人礼仪要求和推销过程中的礼仪。

能力目标

1. 能够在实际推销过程中较好地运用推销技能；
2. 提高仪态礼仪、仪表礼仪、电话礼仪、见面礼仪、拜访礼仪和馈赠礼仪的运用能力。

推销格言

对推销而言，善听比善辩更重要。

——原一平

问题导入

三个推销员

某天，小王、小张和小李三个推销员不约而同来到同一家公司推销医疗器械用品，吴经理分别给他们三人半个小时的时间来介绍产品，最后选择了小王所推销的产品。

结束后，秘书问吴经理："您为什么选择小王推销的产品？我觉得他们三个人介绍得都很详细，而且购进小李公司的产品我们会赢利更多。"吴经理笑着说："你没有注意到吗？小王在门口蹭掉脚上的灰，进门后随手关上门，说明他做事小心仔细；进了办公室他先脱去帽子，介绍产品和回答我提出的问题时干脆果断，证明他既懂礼貌又有教养；其他两人都从我故意扔在地板上的那本书上迈过去，只有他俯身拣起那本书，并放回桌上；当我和他交谈时，我发现他衣着整洁、头发整齐、指甲干净。难道这些不是最好的理由吗？"

问题：

你觉得推销人员应该具备哪些基本的素质和修养？

分析点评

任务一　掌握推销人员应具备的素质和能力

基础知识

完成本任务所需要的基础知识包括推销人员应具备的素质,即思想道德素质、业务素质、心理素质和身体素质;推销人员应具备的能力,即良好的语言表达能力、敏锐的观察能力、较强的社交能力和随机应变的能力。

一、推销人员应具备的素质

推销人员的素质,是指推销人员胜任推销工作的综合能力,它包括推销人员应具备的思想道德素质、业务素质、心理素质和身体素质。

1.思想道德素质

阅读材料

(1)树立正确的推销思想。推销思想是推销人员从事推销活动的指导思想。推销人员首先要热爱推销工作,这样才会以饱满的热情投入到工作中,才会感觉到工作的意义。其次,推销人员要树立全心全意为顾客服务的思想,把顾客的利益放在首位,设身处地为顾客着想,通过文明经营、礼貌待人,满足顾客在精神和物质方面的需要。最后,推销人员要树立知法守法、依法办事的观念,自觉以法律为准绳来调整推销活动中的各种经济关系。

(2)具有良好的职业道德。道德是调整人们关系以及个人与社会关系的行为规范。推销人员应具有良好的职业道德,即诚实严谨、遵守诺言、品德高尚、敬业无私。

诚实严谨、遵守诺言是指推销人员在介绍产品时要实事求是,切忌夸大其词,应用诚实的态度赢得顾客的信赖,在推销过程中一旦许诺就必须遵守。品德高尚、敬业无私是指推销人员对待顾客的态度要诚恳热情,对不同层次的顾客一视同仁;还应热爱自己的企业,爱岗敬业。

应用实例

诚实的推销者

日本山一证券公司的创始人小池田子说:做生意成大事者第一要诀就是诚实,诚实像是树木的根,如果没有根,树木就别想有生命了。这确实是小池田子的经验之谈,他正是因诚实而起家的。小池田子二十多岁时开了一间小商店,同时替一家机器制造公司当推销员。有一个时期,他推销机器很顺利,半个月内就跟33位顾客签订了契约,并收了定金。之后,他发觉自己所卖的机器比别的公司出产的同样性能的机器贵,感到不安,立即带上订约书和定金,整整花了3天的时间逐家逐户去找订户,如实说明他所卖的机器比别人卖的机器贵,请他们废弃契约。这使订户深受感动,结果33人中没有一个废约,反而对小池田子极其信赖和敬佩。消息传开,人们知道小池田子经商诚实,纷纷前来他的商店购买货物或是向他订购机器。诚实使小池田子财源广进，终成了大企业家、大富豪。

问题：

小池田子身上拥有推销员的什么素质？

(3)培养百折不挠的进取精神。在买方市场条件下，推销工作更为复杂和困难，推销人员承受的压力更大，有许多严峻的问题需要去面对和解决，这就要求推销人员必须要有坚定的信念，勇于进取，百折不挠，顽强拼搏。

应用实例

第71次拜访

原一平在最初进入保险业的时候，为了赢得一个大客户，曾经在3年8个月的时间里登门拜访70次都扑空的情况下，最终锲而不舍获得成功。

原一平在掌握了一家公司总经理的个人信息后，第二天就迫不及待地上门去推销保险了。一位面目慈祥的老人打开了门，原一平猜测一定是总经理的父亲。因为这位老人在听完原一平的介绍后，彬彬有礼地说："总经理不在家，请改日再来。"

"请您告诉我，他一般什么时候在家呢？"

"公司事多，这可没准儿。"

原一平还想打探总经理的一些个人问题，但老人都以"不太清楚"为由推托了。就这样，在接下来的三年多里，原一平拜访这位总经理扑空了70次。后来他意外地从一个客户那里得知那位拒绝他的老人竟然就是让他扑了70次空的总经理。这让原一平愤怒不已，有一种被人戏弄的感觉。哪怕这个老头说明自己的身份，冲他大叫"我不需要保险，别白费心机了"，也总比他每次面带微笑地说"总经理不在"要强上一百倍啊。更可气的是这个老头浪费了他多少时间啊！气愤异常的原一平决定要惩罚一下这个糟老头子。他第71次来到那幢高楼，没想到在楼底下就看到那老头子正在掏水沟。原一平双手抱在胸前，静静地等他掏完水沟。其间，原一平点燃了一支烟，以此来驱赶心中的郁闷。在缭绕的烟雾中，原一平的怒气渐渐平息下来。在他点燃第二支烟时，老头已在收拾工具了。原一平掐灭了烟，上前拦住了总经理。

"您好，我是明治保险公司的原一平，请问总经理现在在家吗？"

"唉，真不凑巧，他刚刚出门了。"

"没想到，你这么一大把年纪了，撒起谎来竟然可以面不改色！我知道你就是总经理。你买不起保险完全可以光明正大地拒绝，为什么要戏耍我呢？是在考验我的耐性吗？"

"呵呵，其实从第一天起，我就知道你是来推销保险的。"

"如果我第一天就知道你是总经理，我才不会用三年零八个月的宝贵时间来向一个土已经埋到脖子的人来推销保险！再者，明治保险公司若是有你这么瘦弱的客户，可能早就倒闭了。"

"什么，你竟敢如此轻视我！我难道连投保的资格都没有吗？你马上带我去体检，我要让你知道我完全有资格投保!”

原一平看到自己的话已经激起了这个顽固不化的老头子的斗志,感觉目的已经达到,心中一阵窃喜。他开始卖起了关子:

“哼,我才不为你一个人枉费心机呢,如果你们全家和全公司都投保的话,我还可以考虑考虑!”

“哼,全家就全家,我们明天就去!”

问题:

你从案例中得到了什么启示?

(4)要有创新意识。随着商品经济的发展、企业竞争的不断加剧与客户的日益成熟,传统的推销技巧往往徒劳无功,这就在客观上要求推销人员根据推销环境的变化,创新变通、开拓进取,树立创新推销意识,挖掘新市场。

应用实例

小周的销售秘诀

小周是一家不易碎杯碟公司的推销员,连续五年他都是公司的销售冠军。在一次周年大会上,小周透露了他的销售秘诀,那就是在介绍完公司产品之后,拿出十多件不易碎杯碟,用力向地上掷。准客户眼见杯碟丝毫无损,自然信心大增,因而都很快地下了订单。于是,全公司的推销员都在推销中运用此方法,公司的业绩也节节攀升。可是,其他推销员的业绩仍然不能超过小周的业绩,于是同事们再次向小周请教推销的诀窍。小周说:“我早已告诉你们我的秘诀:首先介绍产品,然后尝试掷碎杯碟。有一点我要补充的是,我现在已由自己掷杯碟改为请准顾客掷杯碟了。”

(资料来源:罗小东,王金辉.推销实务.大连:大连理工大学出版社,2010。)

问题:

小周的推销业绩一直遥遥领先的原因是什么?

2.业务素质

业务素质是指推销人员应具备的业务知识,主要包括以下几个方面:

(1)企业知识。推销人员应熟悉企业的发展历史、规模、经营方针、规章制度、产品种类、服务项目、定价策略、交货方式、付款条件等情况。这些知识有助于增强顾客对推销人员的信任感。

(2)产品知识。推销人员应了解产品从设计到生产的全过程,熟悉产品性能、特点、用途、用法、维修、成本、费用、出厂价格及管理程序等方面的知识。另外,推销人员还应了解市场上竞争产品的状况。

(3)市场知识。推销人员要懂得相关的市场知识,把握市场运行的基本原理,掌握市场调查和预测的基本原理和方法，善于发现现实和潜在顾客的需求，了解产品的市场变化趋势和市场行情动向。

(4)顾客知识。推销人员要善于了解顾客的购买条件、方式和时间，要懂得社会学、心理学、行为科学、公共关系学等的基础知识；善于分析现实顾客和潜在顾客的需求情况，了解不同顾客的心理、习惯、爱好和要求。

(5)推销实务知识。推销人员要开展推销工作，必须掌握一定的推销理论、推销活动的流程以及每个阶段的主要任务和技巧等实务知识，才能保证推销工作的顺利进行。

3. 心理素质

心理素质指一个人在心理活动过程和个性方面表现出来的持久而稳定的基本特点。

阅读材料

推销人员应具备的心理素质主要包括以下方面：

(1)坚定的自信心。美国著名推销大师乔·吉拉德说过："信心是推销员胜利的法宝。"推销人员的自信是其在从事推销活动时，坚信自己能够取得推销成功的心理状态。自信并不是盲目自大，而是源于知识和能力，是在了解自我、环境等因素的基础上，产生的坚信自己能够获得成功的心理状态。相信自己的企业、相信自己的产品、相信自己的推销能力，这种自信能使推销人员战胜各种困难，获得推销的成功。

应用实例

把小斧头卖给布什总统

2001 年 5 月 20 日，美国的一位名叫乔治·赫伯特的推销员成功地把一把小斧头推销给了小布什总统。布鲁金斯学会得知乔治·赫伯特将一把小斧头推销给小布什总统的消息后，把刻有"最伟大推销员"的一只金靴子授予了他。

布鲁金斯学会创建于 1927 年，以培养世界上最杰出的推销员而著称于世。在每位学员毕业时，学会都会设计一道最能体现推销员能力的实习题，让学员去完成。布鲁金斯学会给学员的实习题目为"请把一把小斧头推销给小布什总统"。

新的课题下来后，很多学员都知难而退，认为把一把小斧头推销给小布什总统是不可能的。然而，乔治·赫伯特不但把一把小斧头卖给了小布什总统，完成了课题，而且卖得还不费劲。乔治·赫伯特说："我认为，把一把小斧头推销给小布什总统是完全有可能的。小布什总统在得克萨斯州有一个农场，我发现了推销机遇，便提笔给小布什总统先生写了封信。说：'有一次，我有幸参观您的农场，发现里面长着许多矢菊树，有些已经死掉，木质已变得松软。我想，您一定需要一把小斧头。现在我这儿刚好有一把这样的斧头，它是我祖父留给我的，很适合砍伐枯树。假若您有兴趣的话，请按这封信所留的信箱给予回复……'最后小布什总统给我寄来了 15 美元。"

在乔治·赫伯特获得成功并被授予金靴子之前，该奖项已空置了 26 年。26 年间，布鲁金斯学会培养了数以万计的推销员，造就了数以百计的百万富翁，之所以没有把这只金靴子授予他们，是因为学会一直在寻找这样一个人：这个人从不因有人说某一目标不能实现而放弃，从不因某件事难以办到而失去自信。

问题：

乔治·赫伯特把斧头成功推销给小布什总统的根本原因是什么？

(2)乐观的情绪。情绪是人对现实中事物或现象的态度体验，它会随着个人的观念、爱好、习惯和需求转移，由此产生愉悦、忧伤、愤怒等心理现象。在推销过程中，推销人员在遇到冷落、拒绝、嘲讽、打击与失败时，要保持稳定而乐观的情绪，以促进推销业绩的提高。

(3)高度的热忱和服务心。推销人员要抱着一颗真诚的心，把顾客当成自己的朋友和家人，随时随地关心他们，热情地为他们服务，及时处理顾客提出的各种问题并尽可能赢得顾客的满意。

4. 身体素质

“身体是革命的本钱”。推销工作既是一项复杂的脑力劳动，又是一项艰苦的体力劳动。推销工作性质决定了推销人员要起早贪黑、东奔西走，要思考和处理各种推销事务，还会遭受失败和挫折的打击，要付出心理上、体能上的大量消耗。因此，推销人员必须具有强健的体魄、充沛的精力，这样才能胜任推销工作。同时，良好的身体素质也是前面三种素质转化为能力的重要保障。

二、推销人员应具备的能力

推销人员具备的一定的思想道德素质、业务素质、心理素质与身体素质只是其做一名好的推销员的基本条件。要想成为一名成功的推销人员，还必须具备一定的能力。

1. 良好的语言表达能力

语言是传递信息、交流思想和感情的工具。在推销过程中，推销人员需要向顾客宣传、介绍产品和其他相关信息，还要不断地激发顾客需求、说服顾客，如果没有良好的语言表达能力，这一切都不可能做到。良好的语言表达能力主要表现为说话清晰、准确、有条理、重点突出、亲切、诚恳、逻辑性强、生动风趣，能打动顾客、说服顾客和感染顾客。在语言表达上，推销人员要注意以下几个方面：

(1)语言清晰、准确，言简意赅。推销人员要能够使用准确、清晰的语言向顾客介绍商品信息，交流感情，说服顾客。这是对推销人员最基本的要求。如果说话含糊不清、吐字不准，或者词不达意、没有逻辑性，就会影响推销人员与顾客之间的沟通和交流。

(2)要恰当使用和辨认身体语言。推销人员合理利用姿势、手势、眼神、表情等来表达自己的思想和意图，往往可在推销过程中发挥重要的作用。在某些特殊环境里，有时需要沉默，恰到好处的沉默可以取得意想不到的良好效果。身体语言传达的内容也很丰富，在推销过程中，推销人员要善于辨认顾客传递的身体语言信号，及时捕捉信息，促成交易。

(3)要讲究语言艺术。语言的艺术性主要表现在语言表达的灵活性、创造性和情境适用性上。同样的意思，使用不同的表达方式，会达到截然不同的效果。推销人员在向顾客介绍产品、处理顾客异议、打消顾客疑虑时，要注意语言表达的艺术性，让顾客心甘情愿地购买你的产品。

应用实例

与众不同的推销语言

有一个人十年来始终开着一辆车,未曾换过。有许多汽车推销员跟他接触过,劝他换辆新车。

甲推销员说:“你这种老爷车很容易发生车祸。”乙推销员说:“像这种老爷车,修理费相当可观。”这些话触怒了他,他固执地拒绝了。

有一天,有位中年推销员到他家拜访,对他说:“我看你那辆车子还可以用半年,现在若要换辆新的,真有点可惜!”

事实上,他心中早就想换辆新车,经推销员这么一说,遂决定实现这个心愿,次日他就向这位与众不同的推销员购买了一辆崭新的汽车。

问题:

你从案例中得到了什么启示?

2.敏锐的观察能力

观察能力是指推销人员察言观色,通过顾客的外部表现及其他相关信息来了解其购买心理的能力。在推销过程中,推销人员应该通过顾客的谈话用词、语气、动作、神态等微妙的变化去洞察对方的心理过程。观察不是简单地看看,而是用专业的眼光和知识去细心地观察,从而发现重要的信息。

应用实例

留心观察

有一位推销员找某厂长联系业务,一走进厂长办公室,他就发现墙上挂着几幅装裱精美的书法作品,而厂长正在小心翼翼地掸去书法立轴上的灰尘。这位推销员立即意识到这位厂长喜爱书法。于是,他走上前去对厂长说:“厂长,看来您对书法一定很有研究啊!唔,这副篆书写得好,称得上‘送脚若游鱼得水,舞笔如景山飞云’,妙!看这悬针垂露之法的用笔,具有多样的变化美。好极了……”厂长一听,认为此人对书法很在行,一定是书法爱好者,便说:“请坐,请坐下细谈。”这样,双方的距离迅速拉近了。聊了一阵后,当推销员谈到合同时,自然就好说多了。

(资料来源:张晓,许洪岩.现代推销技术.北京:北京交通大学出版社,2011。)

问题:

推销员是如何拉近与厂长的关系的?

3. 较强的社交能力

社交能力是指推销人员为了某种目的而运用语言或非语言方式与他人相互交换信息，进行人际交往的能力。从某种意义上说，推销人员是企业的外交官，是企业的社会活动家，需要与各种顾客打交道，这就要求推销人员具备与各式各样的人交往的能力，能够广交朋友。具备良好的人际交往能力，不但可以维系老顾客，而且可以吸引更多的潜在顾客成为现实顾客，从而提高推销业绩。

4. 随机应变能力

随机应变能力是指推销人员在面对突然发生的情况或尚未预料的情况时，能够及时采取措施迅速加以应付的能力。推销人员在寻找顾客、拜访顾客、与客户洽谈甚至签订合同时都会发生预料以外的事情。当这些突发情况出现时，如果推销人员缺乏临场应变能力，就会陷入被动，甚至导致推销失败。面对复杂多变的情况，推销人员应当思维敏捷，能够快速分析问题，并针对变化的情况及时调整推销策略和方法，提出各种变通方案，尽快妥善解决问题。

应用实例

推销中如何化险为夷

一名推销员正在向一大群顾客推销一种钢化玻璃杯，他首先是向顾客介绍产品，宣称其钢化玻璃杯掉到地上是不会坏的，接着进行示范表演。可是碰巧他拿到一只质量不合格的杯子，只见他猛地往地上一扔，杯子“砰”地一下全碎了，真是出乎意料，他自己也十分吃惊，顾客更是目瞪口呆。面对这样尴尬的局面，假如你是这名推销员，你将如何处理呢？这名富有创造性的销售员急中生智，首先稳定住自己的情绪，然后笑着对顾客说：“看见了吧，这样的杯子就是不合格品，我是不会卖给你们的。”接着他又扔了几只杯子，都获得了成功，博得了顾客的信任。

问题：

案例中推销员的成功之处在哪里？

工作任务

拜访推销人员

工作任务提示：

本工作任务将帮助学生熟悉推销人员的基本素质和能力。拜访推销人员，能使推销团队成员加深对推销工作的感性认识，并且在推销工作中注意个人素质和能力的培养。

工作任务内容：

推销团队与教师事先联系好的两三家公司的推销人员取得联系，并实地拜访推销人员。

工作任务要求：

第一，在调查访问前，推销团队要先拟定调查访问提纲，包括调查的主要问题与具体安排。如询问推销员的主要任务和职责是什么，他是否熟悉产品，他以什么样的态度去从事推销工作，他认为在推销工作中最重要的能力是什么，等等。

第二，每位同学要做好记录，并登录相关网站了解推销人员素质和能力的相关知识。

第三，拜访结束后，推销团队写一份简要的调查访问报告。

任务二 熟悉推销沟通礼仪

基础知识

完成本任务所需要的基础知识包括：推销沟通的含义和内容；推销人员的仪容礼仪、仪表礼仪和仪态礼仪；推销过程中的电话礼仪、见面礼仪、拜访礼仪和馈赠礼仪。

一、推销沟通概述

（一）推销沟通的含义

沟通是人与人之间、人与群体之间思想与感情的传递和反馈的过程，以求思想和感情的通畅。沟通是一种信息的双向甚至多向的交流，将信息传送给对方，并期望对方作出相应反应的过程。

推销沟通是指传递和领会推销员与顾客之间口头、形体信息的行为。推销沟通是强调买卖双方信息互动反应的过程。

（二）推销沟通的内容

1. 形体沟通

形体沟通是指有意识和无意识的反应、动作和表情等，是除了语言之外的表达人们思想的手段，包括人与人之间保持的距离，面部表情，手、胳膊、头和腿的放置与运动，身体倾向等。

(1)人际距离。人际距离是指一个人在没有得到允许的情况下不得私自进入的区域。人际距离对推销人员是非常重要的，因为在没有得到顾客同意的情形下擅自闯入其隐私区域，会引起顾客的不快，阻碍推销活动的顺利进行。

通常存在以下四种人际距离区域：

第一种：亲密区域(Intimate Space)，指为最亲密的朋友和爱人预留的区域。这个区域在 60 厘米以内，约为一只手臂的距离，是最为敏感的区域。试图进入某些潜在顾客的亲密区域可能会令其感到不安，或认为这种行为具有攻击性。

第二种：私人区域(Personal Space)，指一个陌生人或商业伙伴可以进入的最近区域。距离为 60～120 厘米，这是在进行非正式的个人交流时经常保持的距离。

第三种：社交区域(Social Space)，指新顾客可以接纳推销员进行推销洽谈的区域。距离为 120～360 厘米，购买者经常以一张桌子来保持这个距离。

第四种：公众区域(Public Space)，指推销员可以用于对一个群体进行推销的区域。距离为360厘米以上。这个距离可以使潜在顾客感到轻松,不会感受到来自推销员的威胁。

(2)面部表情。推销员不仅要注意自身的面部表情,向顾客传递友好的感情,而且还要善于观察顾客面部表情的变化,判断潜在顾客的心理反应,找出解决问题的对策。人的面部表情主要表现为眼睛、眉、嘴、面部肌肉的变化。

面部表情的变化主要传递以下信息:

短时间上眼神接触,并保持自然的心态,意味着诚实和自信。

眼睛直盯着顾客,眨都不眨一下,会使潜在顾客觉得很不自在,甚至有一种被威胁和不安全的感觉。眼神呆滞,目光环顾左右,则表示对所谈的问题不感兴趣和厌烦。

不停地看表,注意力分散,表示希望尽快地结束会谈。

皱眉、噘嘴、眯眼表示不确定、不同意,甚至完全不相信。

脸红耳赤往往是激动的表现,脸色苍白可能是过度激动或身体不适的表现,脸色铁青是生气或愤怒的表现。

嘴唇肌肉紧张表明其拒绝的态度,或有防备心理。

嘴巴微微张开,嘴角朝两边拉开,并伴有微笑,表示听众赞同和感兴趣,可以继续你的推销演讲。

嘴巴张开呈小圆形,脸部肌肉略为紧张,表示吃惊或喜悦。

(3)体姿。在洽谈过程中,潜在顾客的身体姿态及其运动都在不断地传递着相关信息,推销人员应善于识别这些信息。

体姿可以传递和表达的信息有:

潜在顾客远离推销员,并把双手放在脑后,象征着沾沾自喜。

僵硬的起立姿势表示对话题不感兴趣。

张开双臂和双腿意味着坦率、自信与合作,双臂和双腿交叉、清嗓子则暗示有心理抵制倾向。

抬着头,手托着下巴,暗示潜在顾客在积极地评价与思考。

敲手指或轻轻地跺脚表示不耐烦的状态。

2. 语言沟通

(1)提问。推销人员要达成交易,必须设法弄清楚顾客需要什么,沟通过程的提问是进一步掌握潜在顾客需求状况的主要手段。精心设计的问题能帮助推销员了解顾客的需求,分析已经掌握的信息与现实信息之间的差距,从而有针对性地为顾客设计解决问题的方案,最大限度地满足顾客的需求。

提问时推销员应注意的事项有:预先准备好问题;不宜长时间持续提问题;提出问题的句式应尽量简短;提出问题后应闭口不言,专心致志等待对方的回答等。

(2)倾听。倾听是成功沟通的基础,倾听既是对顾客的尊重,又是对推销信息进行积极主动的搜寻。有效倾听的关键是理解性地倾听。为了更好地服务于顾客,推销员必须学会聆听潜在顾客所要表述的真正意思和传递的真实信息。

要想做到有效倾听,推销员应做到以下几方面:

一是集中注意力。倾听是为了理解顾客的意思,而不是为了回答,不要贸然打断顾客的陈述,以获取完整的信息。

二是复述或转述。复述或转述所听到的要点,让顾客感觉到你正在努力地理解他们的需要，也可以让顾客判定你的理解是否有偏差。

三是不做假设。让顾客充分陈述他们的想法，必要时可通过提问来澄清其真实意图，不要臆断或猜想。

四是鼓励交流。通过给顾客积极的信号、提问，帮助顾客保持积极的交流状态，鼓励顾客尽量多地交流信息。

五是思索判断。在倾听的过程中，推销员要积极地思考，以对顾客所言做出理性的判断。

应用实例

乔·吉拉德的经历

一次，乔·吉拉德正向一位顾客推销汽车，交易过程十分顺利。客户正要掏钱付款时，另一位推销员跟吉拉德聊起了昨天的篮球赛，吉拉德一边跟同伴津津有味地说笑，一边伸手去接车款，不料顾客突然掉头而走，连选好的车也不要了。吉拉德苦思冥想了一天，不明白客户为什么突然放弃已经挑选好的汽车。夜里11点，他终于忍不住给客户打了一个电话，询问突然改变主意的理由。客户不高兴地在电话中告诉他："今天下午付款时，我同你谈到了我的小儿子，他刚考上密西根大学，是我们家的骄傲，可是你一点也没有听见，只顾跟你的同伴谈篮球赛。"吉拉德明白了，这次生意失败的根本原因是自己没有认真倾听顾客谈论自己最得意的儿子。

问题：

你认为推销过程中倾听比善辩更重要吗？

（3）表述信息。推销人员必须在提问、聆听后，辨明顾客的需求，准确有效地传递信息，以实现推销的成功。为此，必须在语言沟通中注意方式、技巧和顺序。表述信息时，推销员要注意以下几个方面：

阅读材料

一是利用图片、证书等把文字信息视觉化，这更易被顾客所接受。

二是向顾客解释图片等视觉化的促销工具，以促使顾客对信息的理解和记忆。

三是把推销员的效能具体化，不要使用专业术语去描述。

四是将产品、优势和概念宣传纳入沟通过程中。

二、推销人员个人礼仪

推销人员个人礼仪是推销人员个体的生活规范与待人处世的准则，是个人仪表、言谈、举止、待人接物等方面的具体规定，是个人道德品质、文化素养、教育良知等精神内涵的外在表现。推销人员个人礼仪不仅影响个人形象，而且影响企业形象。礼仪是推销人员的名片，顾客由推销人员的礼仪而知其修养，产生信任与否、喜爱与否、接纳与否的意向，从而决定是否购买所推销的产品。因此，推销人员必须加强对个人仪容、仪表、仪态等方面礼仪知识的掌握,努力提高个人修养。

1. 推销人员仪容礼仪

仪容是由面容、发式以及身体所有未被服饰装饰的肌肤所构成的,是个人仪表的基本内容。推销人员的仪容要求,主要是做到干净、整洁、大方、美观,要经常保持面部及身体各个部位的干净卫生,修饰要自然、协调,有整体感。

(1)头发。头发最能表现出一个人的精神状态。头发要勤洗、勤剪、勤梳理,男士要求前发不及额,侧发不及耳,后发不及领;女士要求长发不披肩,若长于肩要束起来或盘起来。发式要自然,不能染成五颜六色,发型要大方、得体。

(2)胡须。除了具有特殊宗教信仰与风俗习惯者之外,男性推销员不宜蓄留胡须,因为在正式场合留有胡须会给人不清洁的感觉。因此,男性最好每天坚持剃一次胡须,绝不可以胡子拉碴地上班或会见顾客。此外,还要注意经常检查和修剪鼻毛,鼻毛外露很不雅观。

(3)口腔。牙齿洁白,无异味,是对口腔的基本要求。在会见顾客前,不宜吃刺激性食物,如葱、蒜、韭菜等。在推销活动中,不要咀嚼口香糖。

(4)手。手是仪容的重要部位,交往时的最低要求莫过于一双清洁的手。推销员的手部一定要干净整洁,勤剪指甲,指甲长度不应超过手指指尖。女士可以涂透明或浅色系列的指甲油。

(5)美容化妆。美容化妆是修饰仪容的一种高级方法。在推销活动和日常的人际交往中,进行适当的化妆是必要的,这既是自尊的表现,又意味着对推销对象的重视。因此要求女性推销员化妆上岗、淡妆上岗,以淡雅、清新、自然为宜,不浓妆艳抹,不使用气味浓烈的化妆品及香水。

2. 推销人员仪表礼仪

仪表是一个人的外表,这里主要是指推销人员的服装和装饰两个方面。

动手动脑

你是如何理解"人靠衣装马靠鞍,三分长相七分打扮"的?

(1)着装礼仪。男士着装礼仪和女士着装礼仪如下:

①男士着装礼仪。对推销员来说,西装是最理想的职业服装。西装稳重洒脱,最能体现推销活动的特点,代表企业形象。正式西装大多以高档毛料为面料,具有色深(藏蓝、黑、灰、棕)、无图案、成套(两件套或三件套)的特点。衬衣以白色或与西装同色系为首选。领带以真丝素色或条纹领带为佳。与西装搭配的只能是深色袜子和黑色系带式皮鞋。在正式场合,男性不应穿着夹克衫、牛仔裤、T恤衫、旅游鞋、凉鞋等出席。

②女士着装礼仪。女士着装以整洁美观、稳重大方、协调高雅为总原则,服饰色彩、款式、大小应与自身的年龄、气质、肤色、体态、发型等协调一致。女士着装一般以西装、套裙为宜。西装、套裙的颜色以冷色调为主,如藏蓝、烟灰、暗红、炭黑、雪青等,以体现着装者的稳重、端庄。鞋袜的搭配一般是黑色高跟或中跟皮鞋、肉色袜或连裤丝袜。在正式场合,女性切忌穿太紧、太透、太花、太露、太短的休闲装或牛仔装、运动装。

应用实例

着装礼仪的重要性

一位女推销员在美国北部工作，一直都穿着深色套装，提着一个男性化的公文包。后来她被调到阳光普照的南加州，仍然以同样的装束去推销商品，结果业绩一直不够理想。后来她改穿色彩淡雅的套装和洋装，换了一个女性化的皮包，着装的这一变化，使她的业绩提高了25%。可见，随着社会经济、文化的发展，如何得体、适度地穿着已成为一门大有可为的学问。

（资料来源：张月莉，齐永智，等. 现代推销技术. 成都：西南财经大学出版社，2012。）

问题：

你认为推销员在着装中还应该注意哪些方面的问题？

(2)饰品佩戴。首饰的作用是点缀，用以映衬和谐之美，切勿喧宾夺主。推销人员在佩戴首饰时要注意以下几个方面：

①点到为止，恰到好处。装饰物的佩戴不宜过多，一般以1件或2件为主，如果饰品繁多、浑身珠光宝气，反而会使顾客产生厌恶感。

②搭配合理，尽显风采。装饰物要注意与服装色彩、款式的搭配。头饰最好与上衣的颜色一致；腰带、提包、围巾、项链、耳环等应与服装色彩搭配，或采用对比色彩配合，或采用同类色彩配合。

③扬长避短，显优藏拙。装饰物是起点缀作用的，要通过佩戴装饰物突出自己的优点，掩盖缺点。如佩戴细长链状的耳坠可掩饰较宽的面部。

④懂得寓意，避免尴尬。戒指、手镯和手链的不同戴法有不同的暗示，如果无意戴错，会引起误会。如戒指一般戴在左手上，戴在食指上，表示尚未恋爱，正在求偶；戴在中指上，表示已有意中人，正在恋爱；戴在无名指上，表示已订婚或已结婚；戴在小指上，表示独身；大拇指一般不戴戒指。手镯或手链戴在右臂，表示“我是自由的”；戴在左右两臂或仅戴左臂，说明已婚。

3. 推销人员仪态礼仪

在推销活动中，推销人员不仅用有声语言表达自己的情感和传递信息，还常常借助各种无声的语言媒介，这些无声的语言媒介即仪态。仪态是指人们在行为中具体呈现的各种体姿造型的总称。

(1)推销员的站姿。站姿的基本要求是挺直、舒展、自然、亲切、稳重。

①男士标准站姿。通常男士有两种站姿。第一种：双脚与肩等宽，挺胸抬头，目视前方，面带微笑，双手自然下垂、微握，放于裤线两侧。第二种：双脚与肩等宽，挺胸抬头，目视前方，面带微笑，右手压左手或左手压右手，放置在身后和与肚脐平行之处。在现实推销中，第一种站姿的使用频率比较高。

②女士标准站姿。女士站姿也有两种。第一种：双脚成45°“V”字形，左手压右手或右

手压左手均可，大拇指抵在自己肚脐(根据身高比例可上下调整1～2厘米)，提气，挺胸抬头，目视前方，面带微笑。第二种：左脚放在右脚后或右脚放在左脚后成丁字步，身体转正，左手压右手或右手压左手(哪只脚在后，就哪只手在前)，挺胸抬头，面带微笑。

(2)推销员的坐姿。优雅的坐姿传递着自信、友好、热情的信息，同时也显示出高雅庄重的良好风范。坐姿要符合端庄、文雅、得体、大方的整体要求。

①男士坐姿。男士的标准坐姿是：入座时，要走到座位前面再转向，转向后，右脚向后退半步，然后轻稳地坐下，收左脚；入座后，上身正直稍向前倾，头平正，两眼平视，下巴往后收，脖子要直，胸部要挺起，双脚与肩等宽，双手放置于膝盖处，脚面与椅腿平行，尽量不要外八字和内八字，坐椅子的1/3～2/3处，不要靠背，也不能满坐。

②女士坐姿。正式场合中，女士应从椅子右侧进入，离座时也应从椅子右侧出来，即右上右下。女士的标准坐姿为：入座时，站在椅子后右侧，左脚先迈出一步，右脚落到椅子座位中央偏右处，两脚并齐，撩裙摆后坐下，坐椅子的1/3～2/3处，不可靠背，整理好上衣衣角，左手压右手，压于裙摆的下摆处，防止走光，双脚斜于左端或右端均可，目视前方，挺胸抬头，面带微笑。离座时，双脚收回、起立，右脚平伸，左脚先向后退一步，右脚再后退，双脚并拢，将椅子归位，然后转身离去。

(3)推销员的走姿。最能体现推销员精神面貌的姿态是走姿。走姿的基本要求是从容、平衡、直线移动。

良好的走姿应当是身体直立、收腹直腰、两眼平视前方，双臂放松，在身体两侧自然摆动，脚尖微向外或向正前方伸出，跨步均匀，两脚之间相距一只脚到一只半脚的长度，步伐稳健，步履自然，有节奏感。起步时，身体微向前倾，身体重心落于前脚掌，行走中身体的重心要随着移动的脚步不断向前过渡，而不要让重心停留在后脚，并注意在前脚着地和后脚离地时伸直膝部。

步幅的大小应根据身高、着装与场合的不同而有所调整。女性在穿裙装、旗袍或高跟鞋时，步幅应小一些；相反，穿休闲长裤时步伐就可以大些，凸显穿着者的靓丽与活泼。

男子的走姿应步幅稍大，步伐应矫健、有力、潇洒、豪迈，展示阳刚之美；女子的走姿则步幅略小，步伐应轻捷、蕴蓄、娴雅、飘逸，体现阴柔之美。

三、推销过程礼仪

(一)电话礼仪

电话是一种常见的推销工具，接打电话的礼仪也是推销礼仪的重要内容。电话礼仪包括人们在使用电话时所遵守的种种规范，即使用电话时在语言、态度、举止等方面的规范等。推销员使用电话时，应做到语调热情、大方自然、声音适中、表达清楚、简明扼要、文明礼貌。

1. 接电话的礼仪

(1)及时接电话。电话铃响时，要及时去接，一般应在电话铃响三声之内接起。如果响的时间久了才接，一般要说明原因并致歉。

(2)确认对方。对方打来电话，一般会自己主动介绍。如果没有介绍或者没有听清楚，应该主动问："请问您是哪位？""我能为您做什么？""您找哪位？"

(3)认真倾听，积极应答。接电话时应当认真听对方说话，而且不时有所回答，如"是""对""好""不客气""我明白了"等，让对方感到你是在认真听。

(4)语气要亲切、温柔。当拿起电话听筒时，一定要面带笑容，亲切、温柔的声音会使对方产生良好的印象。

(5)礼貌地挂断电话。当电话交谈结束时，可询问对方还有没有别的事情，当对方说“再见”时，也应该说“再见”。挂电话时，一般由上级、长辈先挂；双方职级相当时，一般由主叫方先挂。确定对方已经挂断电话时，才能轻轻挂上电话。

2. 打电话的礼仪

(1)时间适宜。打电话时，如非重要事项，应尽量避开受话人休息、用餐的时间，而且最好别在节假日打扰对方。

(2)确认对方。当电话接通后，推销人员要主动确认“请问是××公司吗?”或“请问是××女士(先生)吗?”确认后要热情问候，如“早上好”或“麻烦您找一下××”。

(3)掌握通话时间。打电话前，推销人员最好先想好要讲的内容，以便节约通话时间。通常一次通话的时间不应长于 3 分钟。

(4)态度友好。在通话时，推销人员应吐字清晰、声调平和、语速适中、热情洋溢、富于感情，使对方能够感觉到你在对他微笑，以打动对方，并使其乐于进一步对话。

(5)礼貌结束通话。打完电话，推销人员一定要记住向顾客致谢，如“感谢您用这么长的时间听我介绍，谢谢，再见”。另外，一定要等顾客先挂断电话。

(二)见面礼仪

见面礼仪是指推销人员在与顾客见面时应当遵循的礼节、规范和行为准则，主要包括握手、介绍、名片的递送等礼仪规范。

1. 握手礼仪

握手是在社交场合中，相互见面和离别时，以及在相互介绍时表示热情、礼貌、致意的常见礼节，也是人际交往和推销活动中常见的见面礼。

(1)握手的先后顺序。握手时双目应注视对方，微笑致意或问好。男女之间握手，男方要等女方先伸手后才能握手，如女方不伸手，无握手之意，可用点头或鞠躬致意；宾主之间，主人应向客人先伸手，以示欢迎；长幼之间，年幼的要等年长的先伸手；上下级之间，下级要等上级先伸手，以示尊重。握手总体上要坚持上级优先、长辈优先、主人优先、女士优先的原则。

阅读材料

(2)握手的方法和力度。和新顾客握手时，推销人员上身应略向前倾，伸出右手，四指并拢，拇指张开与对方相握，时间控制在 1～3 秒钟，轻轻上下稍晃动三四次，随即松开手，恢复原状。握手力度要根据双方的交往程度确定。和新顾客握手应轻握，但不可绵软无力；和老顾客握手应握重些，表示礼貌、热情。

(3)握手的禁忌。在握手时不宜戴着手套或墨镜，另一只手也不能放在口袋里。只有女士在社交场合可以戴着薄纱手套与人握手。与阿拉伯人、印度人打交道，切忌用左手与他们握手，因为他们认为左手是不洁之手。除长者或女士，坐着与人握手是不礼貌的，只要有可能，都要起身站立。多人同时握手切忌交叉，要等别人握完后再伸手。握手时精神要集中，双目注视对方，微笑致意，不要看着第三者，更不能东张西望，这都是不尊重对方的表现。

2. 自我介绍礼仪

推销人员在初次与新顾客见面时，都要做自我介绍。恰当的自我介绍不但能增进顾客对推销人员的了解，而且还可以为接下来的推销洽谈做好铺垫。

(1)寻找适当的机会。推销人员首先应考虑当时的特定场合是否适宜进行自我介绍,若对方正与他人交谈,或正忙于工作,或心情欠佳、疲惫不堪,此时做自我介绍效果不会太好。进行自我介绍,最好选择在对方有兴趣、有空闲、情绪好、干扰少、有要求之时。

(2)态度真诚谦恭。自我介绍时,推销人员的态度要自然、友善、亲切、随和,要先向对方点头致意,得到回应后再向对方报出自己的姓名、身份、单位及其他有关情况,语调要热情友好,态度要谦恭有礼,眼睛要注视对方。

(3)根据不同环境,运用不同的介绍方法。推销人员可以采用主动的自我介绍方式,以此引起对方的呼应;也可以采取被动的自我介绍方式,即首先婉转地询问对方:“先生您好!请问我该怎样称呼您呢?”待对方做完自我介绍,再顺其自然地介绍自己。

3. 名片礼仪

名片是社交场合中介绍自己身份的一种工具,推销人员在和顾客交谈时,递给顾客一张名片,不仅是很好的自我介绍,而且与顾客建立了联系。

(1)递送名片。递送名片的通常顺序是级别低的人递送给级别高的人,年幼的递送给年长的,男士递给女士。名片正确的递送方法是:起身站立,上身呈15°角鞠躬状,面带微笑,用双手的食指与大拇指分别夹在名片两端,名片的字体正向朝对方,恭敬地送到对方胸前,同时说:“我叫××,这是我的名片,请笑纳。”

(2)接受名片。接受对方名片时应起身或欠身,面带微笑,双手或右手去接,接过后应仔细查看,看完后要郑重地将其放入名片夹中或上衣口袋内,并表示谢意。切不可漫不经心地装进口袋,更不要随手把玩或丢弃在桌面上,遇到生僻字应及时向对方请教,以示尊敬、尊重对方。

(3)索要名片。通常在社交场合索要名片是不礼貌的行为,但在商务场合中,若对方忙于说话而未主动递送名片,推销人员可以主动索要,一般对方不会拒绝。双手接过名片时勿忘致谢。若遇到对方没有携带名片或名片已发完,应给予理解。为了不错过任何一个可能销售的机会,可备好本子,请求对方留下姓名和电话,方便日后联系。若遇到别人向你索要名片,应大方地满足对方的要求,用双手递送。

应用实例

细节体现修养

两位商界老总经中间人介绍,相聚谈一笔生意。这是一笔双赢的生意,如果合作得好,双方都能获得很高的利润。看到美好的合作前景,双方的积极性都很高。A老总首先拿出友好的姿态,恭恭敬敬地递上了自己的名片;B老总单手把名片接过来,一眼没看就放在了茶几上。接着B老总拿起茶杯喝了几口茶,随手又把茶杯压在了名片上。A老总看在了眼里,简单说了几句话,便起身告辞。事后,A老总郑重地告诉中间人,这笔生意他不做了。当中间人将这个消息告诉B老总时,B老总简直不敢相信自己的耳朵,一拍桌子说:“不可能!哪儿有见钱不赚的人?”并立即打通A老总的电话,一定要他讲出个所以然来。A老总道出了实情:“从你接我名片的动作中,我看到了我们之间的差距,并且预见到未来的合作还会有许多不愉快,因此,还是早放弃的好。”闻听此言,B老总放下电话,痛惜失掉的生意,为自己的失礼感到羞愧。

（资料来源：杜明汉.商务礼仪.北京：高等教育出版社，2010。）

问题：

B老总违反了名片使用中的哪些礼仪？

（三）拜访礼仪

拜访是推销活动中不可缺少的礼仪活动，是推销人员的日常工作之一，健康、正常的拜访对于建立联系、交流信息、沟通情感等有着其他活动不可替代的作用。

1. 提前预约

拜访前，推销人员要事先打电话与拜访对象进行预约，确定拜访的时间和地点。不要在顾客刚上班、快下班、异常繁忙、正在开重要会议时去拜访，也不要在顾客休息或用餐时去拜访。

2. 做好准备工作

推销人员在约定时间和地点后到拜访对方之前，要做相应的准备。推销人员要认真了解拜访对象个人和公司的资料，准备好拜访时可能用到的一些资料，检查各项携带物是否齐备（如名片、笔和记录本、电话本、现金、计算器、公司和产品介绍书、样品模具、合同等），明确谈话主题和思路。为了给拜访对象留下良好的第一印象，推销人员要注意仪表端庄、衣着整洁。

3. 准时赴约

推销人员在出发前，最好与拜访对象通电话进行再次确认，防止临时发生变化。出发前要选择好交通路线、计算好时间，确保提前5～10分钟到达。如因故迟到，应向对方道歉。因故失约应在事先诚恳而婉转地说明，并致以歉意。在对外交往中，更应严格遵守时间。

4. 会见拜访对象

推销人员在会见拜访对象时，如拜访对象的办公室关着门，应先敲门，听到“请进”后再进入，然后问候、握手、交换名片。若带有鲜花、果品、书籍等礼物，可在进门之初递送给拜访对象。拜访对象奉上茶水或咖啡时，应表示谢意。会谈时举止要文雅，并注意称呼、语速、语气和语调。会谈过程中，若无急事，不要打电话或接电话。

5. 适时告辞

初次造访以半小时为宜，一般性拜访以不超过一小时为限。推销人员可根据对方的反应和态度来确定告辞的时间和时机。推销人员说完告辞就应起身离开座位，不要久说或久坐不走。告辞时应和对方握手，并感谢对方的接待。如果办公室门原来是关闭的，出门后应轻轻把门关上。拜访对象若要相送，应礼貌地请对方留步。

（四）馈赠礼仪

馈赠是指人们为了向他人表达自己的情意，而将某种物品不求报偿地送给对方。它是人际交往活动中的重要内容，能起到联络感情、加深友谊、促进交往的作用。

1. 赠礼礼仪

要使对方愉快接受馈赠并不是一件容易的事情，即便是精心挑选的礼品，如果不讲究赠送的艺术和礼仪,也很难达到预期效果。

(1)注意礼品的包装。精美的包装不仅使礼品的外观更具艺术性和高雅的情调,显示出赠礼人的文化艺术品位,而且可以给受赠者留下美好的印象。礼品包装时应注意包装的材料、容器、图案造型、商标、文字、色彩的选择和使用符合相关政策法规和习俗惯例,不要触及或违反受赠方的宗教和民族禁忌。另外,还要记得在包装之前去掉礼物上的价格标签。

(2)注意赠礼的场合。赠礼场合的选择是十分重要的,要看礼品的性质。通常情况下,当众只给一群人中的某一个人赠礼是不合适的。给关系密切的人送礼也不宜在公开场合进行,只有礼轻情重的特殊礼品,如锦旗、牌匾、花篮等才适宜在大庭广众面前赠送。

(3)注意赠礼时的态度、动作和言语表达。赠送礼品时,只有平和友善的态度和落落大方的动作并伴随礼节性的语言表达,才是赠受礼双方所能共同接受的。那种悄悄将礼品置于桌下或房中某个角落的做法,不仅达不到馈赠的目的,甚至会适得其反。

(4)注意赠礼的时机。一般赠礼应选择在相见、道别或相应的仪式上,这样的时机最为恰当。

2. 受礼礼仪

受礼礼仪包括以下内容:

(1)受礼者收下礼品后应表示感谢。一般应赞美礼品的精致、优雅或实用,夸奖赠礼者的周到和细致,并伴有感谢之辞。

(2)接受礼物时,应双手接过礼品,面带微笑,两眼注视对方。视具体情况或拆看或只看外包装,还可邀请赠礼人介绍礼品功能、特性、使用方法等,以示对礼品的喜爱。

(3)只要不是贿赂性礼品,一般最好不要拒收,以表示对赠礼人的尊重。

实训

推销人员基本仪态训练

实训目的:

通过实施该项目,学生能够了解推销活动中推销人员礼仪的相关内容,了解自身形体特点,刻苦练习,使自己的仪态符合礼仪规范。

实训内容和步骤:

(1)学生根据所学的礼仪内容,以及上网查阅的相关礼仪视频资料,进行基本站姿、坐姿、走姿等姿势的训练。

(2)总结交流训练心得,制订自我训练计划。

实训要求:

个人独立完成,并在课堂上进行现场表演。

课程小结

任务一　掌握推销人员应具备的素质和能力

- 推销人员应具备的素质和能力
  - 推销人员应具备的素质
    - 思想道德素质：树立正确的推销思想、具有良好的职业道德、培养百折不挠的进取精神、要有创新意识
    - 业务素质：企业知识、产品知识、市场知识、顾客知识、推销实务知识
    - 心理素质：坚定的自信心、乐观的情绪、高度的热忱和服务心
    - 身体素质
  - 推销人员应具备的能力
    - 良好的语言表达能力
    - 敏锐的观察能力
    - 较强的社交能力
    - 随机应变能力

任务二 熟悉推销沟通礼仪

- 推销沟通礼仪
  - 推销沟通概述
    - 推销沟通的含义：传递和领会推销员与顾客之间口头、形体信息的行为
    - 推销沟通的内容：形体沟通和语言沟通
  - 推销人员个人礼仪
    - 仪容礼仪：头发、胡须、口腔、手、美容化妆
    - 仪表礼仪：着装礼仪、饰品佩戴
    - 仪态礼仪：站姿、坐姿、走姿
  - 推销过程礼仪
    - 电话礼仪：接电话的礼仪、打电话的礼仪
    - 见面礼仪：握手礼仪、自我介绍礼仪、名片礼仪
    - 拜访礼仪：提前预约、做好准备工作、准时赴约、会见拜访对象、适时告辞
    - 馈赠礼仪：赠礼礼仪、受礼礼仪

复习思考题

1. 简答推销人员应具备的素质和能力。
2. 推销人员的仪容礼仪包括哪些方面？
3. 联系推销实际，谈谈电话礼仪、拜访礼仪、会见礼仪的应用和注意事项。

测试题

案例分析

1. 原一平的笑容

原一平在30岁的时候创下了全日本第一的推销业绩，此后屡见令人惊异的纪录。他是日本第一位国际扬名的保险大王，与其他同行相比，没有人能与之相提并论。然而，原一平在刚从事推销工作的时候，常常为自己的矮小而懊恼不已，他不止一次地仰天长叹："老天对我真不公平！"但是，矮个子是铁的事实，想改也改不掉，想隐瞒也隐瞒不了。不久，一个与原一平身高相差无几的主教官改变了他。这位主教官曾留过洋，在美国专攻推销，比原一平略高，与原一平一样其貌不扬。

有一次，主教官凝视着原一平说道："你我都明白，个子高大、体格魁梧的人，先是外表就显得威风凛凛。因此，访问顾客时也容易让对方产生好印象。个子矮小的人，即使怀有同样的技术，不，纵然他的为人超过前者的很多，由于受先天条件的限制，在踏出第一步时，无形中已经吃了大亏。你我都属于身材矮小的人，为了不输给个子高、体格好的人，该怎么做呢？我想，首先必须以表情制胜，非重视笑容不可，务必显示出发自肺腑的笑容。"

主教官的脸上立即浮现出笑容，那是一种浑身都在笑的笑容，是纯真感人的笑容，这笑容使原一平茅塞顿开。

从此以后，原一平开始训练笑，日复一日，月复一月，原一平一有空就对着镜子练习。也不知持续了多久，一天，他忽然发现镜中的他跟以前大不相同了，他的脸大放异彩，细加观察，眼神也有变化，这个发现使他信心倍增。一有信心，与镜中的自己进行对话的训练也就更起劲了，他清清楚楚地看出自己的脸孔逐日有了变化。终于有一日，原一平自豪地说："如今，我认为自己的笑容与婴儿的笑容已经相差无几。"就是这个笑容，被誉为"值百万美金的笑容"。笑不仅使原一平完全解除了自卑，而且使他在推销的实践中日益得心应手。

问题：

(1)原一平的笑容为什么被誉为"值百万美金的笑容"？

(2)和容貌相比，推销员应该具备什么更重要的素质？

(3)从原一平身上你学到了什么？

2. 失败的推销

某经销商听客户说A公司的服装产品款式和质量不错，便一直想与A公司联系。有一天，经销商在办公室时听见有人敲门，便应声请人进来。门开了，进来一个人，穿一套旧的皱皱巴巴的浅色西装，自称是A公司的推销员。该经销商打量着来人：他身穿羊毛衫，打一条领带；领带飘在羊毛衫的外面，有些脏，好像有油污；黑色皮鞋上面布满了灰尘。有好大一会儿，经销商都在打量他，心里在开小差，根本没有专心听推销员的介绍。等推销员介绍完，经销商马上对他说："把资料放在这里，我看看，随后再和你联系。"之后，经销商再也不想跟A公司联系了。

问题：

(1)A公司的推销员在哪些方面不符合推销礼仪？

(2)你认为推销员在着装上应注意哪些方面？

(3)你从案例中得到了什么启示？

项目四 寻找顾客

知识目标

1. 了解寻找顾客的含义和原则；
2. 掌握寻找顾客的方法；
3. 熟悉顾客资格审查的内容。

能力目标

1. 会根据具体的工作任务寻找顾客；
2. 能进行顾客资格审查，具有敏锐的观察和辨别能力。

推销格言

处处留心皆文章，处处有心皆客户。

——原一平

问题导入

发现潜在顾客

原一平，在日本寿险业是一个声名显赫的人物。他的一生充满传奇，从被乡里公认为无可救药的小太保，到最后成为日本保险业连续15年全国业绩第一的“推销之神”；最穷的时候，他连坐公车的钱都没有，可是最后，他终于凭借自己的毅力，成就了辉煌的事业。

有一次，原一平坐出租车外出办事。当到一个十字路口时，红灯亮了，他坐的出租车停了下来。他无意间转头向车窗外看，忽然发现旁边停着一辆黑色豪华轿车，车里坐着一位很气派的老人。原一平脑袋飞转，心想这老人必定大有来头。于是，当绿灯亮起时，他让司机开车跟在了那辆豪华轿车后面，自己抄下了车牌号码。

随后，他打电话去交通监理所查这个车牌号码的车主，得到的反馈是，车主乃是一家大型公司的董事长。然后，他打电话到该公司去确认。他是这样问的：“您好，是××公司吗？今天，我在出租车上看到一位老先生坐在贵公司的一辆黑色豪华轿车上，感觉很面熟，好像以前在哪里遇到过，但我一时想不起来了，您能帮忙提醒一下吗？我并没有其他意思。”

电话那头回答：“别客气，那是我们公司常务董事的车子。”

“您能告诉我这位尊敬的董事贵姓吗?”原一平想继续了解详细点的信息。

“可能是山本先生。”

“谢谢!”

经过核实,原一平知道了那辆车的主人是××公司的董事长山本先生。然后,他又开始调查山本的学历、出生地、兴趣、爱好等。当一切都调查清楚后,原一平直接拜访了山本先生。因为他对山本先生和山本的公司都了解得非常全面和熟悉,很快与山本先生成为了好朋友。顺理成章地,山本先生成了原一平的大客户。

(资料来源:史文迪．世界上最会说话的人．北京:北京邮电大学出版社,2005。)

问题:

(1)原一平是如何发现潜在顾客的?

(2)为什么原一平认为坐在豪华轿车里的老人是他的潜在顾客?

(3)搜集老人的资料对原一平的推销有什么用途?

(4)这个案例给了我们什么启示?

分析点评

任务一　理解寻找顾客的必要性

基础知识

完成本任务所需要的基础知识包括寻找顾客的含义、寻找顾客的重要性、寻找顾客的原则和程序。

一、寻找顾客的含义及潜在顾客的含义和类型

1. 寻找顾客的含义

寻找顾客是整个推销程序的起点,一次成功的推销需要先从找到潜在顾客开始,做到有的放矢。寻找顾客是指推销人员主动找出潜在顾客即准顾客的过程。

推销是面向特定顾客的具有针对性的工作,推销人员必须先确定并找到自己的潜在顾客,然后再开展实际推销工作。寻找顾客实际上包含以下两层含义:

(1)推销员须首先了解所要推销产品的特点,并根据特点提出有可能成为潜在顾客的基本条件。这个基本条件框定了推销品的顾客群体范围、类型及推销的重点区域。

情景案例

(2)根据潜在顾客的基本条件,通过各种线索、渠道和方法,来寻找符合这些基本条件的合格顾客。这些顾客将成为推销员面对的主要人群。

2. 潜在顾客的含义和类型

潜在顾客是指那些既能因购买某种产品或服务而受益,又具有购买支付能力的个人或组织。

并非所有想购买商品的顾客都是潜在顾客,成为潜在顾客需要满足三个条件:有购买需要;有购买能力;有购买决策权。他们是有可能成为现实顾客的组

阅读材料

织或个人。具体来说,下面这几种人可以成为潜在顾客:

(1)新开发的潜在顾客。推销人员必须经常不断地寻找新的准顾客。一般来说,开发的潜在顾客数量越多,完成推销任务的概率就越大。潜在顾客不论属于哪种类型,都有可能成为新客户,甚至可以把竞争对手的顾客作为潜在顾客,平时要在新开发的潜在客户身上多下功夫。

(2)现有客户。无论哪一种类型的企业,一般均有数百家甚至上千家现有小客户,推销人员应该时常关注这些客户。利用这些既有的老客户,可实现企业一半以上产品的销售目标。在这些老客户中,有一些客户由于业务量小而被企业忽视了,推销人员应该多拜访这些顾客,调查过去发生的业务量、顾客对产品使用情况以及售后服务的满意状况、新的成交机会等。一旦发现问题,就要设法解决,尽量捕捉销售产品的机会。一般来说,现有客户是新产品最好的潜在客户。

(3)中止往来的老客户。以往的客户虽然由于种种原因没有继续购买本企业产品,但仍是推销人员重要的潜在顾客。事实上,许多老顾客都在期待推销人员的再度拜访,推销人员必须鼓起勇气再次拜访他们,并从中探究他们不再购买本企业产品的真正原因,制定满足他们需求的对策。

动手动脑

潜在顾客和现实顾客的区别和联系是什么?

二、寻找顾客的重要性

准确地寻找潜在顾客是成功推销的前提。事实上,推销员的大部分时间都在寻找潜在顾客,对于推销员来说寻找到并拥有相当数量的潜在顾客是他们的重要工作。一个推销员即使个人素质有所欠缺,推销技巧有些问题,知识比较贫乏,但如果能找到有足够潜力的顾客,则仍然会有不错的业绩。换一个角度说,如果没有任何潜在顾客,那么即使拥有超人的素质、突出的外表和丰富的知识,也不可能销售出一件商品。推销员拥有多少顾客,直接影响推销业绩。具体来看,寻找顾客的重要性体现在以下几个方面:

1. 寻找顾客可以增加销售的机会

顾客是企业和推销员的重要资源,潜在顾客越多,成交的几率也就越大。想要维持并提高销售额,推销员需要不断地发掘潜在顾客,保持老顾客,增加新顾客,使顾客数量不断地增加,这是推销员业务量长久不衰的有效保证,也是促进推销产品更新换代、激发市场新需求的长久动力。

2. 寻找顾客是维持销售稳定的保证

由于市场竞争者、新产品、消费者心理与行为等的不断变化,不可避免地会出现一部分老顾客的流失,老顾客固然重要,但推销员如果仅仅依靠老顾客,必定会出现顾客数量减少的现象,市场是在不断变化的,没有永远忠实的顾客。所以,推销员需要寻找新的顾客,不断地开拓新顾客作为补充。

3. 寻找顾客可以提高企业和产品的知名度

推销是一种双向沟通，推销员在与潜在顾客交流时，也就将企业和产品的信息传递到了顾客那里。很多顾客有这样的经验：之前从未听说过一个企业或品牌，当与推销员交谈后，即使他最终不会购买，也会对该企业和品牌留有印象，当下次再看到时就会想起来，这样也就增加了以后购买的几率。

应用实例

乔·吉拉德随时随地推销自己

乔·吉拉德之所以能成为“最伟大的推销员”，与他“随时随地推销自己”的习惯分不开。

乔·吉拉德的许多书籍显示：他比任何一个销售员都善于推销自己。所到之处，他都会向人们递送名片。每天上班前，他会提早到地铁站，见人就发名片；就餐付账时，他会把整盒名片交给餐馆服务员，给予丰厚小费，请他们帮忙散发；演讲时，他会把名片大把大把地抛向空中，让名片像雪花一样漫天飞舞；看棒球赛或足球赛时，他常常提着1万多张名片去，每次有精彩镜头时，他一边欢呼一边朝着狂热的观众撒名片……

有些业务员一年只用掉500张名片，但乔·吉拉德仅一个月就要发出去1万多张名片，多的时候每个月甚至要发出两三万张名片！

狂发名片，是乔·吉拉德“随时随地推销自己”的一个具体表现。这种“随时随地推销自己”的行为，使他的知名度像滚雪球一样越滚越大，越来越多的人知道了一个事实：要买汽车，可以找乔·吉拉德！于是，找他买车的人越来越多，加上持续的、优质的后续服务，乔·吉拉德的业绩直线上升。

（资料来源：陈红松．乔·吉拉德：每月发一万多张名片．台州晚报，2010.7.24。）

问题：

（1）你赞同乔·吉拉德的做法吗？

（2）如果赞同，你认为他这样做的好处是什么？

（3）如果不赞同，为什么？你会怎么做？

三、寻找顾客的原则

寻找顾客是最具挑战性、开拓性和艰巨性的工作。推销员必须明白，寻找顾客是一项讲究科学性的工作，是有一定的规律可循的。推销员须遵循一定的规律，把握科学的原则，使寻找顾客的工作科学化、高效化。

（1）针对性原则。在寻找顾客之前，要先依据产品的特点确定顾客的范围，针对可能的范围有针对性地寻找，以此来提高寻找的效率，避免盲目性。

（2）敏锐性原则。推销员要树立“处处留心皆顾客”的意识，细心发现身边的潜在顾客，要养成一种随时随地搜寻潜在顾客的习惯，注意记录每位潜在顾客的信息。

阅读材料

（3）灵活性原则。寻找顾客的渠道不止一条，方法也多种多样，各种选择都有其优劣性，推销员须根据产品的不同、消费者的不同、环境的不同灵活选择。

(4)保持性原则。在发展新顾客的同时,要注意与老顾客保持关系,成功的企业和成功的推销员常把留住老顾客作为企业与自身发展的头等大事。很多时候,留住老顾客比发展新顾客更有吸引力,甚至比市场占有率还要重要,发展一位新顾客的成本是挽留一位老顾客的3～10倍。许多情况下,即使争取到一位新顾客,也要在若干时间段后才能真正盈利。向新顾客推销产品的成功率是15%,向老顾客推销产品的成功率是50%。另外,还有大约60%的新顾客来自老顾客的推荐。所以,对推销员来说留住老顾客至关重要。

四、寻找顾客的程序

在现实的推销活动中,就绝大多数产品而言,推销员不可能知道所有的潜在购买者。实际上,推销员也完全没有必要接触每一个潜在购买者。寻找顾客的工作既包括获知潜在购买者是谁,又包括对潜在购买者是否会购买进行分析和判断,从而对潜在购买者进行筛选。其具体过程如图4-1所示。

获得潜在顾客名单 → 顾客资格审查 → 确定目标顾客 → 制订拜访计划

图4-1 寻找顾客的程序

1. 获得潜在顾客名单

推销员要根据自己推销的商品的特征,提出可能成为准顾客的条件,并根据这些条件搜集资料,寻找各种可能的线索,拟出一份潜在顾客的名单。寻找顾客的程序首先从发现可能购买的准顾客开始,获得的准顾客名单越多,可筛选的余地就越大。推销员一般要采取多种途径和方法寻找准顾客,以便使寻找准顾客的有效性达到最高。

2. 顾客资格审查

根据事先定义的合格客户的范围,可对潜在顾客名单进行资格审查和筛选,分辨出哪些是不需要花费精力的顾客,而哪些是重点顾客,并把顾客进行分级,分出重点顾客、相对重点顾客和一般顾客,在拜访时按照重要性程度逐个拜访,以在有限的时间内更有效地接触到重点顾客。审查筛选的标准有很多,我们会在本项目的第三个部分探讨。

3. 确定目标顾客

根据筛选的结果确定潜在顾客后,接下来需要在这些潜在顾客身上下一些功夫,搜集他们的资料,对这些潜在顾客进行分析、分类,建立档案,以便更容易接近他们。

4. 制订拜访计划

根据顾客的类型和特征,应制订不同的拜访计划,其中包括拟拜访客户的基本信息(名称、拜访人、以前的业务往来情况等),确定拜访的主要目的和次要目的;准备和客户谈的大致内容。关于拜访顾客的具体内容后续会有详细介绍。

实训

搜集寻找顾客案例

实训目的：

通过搜寻推销员寻找顾客的成功和失败案例，理解寻找顾客的重要性，确定潜在顾客的范围，把握寻找顾客的原则。

实训内容和步骤：

(1)搜寻推销员寻找顾客的成功和失败案例；

(2)将案例与所学知识点结合，说明寻找顾客的重要性。

实训要求：

个人独立完成，并在课堂上进行交流讨论。

工作任务

为寻找顾客做好准备

工作任务提示：

本工作任务旨在帮助学生理解寻找顾客的必要性和重要性，引导学生根据实际情况确定潜在顾客的范围，为完成寻找顾客的工作做好准备。

工作任务内容：

推销团队根据前期确定的产品确定潜在顾客的范围，将推销的范围缩小。

工作任务要求：

第一，认真分析所选产品的特点；

第二，根据产品特点分析潜在顾客应具有的特点，确定潜在顾客的范围；

第三，以分析报告的形式提交最终的分析结果。

任务二 掌握寻找顾客的方法

基础知识

完成本任务所需要的基础知识包括寻找顾客的途径与寻找顾客的方法。

一、寻找顾客的途径

茫茫人海中如何搜寻潜在顾客呢？寻找顾客应逐渐缩小范围，这样既可以保证大方向的正确性，又可使寻找工作更有针对性。

1. 利用公司内部信息系统

公司内部信息系统是最容易使用的资源,推销员应充分利用公司内部各种对搜寻有帮助的信息、人员和手段。

以生产企业为例,客户名册就是销售工作的一条线索。除此之外,推销员可以从各个职能部门或科室机构寻找潜在顾客的线索。其中,最有价值的是财务部门所保存的会计账目。仔细查阅本单位与顾客之间的往来账目,从中可以发现许多虽已很少往来却极富潜能的顾客。

2. 搜集并分析外部信息资料

在信息时代,推销员可以从各种外部资料中找到可能的潜在顾客,这些外部信息资料包括电话簿、行业企业名录、互联网、杂志、报纸等。比如,可以搜索电话簿,按照上面的分类找到原始目标顾客。很多商业名录将公司按照规模、地理位置和商业性质进行分类,这些名录是寻找新的潜在顾客的一个绝好出发点。包含公司管理人员姓名、工厂地址、财务数据及其相关产品的大型名录在大型的公共图书馆或大学图书馆中都可以找到。

应用实例

猜猜哪位名人会来

在美国肯塔基州的一个小镇上有一家格调高雅的餐厅。店主人注意到每个星期二的生意总是格外冷清,门可罗雀。

一个星期二的傍晚,店主人闲来无事,随便翻阅了当地的电话簿。他发现当地有一个叫约翰·韦恩的人,与美国当时的一位巨星同名同姓。

这个偶然的发现让他计上心来。

店主人当即打电话给这位约翰·韦恩,告诉他可以免费获得该餐厅的双份晚餐,时间是下星期二晚上8点,并欢迎其偕夫人一同而来。

约翰·韦恩欣然应邀。

第二天,这家餐厅门口贴出了一幅巨型海报,上面写着:“欢迎约翰·韦恩下星期光临本餐厅。”海报引起了当地居民的瞩目与骚动。

到了下星期二,来客大增,创造了该餐厅有史以来的最高纪录,大家都想看看约翰·韦恩这位巨星的风采。

到了晚上8点,店里的扩音机开始广播:“各位女士、各位先生,约翰·韦恩光临本店,让我们一起欢迎他和他的夫人!”霎时,餐厅内鸦雀无声,众人的目光一齐投向大门,谁知那儿站着的竟只是一位典型的肯塔基州老农民,身旁站着一位同他一样不起眼的夫人。

人们开始一愣,当明白了这是怎么一回事之后,便迸发出了欢笑声。

客人簇拥着约翰·韦恩夫妇上座,并要求与他们合影留念。

此后,店主人又继续从电话簿上寻找一些与名人同名的人,请他们星期二来吃晚餐,并出示海报普告乡亲。

于是,“猜猜谁来吃晚餐”、“将是什么人来吃晚餐”的话题,为生意清淡的星期二带来了高潮。

店主人没花一分钱，歪打正着，应归功于他大胆的创见。

问题：

(1)案例中店主人是通过什么途径寻找潜在顾客的？
(2)为什么在电话簿的那么多人中，店主选择了约翰·韦恩？

3.组织或参加公关活动

企业组织或参加公关活动会引起更多潜在顾客的关注，推销员可以把这些公关活动(如庆典、新闻发布会、展销会、交易展览会等)作为寻找顾客的契机。比如做出口外贸的厂商多半通过各种交易展览会(比如著名的一年两次的广州交易会、上海的华东交易会等)寻找顾客。与客户面对面谈生意，得到的信息会比较准确。

4.充分利用各类相关人员

利用各类相关人员是寻找顾客最直接、最有效的途径，推销员可从现有顾客、关键人物、其他推销员、竞争对手那里找到突破口，发展新的潜在顾客。现有顾客对本企业的产品和服务比较了解，也有一部分是忠实顾客，让已开发的顾客介绍他的朋友进入是非常好的方式，榜样的力量是无穷的，顾客以自身的经历说服、打动朋友，往往可以取得事半功倍的效果。关键人物是那些可能对其他人产生重要影响的群体，他们可以是专家、学者、专业人士等，他们对企业产品的看法和评价会对顾客产生直接影响。另外，其他非竞争公司的业务员也经常可以提供有用的信息。争取竞争对手的顾客也是发展新顾客的突破口，推销员可以通过分析本企业产品与竞争对手产品的差别和优势，试着把对方的顾客争取过来。

动手动脑

一位电脑杂志的专业撰稿人说：“虽然我几年也不会买一台电脑，但总有一些人打电话询问我关于买电脑的建议。”他的这句话给了我们什么启示？

应用实例

李嘉诚的推销之道

一次，李嘉诚推销镀锌铁桶。他跑到中下层居民区专找老太太卖桶，因为李嘉诚知道，老太太一般都喜欢串门聊天，如果她觉得铁桶好，会自然而然四处宣传，这样，只要李嘉诚卖出一只，就等于卖出一批。结果不出所料，他的推销大获成功。事后，李嘉诚得出如下结论：“做好一名推销员，一要勤勉，二要动脑。”

还有一次，李嘉诚推销新型产品——塑胶洒水器，走了几家，均无人问津。一天上班前，他来到一家批发行，等职员上班后进行推销，这时，清洁工正在打扫卫生，李嘉诚灵机一动，自告奋勇拿起洒水器帮清洁工洒水。耳听为虚，眼见为实。当前来上班的职员亲眼目睹了洒水器的方便与实用时，他们自然很爽快地接受了李嘉诚的推销。

问题：

(1)李嘉诚找到了哪两个人作为关键顾客，为什么？

(2)关键顾客会对其他顾客产生哪些影响？

二、寻找顾客的方法

寻找顾客的方法有很多，没有哪种方法是普遍适用的，推销员需要根据具体情况灵活选择和应用。下面介绍几种常用的寻找顾客的方法：

1. 普遍寻找法

这种方法也叫地毯式寻找法，其要点是在特定的市场区域范围内，针对特定的群体，用上门、邮件或者电话、电子邮件等方式对该范围内的组织、家庭或者个人无遗漏地进行寻找与确认。比如，将某一小区的所有家庭作为访问对象来推销化妆品。这一方法的理论依据是平均法则，假定在被访问的所有人中，一定会有推销员要寻找的潜在顾客，只要数量足够多，一定能找到更多的潜在顾客。

普遍寻找法有以下优势：地毯式的铺开不会遗漏任何有价值的客户；寻找过程中接触面广、信息量大，各种意见和需求、客户反应都可能收集到，是分析市场的一种方法；可以让更多的人了解到自己的企业。其最大的缺点是带有盲目性，具体表现在成本高、费时费力、容易导致客户出现抵触情绪等。

这种方法适合于生活消费品的推销，特别是各种日用品的推销。由于这种方法固有的缺陷，推销员在使用时最好能结合其他方法，以便取得更好的效果。

动手动脑

现实生活中运用普遍寻找法寻找顾客的例子有很多，举一个你见过或听说过的例子，并分析为什么使用这种方法。

2. 连锁介绍法

阅读材料

连锁介绍法也称链式引见法，是指推销员通过他人的直接介绍或者提供的信息寻找顾客。推销员可以通过朋友、熟人、亲友、现有顾客等社会关系寻找顾客，主要方式有电话介绍、口头介绍、信函介绍、名片介绍、口碑效应等。利用这种方法的关键是推销员必须注意培养和积累各种关系，为现有顾客提供满意的服务和可能的帮助，并且要虚心地请求他人的帮助。

这种方法的优点表现在以下几个方面：可避免盲目性；更容易赢得顾客的信任；成功率更高。其最大的缺点在于：难以制订完整的推销访问计划；推销员常处于被动地位。

连锁介绍法适合于推销各类产品，特别是推销保险等服务类产品更有效。采用这一方法，推销员必须致力于取得周围人的信任。

应用实例

金克拉的两张纸

世界一流推销大师金克拉在推销时总是会随身携带两张纸。一张纸满满当当地写着许多人的名字和别的信息；另一张纸是完全的白纸。他拿这两张纸有什么用呢？原来那张有字的纸是顾客的推荐词或推荐信，当他的销售遭到顾客的拒绝时，他会说："××先生/女士，您认识杰克先生吧？您认识杰克先生的字迹吧？他是我的顾客，他用了我们的产品很满意，他希望他的朋友也享受到这份满意。您不会认为这些人购买我们的产品是件错误的事情，是吧？"

"您不会介意把您的名字也加入他们的行列中去吧？"

有了这个推荐词，金克拉一般会取得戏剧性的效果。

那么，另一张白纸是做什么用的呢？

当成功地销售一套产品之后，金克拉会拿出一张白纸，问："××先生/女士，您觉得在您的朋友当中，还有哪几位可能需要我的产品？"

"请介绍几个您的朋友让我认识吧，以便使他们也享受到与您一样的优质服务。"85%的情况下，顾客会为金克拉推荐2～3个新顾客。

金克拉就是这样运用顾客推荐系统建立自己的储备顾客群的。

（资料来源：奥格·曼狄诺．世界上最伟大的推销员．安辽，译．北京：世界知识出版社，2006。）

问题：

金克拉的两张纸起到了什么作用？

3. 中心开花法

中心开花法也称中心人物法、中心辐射法，是指推销员在某一推销范围内，取得该圈子内具有影响力的中心人物的信任，然后在中心人物的影响和协助下，把该圈子内的个人或组织发展成为准顾客的方法。使用该方法，推销员只要集中精力向少数中心人物做细致的工作，并使他们变成忠诚客户，通过他们的口碑传播，就可以获得很多潜在的客户；也可以通过他们的名望和影响力提高产品的知名度。

情景案例

这种方法的优点是：中心人物具有相当的说服力，对广大消费者具有示范效应，因而容易取得他们的信任；寻找顾客的工作更具有针对性，节省了时间，更有效率。

其缺点在于：中心人物的选择很重要，选择难度大；另外，将推销成交的希望完全寄托在几个人身上，风险较大，一旦这些中心人物在群体中的信任出现问题，便会影响销售。

在推销竞争激烈的高档消费品或专业性很强的商品时，使用这种方法更有效。

4. "猎犬"法

"猎犬"法也叫委托助手法，是指推销员在自己的业务地区或者客户群中，通过有偿的方式委托特定的人为自己收集信息,了解有关客户和市场、地区的情报资料等。委托助手法的依据是经济学的最小最大化原则与市场相关性原理。委托一些销售助手,在产品销售地区与行业内寻找顾客及收集情况,再利用现代化通信设备传递有关信息,然后由推销员自己去约见与洽谈,肯定比推销员亲自外出收集信息在经济上更加合算。推销员接近的是那些影响大的关键顾客,以获得最佳的销售效果。另外,行业间与企业间都存在着关联性,通过其他行业的人可以较早地发现销售产品市场先行指标的变化,为销售提供及时、准确的信息。

这种方法在国外用得比较多。在国内的企业,主要是推销员从企业的中间商中选择委托相关人员定期或者不定期提供一些关于产品、销售的信息。

其优点表现在获取信息量大,信息准确,影响力增加等方面;缺点表现在助手的选择很重要,对助手的依赖性大,对助手的管理难。

此法比较适用于寻找耐用品和大宗货物的顾客。

应用实例

乔·吉拉德的“猎犬”计划

乔·吉拉德是世界上销售汽车最多的一位超级汽车销售员,他平均每天要销售5辆汽车。

他是怎么做到的呢?“猎犬”法是他使用的一个方法,即任何人介绍顾客向他买车,成交后,他都会付给每个介绍人25美元。25美元在当时虽不是一笔庞大的金额,但举手之劳即能赚到25美元,也足够吸引一些人。

每一个人都能当介绍人,可是有些人更容易介绍大量的顾客。乔·吉拉德指出,银行的贷款员、汽车厂的修理人员、处理汽车赔损的保险公司职员,这些人几乎天天都能接触到有意购买新车的顾客。

每一个人都能使用“猎犬”法,但怎么运用才能取得成功呢?

乔·吉拉德说:“首先,我严格规定自己‘一定要守信’、‘一定要迅速付钱’。例如当买车的客人忘了提到介绍人时,只要有人提及‘我介绍约翰向您买了部新车,怎么还没收到介绍费呢?’我一定告诉他‘很抱歉,约翰没有告诉我,我立刻把钱送给您,您还有我的名片吗?麻烦您记得介绍顾客时,把您的名字写在我的名片上,这样我就可立刻把钱寄给您。’有些介绍人,并无意赚取25美元的金额,坚决不收下这笔钱,因为他们认为收了钱会觉得不舒服,此时,我会送给他们一份礼物或在好的饭店安排一顿免费的大餐。”

问题:

乔·吉拉德运用“猎犬”法的关键是什么?

5.个人观察法

个人观察法也称直观法,是指推销员依靠个人的知识、经验,根据自身对周围的直接观察、判断,寻找准顾客的方法。个人观察法是一种比较古老的方法,但在今天仍然被大量使用。

利用个人观察法寻找潜在顾客，要求推销员具有良好的职业意识，即随时随地挖掘潜在顾客的习惯和敏锐的观察能力。有了这种意识，推销员能在别人不注意的时间和地点找到买主。如汽车推销员开着新车在住宅区或社区街道转来转去，寻找旧车，把旧车的车主作为潜在的客户，并想办法与旧车车主联系、认识、熟悉，乃至成为伙伴。

这种方法的优点包括：搜集信息不受中间传递的干扰；信息更加真实可靠；简单易操作；成本低。其缺点是对推销员的观察能力和判断能力要求较高；要求判断时尽可能客观。

推销大型产品、需求广泛的工业品时，采用这种方法比较有效。

6. 资料整理法

资料整理法又称文案调查法，是指推销员通过查阅、整理、收集各种文献、资料，获得潜在顾客线索或特征，进而有目的地寻找准顾客的方法。推销员经常利用的资料有：有关政府部门提供的资料，有关行业和协会的资料，国家和地区的统计资料，企业黄页，工商企业目录和产品目录，电视、报纸、杂志、互联网等大众媒体资料，客户发布的消息，产品介绍，企业内刊等。

这种方法的优点体现在：通过资料查阅寻找客户既能保证一定的可靠性，又减少了工作量，提高了工作效率，同时可以最大限度地减少业务工作的盲目性和客户的抵触情绪。更重要的是，可以展开先期的客户研究，了解客户的特点、状况，提出适当的客户活动针对性策略等。缺点在于：这种方法的时效性差；信息量大且杂乱，需要整理分析；比较核心和重要的资料难以获得。

资料整理法适合的范围较广，在推销任何商品前，推销员都可试用这种方法寻找顾客。

应用实例

有一个厂家推销一种千斤顶，使用的方法是把全部工商企业名录找出来，然后翻到“汽车队”这一栏，把所有汽车队的名字、邮政编码写到信封上，写上“车队队长收”，并寄出去，以此来寻找顾客。

问题：

这个例子中的厂家使用了什么方法寻找顾客？如果你是一名汽车千斤顶的推销员，你还会使用哪些方法寻找顾客？

7. 其他方法

（1）会议寻找法。会议寻找法是指推销员利用参加会议的机会，与其他与会者建立联系，寻找顾客的方法。采用会议寻找法在人际交往时要注意技巧，以获得对方的信任。国际、国内每年都有不少交易会，如广交会、高交会、中小企业博览会等，这些都是绝好的商机，要充分利用。交易会不仅能实现交易，更重要的是能寻找客户、联络感情、沟通了解。

（2）广告寻找法。这种方法是指利用各种广告媒体来寻找顾客的推销方法，又称“广告开拓法”。具体地说，它是利用广告媒体来发布产品信息，并对产品进行宣传，由推销员对被广告吸引来的顾客进行推销。这种方法的关键一方面在于选择针对目标顾客的适当的媒介，另一方面广告的制作效果也极其重要。

(3)调查走访法。这是一种从市场调查走访中寻找准客户的方法,是在更大的区域和更广的视野内实现销售战略的方法。这种方法"走访面广",往往容易取得较好的销售绩效,找到更多的潜在客户。

现代推销学认为,现在的信息具有来源广、扩散快、时效短的特点,任何一个推销员,如果仅凭个人经验和自己获得的直接信息来寻找顾客是不够的,他必须借助各种渠道,运用各种办法,才能找到更多的顾客来源。

实训

学会寻找顾客

实训目的:

通过实训活动,熟悉寻找顾客的途径,学会寻找顾客的方法,能根据具体情况制定寻找顾客的策略。

实训内容与步骤:

云南省某小企业开发了一种新型饮料——天然酸角汁,味道爽口,口感独特,营养价值很高。现在该公司打算进入河南市场,由于该公司规模小,资金实力很有限,企业和产品的知名度均不高,没有找到有实力的经销商,公司决定主要靠人员推销。假设你是该企业的一名推销员,你需要制定推销策略,那么,首先你要做的是找到潜在顾客。

(1)你认为潜在顾客应该具备哪些特点?

(2)结合产品的特点和潜在顾客的特点,确定寻找顾客的途径。

(3)你准备使用哪些方法找到潜在顾客?

实训要求:

个人完成任务并在课堂上进行讨论。

工作任务

制订寻找顾客的方案

工作任务提示:

本工作任务旨在帮助学生掌握寻找顾客的方法和途径,能够制订简单的寻找方案。

工作任务内容:

第一,承接工作任务,确定潜在顾客的范围;

第二,根据潜在顾客的特点确定寻找顾客的途径;

第三,选择几种寻找顾客的方法,并将小组成员分成两人一小队,分别寻找顾客。

工作任务要求:

第一,认真分析产品的特点和潜在顾客的特点;

第二,选择3～4种寻找顾客的方法,将小组成员以两人为一小队形式分为若干小分队,每个小分队使用一种寻找方法；

第三，每个小分队写出一份寻找方案并付诸实施。

任务三 熟悉顾客资格的审查

基础知识

完成本任务所需要的基础知识包括顾客资格审查的意义、顾客资格审查的内容。

一、顾客资格审查的含义及意义

1. 顾客资格审查的含义

顾客资格审查就是指推销员对可能成为顾客的某个具体对象进行审查，以确定该对象成为潜在顾客的可能性，又称“顾客评价”。

在实践中，并非每位潜在顾客都是推销员的目标顾客，从潜在顾客到目标顾客需要经过推销员的鉴定、选择，分析其是否具备成为目标客户的资格，只有具备了这些资格，才能正式将其归入目标顾客名单中，建立顾客资料档案，制订推销方案。

2. 顾客资格审查的意义

顾客资格审查是推销员开展市场调研的重要内容之一，鉴定的目的在于发现真正的推销对象，避免徒劳无功的推销活动，确保将推销工作落到实处。通过顾客资格审查，可以节约推销员大量宝贵的时间，也可以提高顾客的订货率和增加顾客的订货量，提高推销员的工作绩效。

具体来看，顾客资格审查的意义表现在以下几个方面：

(1)寻找合格的顾客，提高访问成功率。潜在顾客要成为真正的目标顾客还需要具备一定的条件，不加以区分就对所有的潜在顾客进行访问，必然降低推销效率和成功率。通过初步的认定，避免和减少访问那些不可能成为目标顾客的潜在顾客，有利于提高访问的成功率。

(2)降低成本，提高推销效率。顾客资格审查是推销过程的重要一环，只有经过严格的顾客资格审查，推销员才能把宝贵的时间放在最有可能成交的客户身上，节省推销成本。了解购买能力及购买决策者，直接明确访问对象，不必在接近过程中再去摸索，从而使推销员的平均访问时间缩短，提高推销效率。通过顾客资格审查，可节省推销访问的费用，把不符合资格的潜在顾客从目录中剔除，避免徒劳无功的推销活动和各种费用开支。

(3)了解顾客需求，制定相应的推销策略。通过顾客资格审查，还能进一步了解顾客的需求特点，让推销员将推销技巧有的放矢地进行运用。

二、顾客资格审查的内容

现代推销观念认为，顾客资格审查需要遵循 MAN 法则，即目标顾客应具备金钱(Money)、权力(Authority)和需要(Need)三要素。所以，针对顾客的资格审查也就围绕着这三个方面进行。

阅读材料

(一)顾客需要审查

顾客需要审查是对潜在顾客是否存在对推销产品的真实需要做出审查,从而确定具体推销对象的过程。从某种意义上说,顾客需要审查就是寻找现实顾客的过程。

1. 进行顾客需要审查需要弄清楚的问题

阅读材料

(1)审查顾客是否有需要,确定顾客需要的类型。需要是顾客购买商品的根源,从长远来看,发现并满足顾客需要是推销员制胜的法宝,也是现代营销学和推销学所倡导的思想。因此,推销员应弄清需要的类型。顾客的需要包括现实需要、潜在需要和特定需要,针对不同的需要应制定不同的推销策略。

(2)判断顾客需要的时间。有些顾客很清楚购买的时间,而有些顾客对自己需要的时间缺乏足够的认识,推销员应该帮助顾客判断核实需要,这样既能提高工作效率又能赢得顾客的好感。

(3)明确需要的数量。按照"ABC管理法"的要求,推销员一是应该关注现实需求量比较大的顾客,以便提升推销业绩;二是关注目前需求量虽然不多,但是具有长期购买倾向性的顾客,因为他们是企业或者推销产品的未来的基本市场;三是关注对推销员与推销产品具有重要作用的顾客,推销员应该给予重要顾客特殊的照顾和安排,因为他们可能是"购买明星",要善于利用他们的影响力来提高企业和产品的知名度。

2. 顾客需要的审查方法

顾客需要的审查方法主要有市场调查法、资料查询法、推销人员同行调查法、社交调查法、建立顾客信息资料库法、建立关系网络法、推销人员现场观察法等。

应用实例

一次失败的推销

书店里,一对年轻夫妇想给孩子买一些百科读物,推销员过来与他们交谈。以下是当时的谈话摘录。

客户:这套百科全书有些什么特点?

推销员:您看这套书的装帧是一流的,整套都是这种真皮套封烫金字的装帧,摆在您的书架上,非常好看。

客户:里面有些什么内容?

推销员:本书内容编排按字母顺序,这样便于资料查找。每幅图片都很漂亮逼真,比如这幅,多美。

客户:我看得出,不过我想知道的是……

推销员:我知道您想说什么!本书内容包罗万象,有了这套书您就如同有了一套地图集,而且还是附有详尽地形图的地图集。这对你们一定会有用处。

客户:我是为孩子买的,让他从现在开始学习一些东西。

推销员:哦,原来是这样。这套书很适合小孩的。它有带锁的玻璃门书箱,这样您的孩子就不会将它弄脏,小书箱是随书送的。我可以给您开单了吗?

(推销员作势要将书打包,给客户开单出货。)

客户:哦,我考虑考虑。你能不能留下其中的某部分比如文学部分,让我们了解一下其中的内容?

推销员:本周内有一次特别的优惠抽奖活动,现在买说不定能中奖。

客户:我恐怕不需要了。

问题:

案例中书店推销员为什么没有把书推销出去?

(二)顾客购买力审查

需要要想转化为实际的购买行为,需要潜在顾客具备支付能力,支付能力是判断一个潜在顾客是否能够成为目标顾客的重要条件。单纯从对商品的需要角度来看,人们几乎无所不需。但是,任何潜在的需要,只有具备了支付能力之后,才能成为现实的需要。市场的构成要素中,购买欲望和购买力两者缺少任何一个因素,这种需要都不是现实需要。因此,在对潜在顾客的购买需要进行审查的同时,必须对其支付能力进行审核,以避免推销时间的浪费。

1. 顾客购买力鉴定的内容

(1)鉴定顾客现有支付能力。具有购买需要及现有支付能力的顾客是最理想的推销对象。

(2)鉴定顾客潜在支付能力。一味强调现有支付能力,不利于推销局面的开拓。当推销员确定对方值得信任并具有潜在支付能力时,应主动协助其解决支付能力问题,建议顾客利用银行贷款或其他信用方式购买,或对其实行赊销。

2. 顾客购买力审查的方法

顾客购买力审查的方法主要有从组织或企业的主管部门或司法部门了解、从推销对象的内部进行了解、间接资料了解、推销人员自己的观察判断等。

应用实例

推销员的判断

一位女推销员在被拉去凑数与人打麻将的过程中,发现其中的一位男士就是向其公司订购大批产品的一家企业的经理。她回公司后,马上停止给此企业发货。不久后,这个经理因涉嫌多项罪名被逮捕。当公司赞扬女推销员有先见之明时,女推销员解释说是因为打麻将时看到这个经理出手很大方,且沉迷于麻将,根本无心打理生意。

(资料来源:张春霞,戴克商.现代推销技术.北京:北京交通大学出版社,2007。)

问题:

案例中的女推销员为何果断地给提及的企业停止发货?

(三)顾客购买决策权审查

在购买过程中，可能会有扮演各种角色的顾客参与其中，包括倡议者、购买者、使用者、决策者、影响者等，这些角色都会对最终的购买行为产生影响，但决定推销能否成功，主要看顾客有没有购买决策权。

购买行为可分为个人购买行为、家庭购买行为和组织购买行为。

1. 个人购买行为决策权审查

个人购买过程中，决策者往往同时是购买者和使用者，这样的推销相对简单。推销员只需抓住顾客本人的特点制定相应的推销策略。

2. 家庭购买行为决策权审查

对于不同的文化背景、不同的经济水平，以及不同类型的消费品，家庭决策的权威中心各有不同。家庭权威中心理论把家庭决策权分为四种类型：各自主张型、丈夫支配型、妻子支配型、调和型。针对不同类型的商品，家庭的购买决策中心会不同。比如，调查发现，人寿保险的购买通常属丈夫主导型决策；度假、孩子上学、购买和装修住宅则多由夫妻共同作出决定；清洁用品、厨房用具和食品的购买基本上由妻子做主。该研究还发现，越是进入购买决策的后期，家庭成员越倾向于联合作决定。换言之，家庭成员在具体产品的购买上有分工，比如，某个家庭成员可能负责收集信息和进行评价、比较，而最终的选择则尽可能由大家一起作出。

应用实例

应该推销给谁

美国有位汽车推销员应一个家庭电话的约请前往推销汽车，推销员进门后看见这个家里坐着一位老太太和一位小姐，便认定是小姐要买汽车，根本不理会那位老太太。经过半天时间的推销面谈，小姐答应可以考虑购买这位推销员所推销的汽车，只是还要最后请示那位老太太，让她作出最后的决定，因为是老太太要购买汽车赠送给小姐。结果老太太横眉怒目，很快就把这位汽车推销员打发走了。后来又有一位汽车推销员应约上门推销，这位推销员善于察言观色，同时向老太太和小姐展开攻势，很快就达成了交易。

问题：

案例中谁是购买决策者？这个案例给了我们什么启示？

3. 组织购买行为决策权审查

阅读材料

对于组织和企业来说，由于用户的职能机构、管理权限分配的不同，决策中心也会不同。推销员判断时，一是要审查客户的所有制性质、决策运行机制、规章制度、企业自主经营权限等，确定客户的购买资格。二是要审查具体人物在企业购买行为决策过程中的地位和角色。推销员应根据具体推销对象与选择人员在其组织机构内部的职务、权限、工作职责、声望和人际关系等，审查其是否具有决策权，挑选能够做出购买决策的关键人物进行推销。

实　训

筛选潜在顾客

实训目的：

通过实训帮助学生培养敏锐的观察能力，结合理论学会鉴别顾客的方法。

实训内容和步骤：

大家电的购买一般属于家庭决策类型，也就是说，在购买大家电时，许多家庭成员都会参与其中，但并非所有参与者都是决策者，推销员需要鉴别出这一类购买活动中的决策者。

(1)深入家电卖场，以观察的方法选择几个家庭作为观察对象，找到决策者。

(2)记录每一次观察结果，然后进行总结和分析，了解大家电购买决策者的特点。

实训要求：

个人独立完成，并在课堂上进行交流讨论。

工作任务

敏锐观察，仔细判断

工作任务提示：

本工作任务将帮助你培养敏锐的观察能力，结合理论学会鉴别顾客的方法。

工作任务内容：

第一，对上述实训中已经寻找到的顾客进行资格审查。

第二，将审查后的顾客列出来，找寻其中的规律。

工作任务要求：

第一，团队分工协作完成；

第二，制作PPT进行展示，在课堂上交流讨论。

课程小结

任务一　理解寻找顾客的必要性

- 寻找顾客的必要性
  - 寻找顾客的含义：推销人员主动找出潜在顾客即准顾客的过程
  - 寻找顾客的重要性
    - 增加销售的机会
    - 维持销售稳定
    - 提高企业和产品的知名度
  - 寻找顾客的原则：针对性原则；敏锐性原则；灵活性原则；保持性原则
  - 寻找顾客的程序：第一步，获得潜在顾客名单；第二步，顾客资格审查；第三步，确定目标顾客；第四步，制订拜访计划

任务二　掌握寻找顾客的方法

- 寻找顾客的方法
  - 寻找顾客的途径
    - 利用公司内部信息系统
    - 搜集并分析外部信息资料
    - 组织或参加公关活动
    - 充分利用各类相关人员
  - 寻找顾客的方法：普遍寻找法；连锁介绍法；中心开花法；“猎犬”法；个人观察法；资料整理法等

任务三　熟悉顾客资格的审查

- 顾客资格审查
  - 顾客资格审查的意义
    - 寻找合格的顾客，提高访问成功率
    - 降低成本，提高推销效率
    - 了解顾客需求，制定相应的推销策略
  - 顾客资格审查的内容
    - 顾客需要审查
    - 顾客购买力审查
    - 顾客购买决策权审查

复习思考题

1. 什么是寻找顾客？寻找顾客有何意义？
2. 寻找顾客要做哪些准备工作？
3. 寻找顾客的方法有哪些？
4. 顾客资格评审与鉴定的内容有哪些？分别进行简述。

测试题

案例分析

刘伟该怎么办？

刘伟是某大学管理学院三年级的学生，刚刚接受了一份阳光岛度假村俱乐部的暑期工作。刘伟第一次参加销售会议，女经理谭园阐述了她对刘伟的希望。

谭园：我相信你很清楚自己需要做什么。但是，我还想再次就有关事项做进一步说明。现在你的第一项工作是销售阳光岛会员卡。每一张会员卡价值为 2 000 元人民币。如果你有什么问题，可直接提问。

刘伟：每笔买卖我们可以提取多少佣金？

谭园：每销售一张会员卡，你可以拿到会员卡价值的 10%，也就是 200 元。会员卡赋予会员很多权利，包括每年可以到太阳岛度假村免费入住 2 天，届时可以享受度假村的桑拿浴与健身，以及两份免费早餐。若会员平时到度假村度假，住宿、餐饮、娱乐、健身等都可以享受 50%的优惠折扣。而且，你还可以从会员的所有费用中提取 5%的报酬。

刘伟：不错，我可以获得双份的报酬了。

谭园:不错。你销售得越多,提取的佣金就越高。

刘伟:我到哪里去寻找太阳岛度假村的会员呢?

谭园:你完全可以自己决定如何做。但是,寻找潜在顾客是你成功的关键。根据以往的经验,每10个你找到的潜在顾客中,你将会与其中的3个顾客面谈,最后与1个顾客成交。还有问题吗?可以从你的亲朋好友开始。

问题:

(1)刘伟应集中于哪一个目标市场?

(2)刘伟应该怎样寻找潜在顾客?

项目五 推销接近

知识目标

1. 了解推销接近的含义和步骤；
2. 掌握约见顾客的技巧；
3. 熟悉接近顾客的方法。

能力目标

1. 会运用约见顾客和接近顾客的方法和技巧成功接近顾客；
2. 培养科学、严谨的推销态度。

推销格言

在开口推销前，先要赢得客户的好感。赢得推销最好的方法就是赢得客户的心。

——佚名

问题导入

接近顾客

某市新盖的十几层的大厦需要几万平方米的地毯，这是一笔价值几十万元的生意，全国几十家地毯厂都盯上了这块肥肉，纷纷派人来推销。一位推销员带着礼品去敲顾客的门。出乎意料的是，当一位老者开门看到他手中拿的东西后，便将他拒之门外了。推销员百思不得其解。第二天他了解到，这位倔强老者是一位“老革命”，一身正气，两袖清风，对社会上的不正之风深恶痛绝。他好为人师，常教导青年人“革命的路该怎么走”。

在了解到这些情况后，推销员又去拜访这位老者，当然没有忘记应该两手空空而去。见到老者后，他说：“我是一个刚参加工作的青年人，在工作、生活上遇到许多困难不知该怎么处理，您是老前辈、老革命，有丰富的阅历，今天特来请教。”一席话令老人十分高兴，忙请推销员坐下，然后“痛说革命家史”，讲自己当年过五关斩六将、南征北战的光荣历史。老人侃侃而谈，推销员洗耳恭听。“话到投机情便深”，两人成了忘年交。最后的结果自然不言而明。

“如能投其所好，你就掌握了他”，对推销员而言，这是至理名言。

问题：

(1)为什么案例中的老者最初不接纳推销员？

(2)推销员在与顾客见面前应做哪些准备？

分析点评

任务一　了解推销接近

基础知识

完成本任务所需要的基础知识包括推销接近的含义、推销接近的步骤和原则、推销接近前的准备工作。

一、推销接近的含义和目标

推销接近是推销员正式开展推销面谈的前奏，是整个推销过程的一个重要环节。推销接近方法的应用直接影响后面的推销洽谈、异议处理和成交等环节。虽然有的推销接近经历的时间很短，但就是这短短的几十秒钟便决定了顾客是否会最终购买产品。

1. 推销接近的含义

推销接近是指推销员为了同目标顾客进行推销洽谈，而与其进行初步的接触或再次访问。“接近客户的三十秒，决定了销售的成败”，这是成功销售人共同的体验。所以，推销接近的成功具有重要意义。

2. 推销接近的目标

情景案例

(1)吸引顾客注意。成功的推销接近可以迅速引起顾客的注意，尽管有些顾客怀着特定的需求，寻找特定的商品，然而大多数顾客仍是通过浏览全部商品来开始他们的购买过程——即使他们有特定的需求。推销员接近顾客的目的是缩小顾客的注意范围，使其注意力从泛泛的兴趣缩小到对一些特定商品进行认真的考虑。

(2)引起顾客的初步兴趣。当顾客注意到某产品时，推销员可以通过一些推销接近的方法来引发顾客的购买兴趣，比如通过赞美、提问、产品的直接展示等方法。

(3)在恰当的时机转入面谈程序。在实践中，推销接近与推销洽谈没有明显的时间界限，对某些积极型顾客和购买风险较小的购买活动而言，接近、洽谈和成交可能是一次性完成的，但每一次推销洽谈都是以成功的推销接近为铺垫的，从性质上来说，推销接近是为了获得正式业务的洽谈机会，推动推销任务的完成。

二、推销接近的步骤和注意事项

1. 推销接近的步骤

推销接近一般包括接近准备、约见顾客与正式接近顾客三个环节。

(1)接近准备。接近准备的主要内容是收集、整理、分析目标顾客的有关资料，进行推销预测。具体包括顾客资料的准备和推销工具的准备两个方面。推销对象不同，接近准备的内容也应有差别。

(2)约见顾客。推销人员约见顾客洽谈的内容要根据推销人员与顾客关系的密切程度等具体情况来定。比如:对关系比较密切的顾客,约见会谈的内容应尽量简短,无需面面俱到,提前打个招呼即可;对来往不多的一般顾客,约见会谈的内容应详细些,准备应充分些,以期发展良好的合作关系;对从未谋面的新顾客,则应制订细致、周到的约见会谈计划,以引起对方对推销活动的注意和兴趣,消除顾客的疑虑,赢得顾客的信任与配合。

(3)正式接近顾客。推销人员在正式接近顾客时,要争取主动,使顾客有继续谈下去的热情和信心,还得掌握一定的接近方法和技巧。最常见的接近方法和技巧有三大类,即陈述式接近、演示式接近和提问式接近。每一大类又包括若干种具体的方法。这些内容将在后面的章节中详细讲解。

2.推销接近的注意事项

(1)推销人员必须以不同的方式接近不同的客户群体。实践证明,推销的成功与否在很大程度上取决于推销人员的推销风格与客户的购买风格是否一致。客户是千差万别的,推销人员应学会适应客户。在实际接近时,推销人员可以用"角色扮演法",即根据不同的客户来改变自己的语言风格、服装仪表、情绪和心理状态等。

(2)推销人员必须做好各种心理准备。推销中遭到拒绝是难免的,在接近阶段可能会遇到各种困难,推销人员要充分理解客户,坦然面对困难,善于调整自己,正确发挥自己的能力和水平。

(3)推销人员必须减轻客户的压力。多年的推销实践表明,当推销人员接近客户时,客户一般会产生购买压力,而购买压力的产生不利于推销的推进,因此推销人员应尽量减轻客户的压力。

(4)推销人员在接近顾客时必须善于控制时间,不失时机地顺利转入面谈。

三、推销接近前的准备工作

接近前的准备工作是资料收集整理的后续,也是正式约见顾客的前提,在这个过程中,推销员要收集更多的潜在顾客的资料,为推销访问和面谈做好准备。准备得越充分,访问的效率就会越高,效果也就越好。

1.企业知识和产品知识准备

"工欲善其事,必先利其器",推销员要先弄清楚本企业的情况,本企业产品与其他对手相比的优缺点,对自己的产品有深入细致的把握。对产品懂得越多,就越明白产品对使用者的好处,也就越能用有效的方式为顾客作说明。

顾客最希望推销人员能够提供有关产品的全套知识与信息,让顾客完全了解产品的特征与效用。倘若推销人员一问三不知,则很难在顾客中建立信任感。因此,推销人员应先充实自己,多阅读资料,并参考相关信息。只有做一位产品专家,才能赢得顾客的信任。

应用实例

用产品说话

王秀英是一位出色的女推销员。她刚当推销员时,到武汉推销本厂的龙头产品:开关板。当时人生地不熟,她硬着头皮走进了供电局,碰上的那位供销科科长又恰恰严肃得像庙里的菩萨,任凭王秀英的热心话说了千千万,他就是不哼不哈、不理不睬。王秀英耐着性子,拿出样品、图纸,详细讲解各种型号开关板的特殊结构、特有功能等,渐渐吸引了这位毫无表情的供销科科长。他终于动心了,说:"行,我这里有70多个单位急需购买这种产品,这是订货资料,你拿去看,去登门联系吧。"旗开得胜、马到成功,王秀英很快就和一些供电单位签订了100多万元的订货合同。

问题:

案例中的推销员是如何逐步接近顾客的?

2. 顾客资料准备

顾客可以分为个体顾客和组织顾客。在正式约见顾客前应对其整体情况进行充分的调查和了解,使约见工作更有成效。

针对个体顾客,推销员应尽量了解其基本情况,具体包括职业、收入、生活水平、爱好、家庭及成员情况、需求情况等。

对组织类顾客,应重点了解组织顾客的基本情况,包括组织机构设置、生产经营情况、购买行为、关键部门和关键人物等。

情景案例

3. 拟定推销接近方案

即使针对同一商品,也会出现不同的顾客需要,所以,将同一种商品向不同的顾客进行推销时应该有不同的推销方案。推销员要根据所掌握的顾客需求情况、需求特点和购买心理等来制订具体的推销方案。推销前就详细地做好计划,对推销成功起着重要的作用,漫无目的的推销活动极少能取得成功。

一份完整的推销接近方案应该包括:确定访问顾客名单;确立访问主题;选择访问路线;安排访问时间和地点;设计访问方法和技巧等内容。推销接近方案制订的合理性,关系到企业推销业务的活动进程和实际效果。推销接近方案的制订要具体、务实、动态、有序,具有较强的可操作性。

4. 其他准备

除了信息资料的准备外,推销员还要做好一些基础性工作,包括物品准备等。

物品的准备包括产品样品、公司及产品资料、报价单、合同书、名片、小礼品等的准备。这些物品可以统称为拜访包。拜访前必须对拜访包进行仔细检查,以防遗漏必用物品。

应用实例

销售员麦克的一天

麦克·贝柯具有丰富的产品知识,对客户的需要很了解。在拜访客户以前,先掌握客户的一些基本资料是麦克做推销工作的原则。麦克常常以打电话的方式先和客户约定拜访的时间。

今天是星期四,下午四点刚过,麦克精神抖擞地走进办公室。他今年35岁,身高6英尺,深蓝色的西装上看不到一丝皱褶,浑身上下充满朝气。

上午七点,麦克便开始了一天的工作。除了吃饭,他始终没有闲过。下午五点半,麦克有一个约会。为了利用四点至五点半这段时间,麦克通过电话与客户约定拜访的时间,以便为下星期的推销拜访做准备。

打完电话,麦克拿出数十张卡片,卡片上记载着客户的姓名、职业、地址、电话号码等资料以及资料的来源。卡片上的客户都居住在市东北的商业区内。

麦克选择客户的标准包括客户的年收入、职业、年龄、生活方式和嗜好。

麦克的客户来源有三种:一是现有顾客提供的新客户的资料;二是从报刊上的人物报道中收集的资料;三是从职业分类上寻找的客户资料。

在拜访客户以前,麦克一定要先弄清楚客户的姓名。例如,想拜访某公司的执行副总裁,但不知道他的姓名,麦克会打电话到该公司,向总机人员或公关人员请教副总裁的姓名。知道了姓名以后,麦克才进行下一步的推销活动。

麦克拜访客户是有计划的。他把一天当中所要拜访的客户都选定在某一区域之内,这样可以减少来回奔波的时间。根据麦克的经验,利用45分钟的时间做拜访前的电话联系,即可在某一区域内选定足够的客户供一天拜访之用。

麦克下一个要拜访的客户是国家制造公司董事长比尔·西佛。麦克正准备打电话给比尔先生,约定拜访的时间。

在不去拜访客户的时间段里,麦克从事联系客户、约定拜访时间的工作。同时,他也利用这个时候整理客户的资料。

(资料来源:王茗.推销高手评析高手推销.销售与市场,1995(8)。)

问题:

麦克在拜访顾客前都做了哪些准备?

实 训

接近顾客前的准备

实训目的:

本实训将模拟一次推销活动,使学生通过分析和总结进一步熟悉接近顾客前的准备工作。

实训内容和步骤:

有一个推销员上门推销化妆品,问候房里的主人以后,他说明了来意。对方看见化妆品包装上有“果酸”字样,问他是何意思,有何作用,推销员一听就懵了,吞吞吐吐谈不出个所以然来,结果可想而知。

(1)分析该推销员在工作中的不足之处。

(2)你认为顾客在购买化妆品前会关注什么?

(3)如果该产品的推销员是你,你会在推销前准备哪些内容?

实训要求:

个人独立完成,并在课堂上进行交流讨论。

工作任务

为正式接近顾客做充分准备

工作任务提示:

本工作任务将帮助营销团队熟悉接近顾客前的准备工作,为开展下一步具体的推销活动奠定基础。

工作任务内容:

第一,熟悉产品和企业的特征,做好企业和产品知识的准备。

第二,熟悉顾客,摸清他们的兴趣和需求。

第三,做好接近前的精神和物质准备。

第四,拟定简单的准备方案。

工作任务要求:

第一,团队分工协作完成;

第二,以PPT的形式提交准备方案;

第三,课堂交流。

任务二　掌握约见顾客的技巧

基础知识

完成本任务所需要的基础知识包括约见的内容和约见的方法。

一、约见的内容

约见顾客，或称商业约会，是推销员事先征得顾客同意与其会面交流的行动过程。约见实际上既是接近准备的延续，又是接近过程的开始。当然，在某些情况下，约见顾客这个环节是可以省略的，这要视具体情况而定。

约见的内容取决于接近和面谈的需要，推销员应该根据每次推销访问活动的特点来确定不同的约见内容。在约见的过程中需要确定的内容具体包括：

1. 确定访问对象

虽然在开始约见前就已经选定了约定对象，推销员应该直接约见购买决策人或对决策产生重大影响的人，但事实上，有些单位的决策人往往把约见这类日常事务全权委托给秘书、助理及有关接待人员。推销员要认清这一点，即有时需要过五关斩六将，方能见到真正的推销对象。

情景案例

2. 确定访问事由

突如其来的造访一般是不被欢迎的，大多数情况下，顾客都会对陌生的人和事抱有抵触情绪，所以推销员要选择合适的理由作为约见的前提，打消被访者的顾虑和担忧，进一步接近顾客。实践中，推销员可以使用的事由有以下几种：

(1)推销产品。如果推销访问的主要目的是直接向顾客推销产品，而针对的顾客具有明确的需要，在约见顾客时，推销员应该直接向顾客说明访问的真实意图，并设法引起顾客的注意和重视，着重说明所推销产品的特性和用途，以及能给顾客带来的好处。若顾客确实需要推销的产品，自然会欢迎推销员的来访，给予必要的合作。若顾客根本不需要所推销的产品，而推销员以借口约见顾客，必是强人所难，自然推销不成。如果推销员坚信所推销的产品对某特定的顾客有利，而这位顾客又拒不接见，此时推销员可以适当运用一些技巧，在顾客方便时再次约见。

(2)市场调查。市场调查是推销员的职责之一。推销员既要进行直接推销，又要为企业经营活动提供制定决策的情报依据。推销员把市场调查作为访问事由来约见顾客，比较容易为顾客所接受，这既有利于收集有关资料和信息，为进一步推销做好准备，又可以避免强行推销，甚至可由市场调查转变为正式推销产品，以至现场成交。

(3)提供服务。各种推销服务与推销活动密切相关，顾客十分关注，服务是推销的保证。服务在市场竞争中起着越来越重要的作用，所以各企业和推销员都应重视为顾客提供服务。其实，推销本身就是一种服务，推销员就是服务员。没有服务或服务不佳，推销便无从谈起。利用提供服务作为访问事由来约见顾客，比较受顾客欢迎，这样既可完成推销任务，又可扩大企业影响，树立企业和推销员的信誉。

(4)签订合同。有些推销工作需要签订销售合同，这也为推销员提供了约见顾客的理由。

(5)收取货款。现代社会货款的支付方式多种多样，这为推销员接近顾客提供了条件，以收取货款为事由约见顾客，一般顾客难以推脱。

(6)走访顾客。经常走访顾客，可以了解顾客使用商品的情况，收集顾客的意见和建议，也有利于巩固与顾客的关系，同时，可以作为约见顾客的理由。

无论使用哪种拜访事由，都必须考虑对推销员、推销对象和推销环境及其他有关要素的影响。若推销员不事先联系顾客,盲目地制订访问计划,则完全可能与被访问顾客的工作计划发生冲突。若推销员事先联系顾客,然后再根据各位顾客的会见时间、地点等制订推销访问计划,就可以合理安排推销时间,紧紧抓住每一个推销机会,大大提高推销工作的效率。

3. 确定访问时间

阅读材料

访问的时间是否妥当直接关系到约见的成功率和推销工作的成效。访问的对象不同、目的不同、方式不同、职业不同,其访问的时间也就有所不同。推销员要考虑被访者的作息时间和活动规律,避开忙碌时间;要尊重受访者的意愿,为受访者留有余地;一旦确定了时间,推销员要准时赴约,“宁可多等一小时,不可迟到一分钟”。

4. 选择访问地点

访问地点的选择要遵循方便的原则,使被访者更容易到达访问地点。为了提高成交率,推销员应学会选择效果最佳的地点约见客户。下面列出了可供推销员选择的推销地点:

(1)家庭。如果销售宣传的对象是个人或家庭,拜访地点无疑以对方的居所最为适宜。有时,推销员去拜访法人单位或团体组织的有关人士,选择对方家庭也往往能收到较好的促销效果。当然,拜访时如有与对方有良好关系的第三者在场相伴,或有对方亲友的介绍信,则选择对方家庭作为约见地点要比在对方办公室更有利于培养双方良好的合作气氛。如果不具备这些条件,推销员上门拜访十有八九会让对方产生戒备心理,以致被拒于大门之外。

(2)办公室。推销员在办公室里拜访顾客是一种最普遍的拜访形式。选择办公室作为约见地点,双方有足够的时间来讨论问题,反复商议,以达成共识。与家庭相比,选择办公室作为拜访地点易受外界干扰,不易形成交流的良好氛围,并且拜访者也许不止一个,因此,选择办公室作为拜访地点时,推销员应当设法争取顾客对自己的注意和兴趣。同时,若对方委托助手与你见面,你还必须取得这些助手的信任与合作,通过这些人来影响买主做出决定。

(3)社交场合。美国著名的营销学家斯科特·卡特利普曾说过这样的话:“最好的推销场所,也许不在顾客的家庭或办公室里,如果是在午餐会上、网球场边或高尔夫球场上,对方更容易接受你的建议,而且戒备心理也比平时淡薄得多。”国外许多生意往往不是在家里或办公场所谈成的,而是在气氛轻松的社交场所,如酒吧、咖啡馆、餐馆等。在我国广州等地,推销员与顾客见面洽谈也愿意在吃早茶、进娱乐厅时进行。对于某些不爱社交、又不愿在办公室或家里会见推销员的顾客来说,公园、茶馆等社交场所也是比较理想的地点。

(4)其他场合。推销员也可以考虑把一般的公共场所和户外场所作为约见顾客的地点,这需要推销员弄清楚约见的准确时间和具体位置。

二、约见的方法

常见的约见方法包括当面约见、电话约见、信函约见、托人约见、广告约见等,推销员可以根据具体情况选择。

1. 当面约见

推销员可以利用与顾客会面的各种机会进行当面约见,比如可以选择展销会、订货会、社交场所、家里、办公场所等。这是推销员对顾客进行当面联系拜访的方法。这种约见简便易行,极为常见,是一种较为理想的约见方式。通过这一约见方式,推销员不仅可以对顾客有所了解,而且便于双向沟通,拉近彼此的距离。

当面约见方式具有五大优点：其一，有利于发展双方的关系，加深双方的感情；其二，有助于推销员进一步做好拜访准备；其三，当面约见一般比较可靠，有时约见内容比较复杂，只有当面约见才能说清楚；其四，当面约见还可以防止走漏风声，切实保守商业机密；其五，当面约见方式是一种简便易行的约见拜访方法。

当然，当面约见方式也有一定的局限性：第一，当面约见有一定的地理局限性；第二，当面约见效率不高；第三，当面约见一旦被顾客拒绝，会给推销员造成难堪，不利于下一次的接近和拜访；第四，对于某些无法拜访或接近的销售对象来说，当面约见方式无用武之地。

2. 电话约见

电话约见就是推销员利用电话来约见顾客的方法。电话约见成功的关键是善用打电话的技巧。由于客户与推销员相互之间缺乏了解，电话约见最容易引起客户的猜忌、怀疑，所以推销员必须熟悉电话约见的原则，掌握电话约见的正确方法。一定要记住，电话约见不是电话推销，推销员需要做的是争取到约见的机会，而不是直接进行推销。

电话约见不见其人，只闻其声，所以，推销员应将重点放在“话”上：首先，要精心设计开场白，激起对方足够的好奇心，使顾客有继续交谈的愿望，语言的组织和运用要注意技巧；其次，电话约见的时间不宜过长，约见事由要充分，用词简明精炼，长话短说；最后，态度要诚恳，口齿要清楚，语气要亲切。

情景案例

电话约见的优点体现在：首先，能在短时间内接触更多的潜在顾客；其次，可免除到处奔波的劳苦及花费，是一种效率极高的约见方式；最后，电话约见有一套相对固定的约见方法，更专业和规范。其最大的缺点在于由于没有见到顾客本人，所以容易遭到顾客的推脱和拒绝；除此之外还会受到推销地区电话工具使用情况的限制。

3. 信函约见

信函约见是推销员利用各种信函约见顾客的方法。这些信函通常包括个人书信、会议通知、社交请柬、广告函件、电子邮件等，其中采用个人书信的形式效果最好。推销员在进行信函约见时，要注意以下问题：

(1)言辞恳切。利用书信的形式约见顾客，对方能否接受预约，既要看顾客是否有购买需求，又要看推销员能否诚恳待人。一封言辞恳切的信函，往往能博得顾客的信任与好感，也使对方同意与你见面的机会大大增加。

(2)简单明了。推销员用书信与顾客约见时，应尽可能做到言简意赅，只要将预约的时间、地点和理由向对方说清楚即可，切不可长篇大论。

(3)投其所好。约见书信必须以说服顾客为中心内容，投其所好，供其所需，以顾客的利益为主线劝说对方接受约见要求。如推销员想用“物美价廉”四个字激发某果品公司采购员的购买欲望，在约见书信中不妨写上“汁多味甜，色艳爽口，每千克 1 元 5 角”更好。前者虽用词简练，但过于抽象；后者具体而翔实，给人一种形象感。

(4)信函形式要亲切。约见信函要尽可能自己动手书写，而不使用“冷冰冰”的印刷品，信封上最好不要盖“邮资已付”的标签，要动手贴邮票。

信函约见的优点体现在：简便、快捷、易于掌握；适用面广，费用低廉；免受当面约见顾客时的层层人为阻碍，可以畅通无阻地传递给目标顾客；能够表达口头语言难以表达的种种言外之意。

但信函约见也有一定的局限，例如：信函约见的时间较长，不适于快速约见；许多顾客对推销约见信函不感兴趣,甚至不去拆阅,推销员花费较多的时间和精力撰写的约见信函往往石沉大海。

4. 托人约见

这是推销员通过委托第三人约见顾客的方法。当然,这个委托人通常是与顾客本人有一定的社会联系或影响的人,如同事、朋友、家属等。托人约见可以借助第三者与推销对象的特殊关系,克服目标顾客对陌生推销员的戒备心理,取得目标顾客的信任与合作,有利于进一步的推销接近与洽谈。

托人约见的优点包括:克服了顾客对陌生人的戒备心理,更容易达成约见;有利于排除推销异议。

但是,托人约见也有一定的限制:一是推销员不可能拥有众多的亲朋、熟人;二是自己的好友未必与目标顾客有交情;三是要搭人情,而且环节较多,如果所托之人与自己的关系或与目标顾客的关系较一般,会导致顾客对约见的重视程度不够。因此,运用此方法特别要注意真正了解第三者与推销对象的关系。

5. 广告约见

广告约见是指推销员利用各种广告媒体约见顾客的方式。常见的广告媒体有广播、电视、报纸、杂志、路牌等。利用广告进行约见可以把约见的目的、对象、内容、要求、时间、地点等准确地告诉广告受众。在约见对象不具体、不明确或者约见顾客太多的情况下,采用这一方式来广泛地约见顾客比较有效。也可在约见对象十分明确的情况下,进行集体约见。

广告约见有约见对象多、覆盖面广、节省推销时间、提高约见效率等优点,但也有针对性较差、费用较高却未必能引起目标顾客的注意等不足。

上述约见方法各有特点,推销员在选用约见方法时应因人而异、因事而异,另外要灵活选择,当然也可以几种方法并用。

应用实例

保险员的约见

保险销售员范斌通过老客户的介绍结识了一位新客户雷总。这天他拨通了电话,开始他的电话邀约。

范斌:"喂!您好,我找雷总。"

雷总:"我是雷××,您好!"

范斌:"雷总,您好,我是范斌!您的好友李经理的朋友!"

雷总:"哦,你好!请问有什么指教?"

范斌:"李经理刚参加了我替他办的一项全家保障计划。参加之后,他认为您最需要这份计划,所以叫我一定要和您联络并让您参加。"

雷总:"全家保障计划是什么呢?是不是保险?"

范斌:"对!是保险!是一种很特殊的全家保障保险。像李经理,他一个月只用5 000多元,其全家人就有了医疗保险、防癌保险、平安保险。同时,若有小病小灾,在得到医疗给付的同时,还能享有住院津贴等福利。一旦遭遇重大事故,将会得到200万～500万元的赔偿。如果没有任何事故发生，满期后不但能把所缴的钱都拿回来，还会拿到增值金和红利。所以这是一项集保险和投资于一体的多功能保障计划。"

雷总："嗯……那你明天上午十点过来吧。"

范斌："好的，我们明天见。"

（资料来源：温爽．客户问不倒．北京：北京大学出版社，2009。）

问题：

（1）案例中推销员使用的是哪种约见方法？

（2）使用这种约见方法需要注意哪些问题？

工作任务

约见顾客，注重创新

工作任务提示：

本工作任务将检验学生对约见顾客内容和方法的把握，并刺激创新能力的提升。

工作任务内容：

第一，推销团队首先要明确约见内容。

约见内容应尽量具体，比如准备什么时间、以什么理由约见什么人等。

第二，每人选择1～2位顾客，明确约见方式并制定具体的约见策略。

第三，约见顾客，然后讨论总结。

工作任务要求：

第一，每人选择1～2位顾客分别约见，由于约见的顾客不同，每人的约见策略会有所不同；

第二，约见后在团队内部进行交流讨论，总结得失，确定约见成功的顾客名单，为下一步接近顾客做准备。

任务三　熟悉接近顾客的方法

基础知识

完成本任务所需要的基础知识包括明确接近顾客的关键点、接近顾客的方法。

一、接近顾客的关键点

接近顾客是推销员与顾客正式接触见面的过程，其服务于推销洽谈并力求促成交易。通过接近，顾客与推销员在空间上的距离得以缩短，顾客在感情上消除戒备，有助于推销员进一步了解顾客的需要,以便为转入正式的推销洽谈做准备。

情景案例

在接近顾客的过程中有两个关键点是需要推销员注意的:

1. 设法快速突破顾客的心理防线

人们对于陌生人总有一种防卫心理,美国前总统里根曾说过:"你在游说别人之前,一定要先解除对方对你的戒心。"防卫心理是人们应付外界的压力而产生的防御心理状态,是一种正常的心理反应。推销员只有在迅速地打开潜在顾客的"心防"后,才能敞开顾客的心扉。打开顾客的"心防"首先要让顾客产生一种信任感。对于销售而言,信任非常重要,如果不能让顾客产生一种良好的印象,不能让顾客产生信任感,就无法引起顾客的注意,更无法对顾客推销产品或服务。

阅读材料

2. 推销商品前先推销自己

顾客只有先喜欢推销员才会喜欢他的产品,所以推销员的表现至关重要。

阅读材料

应用实例

坚守原则的商人

有一位搞建筑的商人,在参加完一座大楼的招标会后告诉乔·吉拉德:"吉拉德,我是得不到这笔生意了。"

"为什么?"

"在我旁边有3个投标牌,他们的价钱都比我的低,我的价钱已经够低了,但是我不能用廉价的材料,我可要凭良心做事。这个城市到处是一些摇摇欲坠的劣质建筑,就是因为混凝土太差劲,所以我要用最好的材料,砂石和盐分都无法侵蚀的材料,所以这笔生意我是肯定做不成了。"

这位建筑商虽然招标失败了,但是他坚守了自己的原则,守住了自己的生意底线,为他日后的成功奠定了基础。

(资料来源:陈龙.成交圣经:破解成交的8大密码.北京:中华工商联合出版社,2010。)

问题:

你可从案例中得到什么启示?

二、接近顾客的方法

接近顾客是一项技巧性的工作,需要推销员根据经验,针对不同的顾客、环境、商品灵活选择接近方法。推销接近做得好,不但可以拉近与顾客的心理距离,而且可以尽快地促成交易。下面是几种常用的推销接近的方法:

1. 产品接近法

这种方法是直接利用产品来引起顾客的注意和兴趣，其仅以产品本身作为媒介，做的是无声推销，这是该方法最大的特点。

运用产品接近法对产品本身有特定的要求，包括：

(1)产品本身必须具有一定的吸引力，能够引起顾客的注意和兴趣，这样，才能达到接近顾客的目的。在顾客看来毫无特色、毫无魅力的一般商品，不宜单独使用产品接近法。即使推销员自信产品独特新颖，而且事实上的确如此，但若顾客不能立即认识到这一点，也不宜使用产品接近法。

(2)产品本身必须精美轻巧，便于推销员访问携带，也便于顾客操作。笨重的庞然大物、不便携带的产品不宜使用产品接近法。如重型机床推销员、房地产推销员、推土机推销员就不宜利用产品接近法。但是，推销员可以利用产品模型、产品图片等作为媒介接近顾客。

(3)推销的必须是有形的实物产品，可以直接作用于顾客的感官。看不见、摸不着的无形产品或劳务，不能使用产品接近法。

(4)产品本身必须质地优良，经得起顾客反复接触，不易损坏或变质。推销员应准备一些专用的接近产品，平时注意加以保养，以免在顾客操作时出问题，影响推销效果。

应用实例

小于的策略

小于进了一批验钞笔，最初几天，毫无战果，一支也没卖出去，她的一双腿都快跑断了。

后来，小于改变了策略，她背着装验钞笔的包出了家门，来到了一个烟酒小卖部。小于拿出两张10元人民币，请老板鉴别真假。老板接过两张10元人民币，左看看，右看看，无奈地摇了摇头。小于问他："真假人民币不易分辨，您收到假币会怎么办？"他说："我也没办法。"小于说："这里有一种验钞笔，可以分辨出真假人民币。"她说着，拿出准备好的验钞笔，在两张人民币上各画了一下，一张人民币上出现了淡黄色，另一张人民币上出现了黑色。小于趁机递给他说明书，微笑着说："出现淡黄色的人民币是真的，出现黑色的人民币是假的。"老板流露出浓厚的兴趣，问："多少钱一支？""两元一支。""好，我要20支。"小于简直不敢相信自己的耳朵。

小于用这种产品展示法让客户接受了她的产品。

问题：

为什么小于的推销可以用产品接近法？

2. 利益接近法

利益接近法根据人们追求利益的心理，利用商品能给顾客带来的利益、实惠和好处来引起顾客的兴趣。这种方法接近的媒介是商品带来的利益。比如，一位保险公司代理在接近顾客时，首先递给顾客一张特制的600美元的支票副本，然后问道："您希望退休后每月收到这样一张支票吗？"顾客承认非常希望如此，并要求告知详情。

这种利益接近法迎合了大多数顾客的求利心态，推销员抓住这一要害问题予以点明，突出销售重点和产品优势,有助于快速达到接近顾客的目的。

使用利益接近法的要求有:

(1)产品能给顾客带来的利益是实实在在的,不可夸大其词,否则容易失去顾客的信任,比如保证商品终身不坏是不可信的。

(2)推销员能通过一些方法来证明产品确实能带来利益,以取信于顾客。

应用实例

马休的策略

食品推销员马休正想以老套话“我们又生产出一些新产品”来开始他的销售谈话,但他马上意识到这样做是错误的。于是,他改口说:“班尼斯特先生,如果有一笔生意能为您带来1 200英镑,您会有兴趣吗?”“我当然感兴趣了,你说吧!”“今年秋天,香料和食品罐头的价格最起码上涨20%。我已经算好了,今年您能出售多少香料和食品罐头,我告诉您……”然后他就把一些数据写了下来。多少年来,他对顾客的生意情况非常了解,这一次,他又得到了食品老板班尼斯特先生很大的一笔订货。

问题:

马休使用了什么方法来接近顾客?

3. 表演接近法

表演接近法是指推销员利用各种戏剧性的表演活动引起顾客的注意和兴趣,进而转入面谈的顾客接近方法。这是一种比较传统的推销接近方法,如街头杂耍、卖艺等都采用现场演示的方法招徕顾客。在现代推销活动中,有些场合可以用表演的方法接近顾客。

在利用表演接近法的时候,推销员必须注意以下几点:

(1)表演必须注意戏剧性效果。

(2)只有剧情安排合理,表演自然,才能吸引顾客。如果表演过分做作,可能引起顾客的反感,达不到目的。

(3)最好以所推销的产品作为道具,适时地把产品推销出去。

应用实例

特别的推销

美国雷顿公司总裁金姆曾当过推销员。在一次订货会上,规定每人有10分钟登台推销的时间。金姆将一只小猴装在用布蒙住的笼子里带进了会场,轮到他上台时,他将小猴带上了讲台,让它坐在自己肩膀上,任其跳蹿,一时间场内混乱不已。不一会儿,他抱起小猴,场内又恢复了平静,金姆只说了一句话:“我是来推销‘白索登’牙膏的,谢谢。”说完便扬长而去,结果他的产品风靡全美。

问题：

金姆接近顾客的精彩之处在哪里？为什么他的方法能取得好的效果？

4.问题接近法

提问题可以快速地引起顾客的注意，所以，推销员可以通过直接提问或探讨问题的方式接近顾客。推销员可以首先提出一个问题，然后根据顾客的回答再提出其他一些问题，或提出事先设计好的一组问题，引起顾客的注意和兴趣，引导顾客去思考，环环相扣，一步步达到接近的目的。

运用问题接近法时应注意：

(1)问题必须突出重点，有的放矢。推销员必须在接近准备的基础上设计所提问题，要能一针见血，切中要害。

(2)问题表述必须简明扼要，抓住顾客的关注点，最好能形象化、量化、直观生动。例如，对酒店经理说："您希望保证贵酒店在正常经营的情况下，明年电费开支减少15%吗？"这样的提问能抓住顾客的关注点，引起顾客的注意和兴趣。

(3)问题应当是顾客乐意回答和容易回答的，要避免有争议、伤感情和顾客不愿意回答的问题，以免引起顾客的反感。有一位推销书籍的小姐，平时碰到顾客和读者总是从容不迫、平心静气地提出两个问题："如果我们送给您一套关于经济管理的丛书，您打开之后发现十分有趣，您会读一读吗？""如果读后觉得很有收获，您会乐意买下吗？"这位小姐的开场白简单明了，也使一般的顾客找不出说"不"的理由，从而达到接近顾客的目的。

应用实例

比恩·崔西的秘诀

美国顶尖的图书推销员比恩·崔西在推销个人成功、励志方面的书籍时常用下面这种方法。在见到潜在顾客时，他总是会从容不迫、平心静气地提出三个问题：

"假如我送一套有关个人效率的书籍给您，您打开后发现内容非常有趣，您会读一读吗？"

"假如您读过后很喜欢这套书，您会买下来吗？"

"假如您没有发现书中的乐趣，您把书重新塞进这个包里，把它寄回来，可以吗？"

比恩·崔西采用这个技巧后，几乎没有失败的例子。因此，很多图书销售公司在培训推销员时，要求推销员必须掌握这种方法。

(资料来源：辉浩.开场白：适用于任何场合的22种开场白.北京：中国商业出版社，2012。)

问题：

为什么比恩·崔西的方法能成功？

5.好奇接近法

好奇心理是人们的一种原始驱动力，在此动力的驱使下，人们会主动去探索未知的事物。

好奇接近法是指在与顾客见面之初，推销员通过各种巧妙的方法来唤起其好奇心，引起其注意和兴趣，然后把话题转向推销产品。好奇接近法需要推销员发挥创造性的灵感。

采用好奇接近法应该注意下列问题：

(1)引起顾客好奇的事件必须与推销品有关；

(2)必须真正做到出奇制胜；

(3)引起顾客好奇的手段必须合情合理，奇妙而不荒诞。

比如，美国一位保险公司推销员一接近潜在顾客便问："十磅软木，您打算给多少钱?"顾客回答说："我不需要软木!"推销员又问："如果您正坐在一艘将要下沉的船上，您愿意花多少钱?"保险公司推销员成功地引起顾客的好奇心，然后阐明这样一个观点：必须在实际需要出现之前就购买人寿保险。

6. 馈赠接近法

这种方法是指推销员以一些小巧、精致的礼品作为媒介，联络感情，借以达到接近顾客的目的。一些小而有意义的礼品符合顾客求小利、求雅趣的心理，极易形成融洽的气氛，因此，在实际推销中经常被推销员用作接近顾客的"跳板"。

使用这种方法时应注意：

(1)慎重选择馈赠礼品，投其所好。

(2)所馈赠的礼品只能当做接近顾客的见面礼与媒介，而绝不能当做恩赐顾客的手段。

(3)礼品的内容与金额的大小必须符合国家的有关规定，不可把馈赠变成贿赂。

(4)礼品与所推销的产品有某种联系。

应用实例

投其所好

一位推销员到某公司推销产品，被拒之门外。女秘书给他提供了一个信息：总经理的宝贝女儿正在集邮。

第二天，推销员做足了"集邮"功课后，带上了几枚精美的邮票又去找总经理，告诉他是专门为其女儿送邮票的。一听说有精美的邮票，总经理热情相迎，还把女儿的照片拿给推销员看，推销员趁机夸其女儿漂亮可爱，两人大谈育儿经和集邮知识，非常投机，一下子熟识起来。

此推销人员深谙推销接近成功之道，懂得抓住客户的心理状态，投其所好，成功打开了这家公司的大门。因此，有时恰如其分的小小的馈赠会成为成功推销的润滑剂。

问题：

你从这个推销员那里学到了什么?

7. 赞美接近法

赞美接近法是推销员利用顾客的虚荣心理，通过赞美顾客而接近顾客的方法。比如"您的包很特别，在哪里买的？""您今天真精神！"赞美得当，顾客一般都会表示友好，并乐意与你交流。

推销员在使用赞美的语言时应注意：

(1)赞美应尽量切合实际。推销员应细心观察与了解顾客，对值得赞美的地方加以赞美。若客户讲究穿着，你可向他请教如何搭配衣服；若客户是知名公司的员工，你可对他能在这么好的公司上班表示羡慕。

(2)赞美时态度诚恳，语气真挚，使顾客感到心情舒畅。

(3)选择恰当的赞美方式。推销员赞美顾客一定要把握分寸。对于年老的顾客，应该多用间接、委婉的赞美语言；对于年轻的顾客，则可以用比较直接、热情的赞美语言。对于不同类型的顾客，赞美的方式应不同。例如，面对严肃型的顾客，赞语应自然朴实、点到为止；对于虚荣型的顾客，则可以尽量发挥赞美的作用。

人人都喜欢听夸奖自己的话，客户也不例外，推销员要准确地把握客户的心理，恰当地赞美客户，在融洽的交谈中寻找机会推销。

应用实例

赞美出奇效

销售员刘方以稳健自信的步伐走向王经理。

刘方："王经理，您好，我是大华公司的销售员刘方，请多多指教。"

王经理："请坐。"

刘方："谢谢。非常感谢王经理在百忙中抽出时间与我会面，我一定要把握住这么好的机会。"

王经理："不用客气，我也很高兴见到您。"

刘方："贵公司在王经理的领导下，业务领先业界，真是令人钦佩。我浏览过贵公司的网站，知道王经理非常重视网络营销，现在很多客户都从网上购买产品了。使用这种方式营销，您在业内是榜样啊！"

王经理："我们销售的产品是网络办公设备，我们的客户以高科技企业为主。随着网络的普及，这些客户开始从网上来寻找自己需求的产品，我们做网站的目的是满足客户在网络上查询产品、了解产品的需要，提高我们的销售效率。"

刘方："王经理，您的理念确实反映出贵公司的经营特性，很有远见。我相信贵公司在销售方面已经做得非常成功了。我向您推荐一个网站推广的方案，这个方案可以使客户更容易发现您的产品和服务。"

王经理："网站推广方案？"

刘方："是的。王经理在销售方面的经验和成绩深得业内人士尊重，在我来之前，已经听到过不少关于您辉煌的销售业绩和卓越的管理能力的赞扬话语。其实网站的目的不仅仅是为了让客户从网上查看产品功能和了解公司，更重要的是能让客户有产品需求时随时随地发现您，继而登录到您的网站去查看他所需要的信息。如果没有适当的网站推广，客户怎样才能发现您可以提供给他所需要的产品呢?”

王经理沉吟片刻,然后说:“说说你的看法吧!”

就这样,刘方打开了销售对象的心理防线,并令客户产生好感,让客户能够认真聆听他的讲解,为接下来的推销打好基础。

(资料来源:盛安之. 销售就要会说4种话:好听话、客套话、专业话、巧妙话. 北京:企业管理出版社,2008。)

问题:

案例中刘方使用了赞美的方法接近顾客,从顾客的心理角度来分析,为什么这种方法能够成功?

8. 其他接近法

除了上面列举的常用方法之外,实践中还有一些非常规的接近方法,如震惊接近法、求教接近法、搭讪接近法、调查接近法等。推销员在选用时根据具体情况,可以几种方法并用,无论是哪种方法,重要的是能吸引顾客的注意,引起顾客的兴趣。当然,推销员也可以在这些方法的基础上灵活创新,以达到更好的效果。

应用实例

别具一格的顾客接近法

“将此函寄回本公司,即赠送古罗马银币。”

这是美国一家人寿保险公司的推销员寄给准顾客的一封信中所写的话。信发出后效果很好,公司不断收到回信。于是,推销员拿着古罗马银币,逐一拜访这些回函的准顾客:“我是×××人寿保险公司的业务员,我把您需要的古罗马银币拿来给您。”对方面对这种希望得到的馈赠和免费的服务当然欢迎。一旦推销员进入顾客的家门,就可以逐步将对方引入人寿保险的话题,开展推销行动。

问题:

这位推销员使用了什么形式的接近方法?利用了准顾客的一些什么心理?

实 训

学习交流,注意观察

实训目的:

本实训旨在培养学生的观察能力和学习能力,能够结合实践与理论学习接近顾客。

实训内容和步骤:

第一,选择几名推销员作为观察对象,跟随并记录这几名推销员接近顾客的过程。

第二，对他们接近顾客的过程进行分类和分析，思考他们值得学习的地方。

第三，发现他们的优点和创新之处，试着在他们的基础上进行创新。

实训要求：

个人独立完成，并在课堂上进行交流讨论。

工作任务

接近顾客

工作任务提示：

本工作任务将帮助营销团队通过实战来掌握接近顾客的方法和技巧。

工作任务内容：

第一，依据前面约见成功的顾客名单，以1～2人为一组选择一名顾客进行正式约见。

第二，约见结束后在团队内部进行交流总结。

工作任务要求：

第一，团队内部需要进行分组，以1～2人为一小组分别接近顾客；

第二，实施接近时注意方法和技巧的使用；

第三，团队内部交流后在班内进行团队间的课堂交流。

课程小结

任务一　了解推销接近

- 推销接近
  - 推销接近的含义：推销员为了同目标顾客进行推销洽谈，而与其进行初步的接触或再次访问
  - 推销接近的步骤
    - 接近准备：收集、整理、分析目标顾客的有关资料，进行推销预测
    - 约见顾客：洽谈的内容要根据推销人员与顾客关系的密切程度等具体情况来定
    - 正式接近顾客：推销人员在正式接近顾客时，要争取主动，使顾客有继续谈下去的热情和信心，还得掌握一定的接近方法和技巧
  - 推销接近前的准备工作:企业知识和产品知识准备;顾客资料准备;拟定推销接近方案;其他准备

任务二　掌握约见顾客的技巧

- 约见顾客的技巧
  - 约见的内容：确定访问对象；确定访问事由；确定访问时间；选择访问地点
  - 约见的方法
    - 当面约见：这种约见简便易行，极为常见
    - 电话约见：这种约见迅速、方便、经济、快捷
    - 信函约见：这种方法简便、快捷、易于掌握
    - 托人约见：消除了顾客的戒备心理，更容易约见顾客
    - 广告约见：约见对象多、覆盖面广、节省推销时间

任务三　熟悉接近顾客的方法

- 接近顾客的方法
  - 接近顾客的关键点
    - 设法快速突破顾客的心理防线
    - 推销商品前先推销自己
  - 接近顾客常用的方法：产品接近法、利益接近法、表演接近法、问题接近法、好奇接近法、馈赠接近法、赞美接近法等

复习思考题

1. 约见的内容是什么？
2. 约见的方法有哪些？
3. 接近顾客的关键是什么？
4. 接近顾客的方法有哪些？

测试题

案例分析

1. 罗伯特·伯恩斯的计划

罗伯特·伯恩斯年方23岁，从事推销工作，每年能挣50万美元，他在销售行业能登上成功的顶峰，原因之一是他在介绍项目之前就计划好了要说的每一句话和每一个步骤。罗伯特说服顾客汤姆·霍普金斯在一项房地产经营中投资就是一个最生动的例子。

有一天，罗伯特来拜访汤姆，那时汤姆还从没想到过要对房地产进行投资，可是在几小时之后，他们成交了一笔24万美元的生意。

罗伯特是在年底到汤姆办公室的，他带着厚厚的两册皮封面的活页资料和一个地图夹子。在汤姆书桌旁的地板上，罗伯特把资料摊开，微笑着说："汤姆，我为你找到了一个绝好的机会，我为此而兴奋不已。"

"你指什么，罗伯特？"

"汤姆，我能不能问你这样一个问题：要是你能利用合法的逃税手段把今年能逃的税全都逃掉，你愿意吗？"。

汤姆说："罗伯特，我们试着那样做过，但是不能全部逃掉。而且，当然啦，时间也太晚了，只有11天就到年底了，还要过节呢！"

罗伯特说："别发愁，把这件事交给我。"他俯身拿起地上的两本皮封面活页夹，把其中的一本递给汤姆。

汤姆看到活页夹封面上用烫金字写着：产业分析——专为汤姆·霍普金斯先生编制。看了一会儿后，汤姆咕噜着说："罗伯特，这是一份投资意见书啊。"

“不错,汤姆。但请别说话,让我先给你看点东西。”

罗伯特向墙壁走过去,打开一卷航摄图,用胶带纸把它粘在墙上。

“这是什么?”

“帮你今天作出一个明智决定所需要的一切都在这张航摄图和这本活页夹子里。”

活页夹子足有两英寸厚,汤姆眼下并不想打开它。但罗伯特竟有这么大的胆子在大冷天跑来兜售一笔24万美元的投资生意,这引起了汤姆的兴趣:“说下去。”

罗伯特继续说下去。说了几个要点之后,他说:“大概你觉得光看照片还不够,所以,请打开意见书翻到第11页,所有对比价格的材料都汇总在这里。”汤姆照他说的做了。

过了许久,汤姆终于说:“看上去是不坏,罗伯特。可是你知道,我对买了它之后我在纳税上所得好处的关心胜于对它的投资价值。”

“我知道你会这么想,汤姆。请翻到第16页。”这是以汤姆这一类顾客的收入水平为基础编制的一张纳税效果表,包括这项产业中所有的应有项目。

汤姆看了几分钟后说:“相信你为此做了不少工作。”

“是的,花了6个月的时间。”

汤姆深受感动,但仍然不那么心甘情愿地说:“罗伯特,我要直言不讳地对你说,我看不出它对我眼下的计划有什么好处。纳税效益是好的,但并不足以说明这项投资是正确的。”

“我懂,汤姆。请翻到第37页。”翻到那一页,汤姆看到了那份计划的概要。

汤姆考虑了一会儿,说:“罗伯特,快到年底了,我们不可能在12月31日之前成交啊。”

罗伯特微笑着说:“我明白你的意思,汤姆。如果能在今年就从这笔生意中得益,你就有兴趣了,是吗?”

汤姆认为罗伯特不可能做到让自己今年得益——需要做的文字工作太多了,所以说,“当然啦,罗伯特。如果你能创造奇迹,我会感兴趣的。”汤姆笑起来,“但那是做不到的,罗伯特。今年只有11天了。”

罗伯特说:“亲爱的汤姆,一切都办完了,只差你点头了,我有一架飞机在等着,我们飞去看看那块地然后回来吃午饭都来得及。我知道,你看见了那块地以后一定会为这项投资高兴得不得了。”

汤姆还有什么好说的呢?去了,看了,买了。当然,今天已经证实,那是一笔极有价值的投资。罗伯特所做的这一切并没有白费力气——他做成了这笔买卖。

[资料来源:王荣耀.善始方能善终.销售与市场,1997(1)。]

问题:

(1)案例中的推销员为这次推销做了哪些准备?

(2)罗伯特接近顾客的方法是什么?

2. 两个推销员的推销

(1)推销员甲

推销员甲:喂,有人在吗?我是××公司的业务代表林海。在百忙中打扰您,想向您请教有关贵商店目前使用收银机的事情。

店经理:店里的收银机没有什么毛病呀?

推销甲:并不是有什么毛病,我是想了解是否已经到了需要更换的时候。

店经理:没有这回事,不想考虑换台新的。

推销员甲:并不是这样的,对面那间店已经更换了新的收银机,我想你们也应该考虑更换。

店经理:不好意思,目前还不想更换,将来再说吧!

(2)推销员乙

推销员乙:郑经理在吗?在百忙之中打扰您,谢谢您。我是××公司在本地区的业务代表李放,经常经过贵店,看到贵店生意一直兴隆,实在不简单。

店经理:您过奖了,生意并不是那么好。

推销员乙:贵店对客户的态度非常亲切,郑经理对贵店员工的培训一定非常用心,我也常常到别的店,但像贵店服务态度这么好的,实在是少数;对街的张经理,对您的经营管理也相当钦佩。

店经理:张经理是这样说的吗?张经理经营的店也非常好。

推销员乙:张经理以您为模仿的对象。不瞒您说,张经理昨天刚换了一台新功能的收银机,非常高兴,向我提到郑经理您,因此,今天我才来打扰您。

店经理:喔!他换了一台新的收银机!

推销员乙:郑经理是否也考虑更换新的收银机呢?目前您店里的收银机虽然也不错,使用情况也还正常,但新的收银机有更多的功能,速度更快,既能让您的顾客减少等候时间,又可以为贵店的经营管理提供许多有用信息。请郑经理考虑这款新的收银机。

问题:

(1)推销员乙使用的是哪种接近方法?

(2)你认为这两个推销员中的哪一个更有可能成功?为什么?

项目六 推销洽谈

知识目标

1. 了解推销洽谈的含义及特点；
2. 掌握推销洽谈的目标、内容及原则；
3. 掌握推销洽谈的程序和方法。

能力目标

1. 在推销洽谈前能够充分做好各项准备工作；
2. 在推销洽谈中能够灵活运用各种策略与技巧。

推销格言

推销的要点不是推销产品，而是推销自己。

——乔·吉拉德

问题导入

寓销于教

某年5月的一天，广东东莞某大型玩具公司的代表来到某市，在该市的大型商场、娱乐中心、公司等场所举办大型玩具展示会。

在某公司的展示区，一位西装笔挺的中年男士走到玩具摊位前停了下来，售货小姐马上走上前去。

“先生，您好！您需要些什么玩具?”售货小姐笑容可掬地问道。

“想要这样的遥控玩具。”男士伸手拿起一辆遥控玩具战车。

售货小姐问：“您的孩子多大了?”

顾客回答：“6岁了！”

售货小姐提高嗓门说：“这样的年龄玩这种玩具正是时候。”说着便把玩具的开关打开。男士的视线被引到遥控玩具。“您看，我们的这种玩具操作非常简单，遥控器上就两个遥控杆，左、右手各控制一个，便可以进行前进、后退、转弯等操作；不像有些遥控玩具，操作很复杂，小孩子操作起来难度较大，”边说着边把玩具放到地上，拿着遥控器，开始熟练地操作，

“小孩子从小玩这种遥控玩具，可以培养出强烈的领导意识。”说着把遥控器递给男士。于是，那位男士也开始玩了起来。两三分钟后，售货小姐问道：“先生，您看这个遥控玩具怎么样？”

男士问：“多少钱一套？”

“450(元)。”

“太贵了！便宜点。算400(元)好了。”

“先生，跟令郎将来的领导才能比起来，这实在是微不足道的。”售货小姐停了一下，拿出两节崭新的干电池说：“这样好了，这两节电池免费送给您！”说着便把原封的遥控玩具战车，连同两节电池，一起塞进包装用的塑胶袋递给男士。

男士一只手摸进口袋掏钱，另一只手接下玩具问：“不用试一下吗？不会有质量问题吧！”

“您放心，品质绝对保证！明天我们还在这里，如有质量问题，可无条件退款。”售货小姐送上名片说：“我们公司在办展示会，已经交了一笔保证金。”

男士高兴地交了钱，拿着玩具满意而去。

问题：

(1)那位男士为什么满意而去？

(2)推销人员在推销中采用了哪些方法来说服那位男士？

(3)这个案例给了你什么启示？

分析点评

任务一　推销洽谈准备

基础知识

完成本任务所需要的基础知识包括推销洽谈的含义及特点，推销洽谈的目标及主要内容，洽谈过程中应遵循的基本原则和基本程序。

一、推销洽谈的含义及特点

1.推销洽谈的含义

推销洽谈是指推销人员运用各种方式、方法向顾客传递信息，沟通思想，使顾客对商品的兴趣上升到强烈的购买欲望并说服顾客购买推销品的过程。它是一种自愿互利的行为。

2.推销洽谈的特点

(1)推销洽谈是建立在互惠互利基础上进行的沟通和协商；

(2)推销洽谈是有规律可循的经济活动；

(3)推销洽谈是洽谈双方联络感情的过程。

动手动脑

什么是推销洽谈？其有何特点？

二、推销洽谈的目标

推销洽谈的目标既取决于顾客购买活动的一般心理过程，又取决于推销活动的发展过程。因此，我们认为现代推销洽谈的目标在于向顾客传递推销信息，诱发顾客的购买动机，激发顾客的购买欲望，说服顾客，达成交易。

为了实现推销洽谈的目标，推销人员需要完成以下几方面的任务：

1. 说服顾客达成交易

推销员必须向顾客全面介绍推销品的情况以及生产企业的情况，包括品牌、商标、功能、质量、价格、服务、销售量、市场地位等。顾客只有在了解相关信息的前提下，才能做出购买决策。在洽谈之初，推销员要将自己所掌握的有关信息迅速传递给顾客，以帮助顾客尽快认识和了解推销品的特性及其所能带来的利益，增强顾客对推销品以及生产企业的好感，诱发顾客的购买兴趣，为顾客进行购买决策提供信息依据。推销员在向顾客传递信息时必须客观、恰当、实事求是。

2. 准确把握顾客需求

从营销学的角度讲，只要能够发现人们的购买需求和动机，就可以预测和引导人们的购买行为。购买行为是受购买动机支配的，而动机又源于人的基本需要。为此，推销员在洽谈之初就必须找到顾客的心理需要，并投其所好地开展推销洽谈。同时，在推销洽谈中针对顾客的需求展示推销品的功能，满足顾客的需求，只有当顾客真正认识到推销品的功能和利益，感受其所带来的满足感时，才能产生购买动机。

3. 恰当处理顾客的异议

在推销洽谈中，顾客接收到推销员传递的有关推销品的信息后，经过分析会提出一系列看法和意见，这就是我们常说的顾客异议。顾客异议处理不好或不当，就很难说服顾客达成交易。所以，处理顾客异议是推销洽谈的关键任务。

4. 促使顾客做出购买决定

推销员寻找、接近并说服顾客的最终目的是要顾客购买推销品。顾客购买活动的心理过程，历经认识阶段之后，还要经过情绪变化和意志决定这两个发展阶段。在认识明确、动机诱发之后，顾客会产生相应的情绪反应和意志行为，甚至会产生错综复杂的心理冲突。经过一番激烈的内心冲突之后，顾客就会做出购买或不购买的决策。在洽谈过程中，推销员必须准确把握顾客购买决策前的心理冲突，利用各种理智和情感的手段去刺激顾客的购买欲望，引导顾客做出购买决定，促成交易。推销员可以采用各种方式说服顾客，强调顾客购买推销品所能得到的利益，满足顾客的特殊要求，给予顾客一些优惠，提供优质的服务，强化顾客的购买欲望，为顾客最终做出购买决定而努力。

应用实例

成功的推销

某房地产公司的刘迪听说宏达公司的王科长近日有购房的打算，立刻去王科长的家里进行拜访。

“王科长，听说您打算购置一套住宅，不知是真是假？”

“是有这个打算。现在住房太挤，住着一点也不舒服。因此，我想另找住处！”

“我们公司现在有几套房子，正准备出售，不知您有没有兴趣？质量和样式准能让您称心如意！”

之后，刘迪带王科长去了公司房子所在地。他边走边介绍：“这套房子总价才 120 万元，这在市区内已经十分便宜了，您认为怎么样？”

“太贵了，太贵了！”

“您等一下，我再和主管商量商量。”

隔一段时间，刘迪回来对王科长说：“刚才我和主管商量了一下，主管说在另一个地方也有一套类似的房子，周围环境也不差，而价格更适合于您的要求，我们去看看怎样？”

“那去看看吧！”

王科长看了房子以后，感觉不错，便和刘迪签了订购单。

问题：

推销员刘迪在与王科长推销洽谈的过程中实现了哪些目标？

三、推销洽谈的内容

推销洽谈涉及面很广，内容丰富。不同商品的推销，有其不同的洽谈内容，但主要的内容都包括以下几个方面：

1. 商品

关于商品的洽谈内容主要包括商品品质和商品数量两个方面。

商品品质是商品内在质量和外观形态的综合，是顾客购买商品的主要依据之一，也是影响价格的主要因素。所以，商品品质是推销洽谈的主要内容之一，推销员必须全面地向顾客介绍商品的质量、功能和外观特点，让顾客对商品有一个全面的了解。

商品的数量是指按照一定的度量衡来表示的商品的重量、个数、长度、面积、容积等。成交商品数量的多少直接关系到交易规模以及交易价格。在推销洽谈中，买卖双方应协商采用一致的计量单位、计量方法，通常情况下数量与价格是挂钩的。成交数量大时，通常商品的价格都会有一定的优惠。

2. 价格

成交价格的高低直接影响交易双方的经济利益，所以价格是推销洽谈中最重要的内容，也是洽谈中极为敏感的问题。买卖双方能否成交，关键在于价格是否适宜。在洽谈中，买卖双方要考虑与价格相关的成本、付款条件、通货膨胀状况、彼此信任与合作程度等有关因素，商定一个双方都满意的价格。

在商品交易中，货款的支付也是一个关系到双方利益的重要内容。在洽谈中，双方应确定货款结算方式及结算使用的货币、结算的时间等具体事项。

3. 销售服务

销售服务是顾客极为关心的内容之一。所涉及的服务项目主要有：

(1)按时交货，这是顾客的基本要求。推销员能否按时交货，受生产和经营能力、运输能力、供应能力等因素的制约。顾客规定一定的交货时间后，推销员要汇集各种综合因素加以考虑。

(2)送货、运输等方面的服务。

(3)售后维修、养护、保管等方面的服务。

(4)技术指导、操作使用、消费需求等方面的服务。

(5)提供零配件、工具、供应等方面的服务。

在洽谈过程中，推销员和企业应尽量满足顾客的合理要求，以解除顾客的后顾之忧。

4. 保证性条款

保证性条款的主要内容是担保。在商品交易活动中，卖主对售出的商品要承担某种义务，以保证买方的利益，这种卖方的义务和责任称为担保。一项耗时较长，数量、金额较大，风险较大的商品交易，权利方都要求义务方提供担保。为限制卖方售货后不执行担保行为，有必要洽谈保证性条款。

为了预防意外情况和随机因素对合同执行的影响，应就合同的取消条件以及履约和违约等有关权利、义务进行洽谈，并对合同纠纷中引起的诉讼及处理办法进行协商，以免引起不必要的麻烦。

四、推销洽谈的原则

推销洽谈的原则是指推销员具体从事推销洽谈的准则。为了达到推销目的，实现洽谈的目标，推销员可采用灵活多样的方法和技巧说服顾客。但无论推销员采取何种方法，在推销洽谈中都必须遵循以下原则：

1. 针对性原则

针对性原则，是指推销员的推销洽谈必须体现推销目的，具有明确的针对性。也就是说，推销员的推销洽谈必须针对推销环境，针对顾客的购买目的和购买动机，针对顾客的个性心理，针对推销品的特点等，灵活地运用各种推销方式、方法进行有的放矢的产品推销。不同的顾客，由于其性格、能力、兴趣、受教育程度、职业、经济条件以及人生观、价值观的不同，会形成不同的需求。因此，推销员在洽谈中应把握好顾客的思想，弄清顾客需求的实质，根据推销品的特点设计洽谈方案，恰到好处地进行宣传、说服，以引起顾客的关注。

2. 诚实性原则

诚实性原则，是指推销员在推销洽谈过程中切实对顾客负责，真心诚意与顾客进行推销洽谈。这是推销员最基本的行为准则。推销员在推销中失去诚信，就意味着失去顾客，甚至会永远地失去顾客。

诚实性原则包括以下三方面内容：

(1)讲真话,实事求是地向顾客传递推销品的信息,力争取得顾客的信任。

(2)出示真实可靠的身份证明和推销品证明,打消顾客的疑虑,坚定顾客的购买决心。

(3)货真价实,树立良好的推销信誉。

3. 鼓励性原则

鼓励性原则,是指推销员在推销洽谈中用自己的信心、热心和诚心,以自己的丰富知识有效地感染顾客,说服和鼓励顾客采取购买行动。坚持鼓励性原则,要求推销员必须以自己的信心鼓励顾客,以自己的推销热情感染顾客,以自己丰富的知识说服顾客。为此,推销员应以自己对本职工作、对顾客、对推销品的信心和热爱,以丰富的知识,使顾客确认自己的需求,相信推销品及推销员,相信购买推销品会获得满意,最终实施购买行为。

4. 倾听性原则

倾听性原则,是指推销员在推销洽谈过程中,不要只单向传递推销品信息,而是要注意倾听顾客的意见与要求。倾听,会使顾客感到推销员对自己的尊重,没有施加压力;倾听,会使顾客感到推销员在尽心了解自己的各种问题,以便为自己提供真正有效的服务。这样会增强顾客对推销员的信任,有助于有针对性地进行推销洽谈。

5. 参与性原则

参与性原则,是指推销员在推销洽谈过程中,积极地设法引导顾客参与推销洽谈,促进信息的双向沟通。坚持参与性原则,有助于顾客进一步了解推销品的功能、特点,熟悉推销品的使用方法,有利于顾客加深对推销品的印象,诱发顾客的购买动机。因此,它要求推销员掌握推销洽谈的主动权,在控制推销洽谈的局势和发展进程的前提下,充分调动顾客的积极性,引导顾客发表意见,利用请顾客回答问题或试用推销品等方法有效地使顾客参与洽谈,促使顾客做出购买决策。

应用实例

万能推销员为什么失败了?

在美国一家颇具知名度与规模的汽车销售中心,有一位响当当的万能推销员,他以敏锐的观察力与口若悬河、滔滔不绝的极佳表达能力进行汽车销售,所以只要他金口一开,每一位顾客都会心甘情愿地从钱包中掏出“银两”。他自以为,在他的字典中,绝对不会有“办不到”三个字。

一天,汽车销售中心来了一位中年男士,此时,万能推销员立即以超人的观察力与判断力,从中年男士的衣着、谈吐中得出结论,趾高气扬地带着顾客走到他自认绝对能成交的车子前。两人愉快地商谈最后的底价,此时,战无不胜、攻无不克的推销员快乐地在心中庆祝又一场胜利。

就在两人转身走回办公室时,这位中年男士向万能推销员说道:“在我的孩子进入大学念书前,我曾经答应他,只要他能从全美最好的大学顺利毕业,我一定要买一辆汽车送给他,今天我终于兑现当年与儿子定下的承诺。”可是,在推销员转身开门之际,中年男士突然说了一句:“这份交易停止,我回去想想再和您联络。”随即扭头离开,只留下这位万能推销员惊愕地站在办公室门口。他百思不得其解,于是鼓起勇气打电话向中年男士请教交易失败的原因。

起初,中年男士不愿正面回答,但在推销员的苦苦相求之下,他道出了问题的原委:“对于您介绍的车子,我真的非常喜爱,同时我也非常诚恳地想达成这份交易,然而,当我向您说出父亲对儿子成就的喜悦时,您却无动于衷,我实在无法从中感受到这辆车代表的父亲对于子女的关怀、承诺与爱!”

(资料来源:http://bbs.qjy168.com/154313.html,2009-01-04。)

问题:

这位万能推销员在推销洽谈中违背了什么原则?

五、推销洽谈的程序

推销洽谈是一项艺术性、技巧性较强的工作,没有固定不变的模式。随着推销对象、推销环境的变化,每一次推销洽谈都会有不同的特点和要求,推销员应根据具体情况作出具体分析,善于应变,灵活机动地去搞好洽谈。推销洽谈有一个循序渐进的过程,其基本程序一般包括三个阶段:洽谈准备、洽谈导入和正式洽谈。

1. 洽谈准备

“凡事预则立,不预则废。”因此,洽谈前应准备好资料,可以有效地刺激顾客的购买欲望,改善洽谈条件,活跃气氛,促进洽谈深入,提高洽谈的说服力。洽谈资料包括实物资料、文字书面资料、顾客情况的资料以及产品竞争情况的资料等。

2. 洽谈导入

洽谈导入是在洽谈接近成功之后进入正式洽谈之前的过渡阶段。在此阶段,关键是创造一种适宜而和谐的洽谈气氛。只有在和谐的气氛中,才可能开诚布公地交谈。为此推销员应该做到:注重仪表、讲究礼节、讲好开场白。

3. 正式洽谈

洽谈导入以后就转入正式洽谈。在洽谈中,由于受到多种可控和不可控因素的影响,其进程总是变幻莫测的,经常会出现“山重水复疑无路,柳暗花明又一村”的情形,洽谈的结果也很难预测。在这一阶段应注意以下问题:

(1)进一步掌握顾客的基本情况。只有进一步摸清对方的实际情况,才能具体问题具体分析,制定相应的对策。

(2)不断调整原计划的洽谈内容。洽谈应围绕刺激顾客的购买欲望这一目的进行,还要根据洽谈进展的实际情况灵活机动地调整洽谈内容和策略,使洽谈在有利于双方互利合作的基础上进行。

(3)保持和谐的主宾关系。顾客购买商品,不只是购买其使用价值,更希望通过交易获得精神上的愉悦,与卖主成为朋友。因此,在洽谈过程中要始终保持和谐的关系,双方相互信赖,顾客才能产生购买的欲望。

(4)运用语言技巧,强调推销要点。洽谈中的语言应清晰、委婉而雄健,因为清晰可以明示,委婉可以陈词,雄健可以服人。要用好礼貌语言、含蓄语言、自嘲语言、体态语言、辅助语言、寒暄语言、幽默语言,要言而有据,示以互利,有的放矢,不卑不亢,用语适当。推销员要以简洁明快的语言强调商品的特性、优点、用途及使用方法，指出与顾客需求的联系性和一致性，让顾客对推销品有一个全面而又有重点的了解。

(5)洽谈时间要适可而止。时间就是金钱，时间就是效益。洽谈注重实效性，既要注意节约自己的时间，提高工作效率，又要节约顾客的时间，尊重对方的日程安排，提高洽谈效率。

上述推销洽谈程序可称为“三步论”。也有学者将洽谈划分为六步，即“六步论”，其步骤主要包括：导入阶段——概说阶段——明示阶段——交锋阶段——妥协阶段——协议阶段。

六、推销洽谈准备事项

推销员在接近顾客、进行洽谈之前，需要做充分的准备，以便为与顾客接近和洽谈提供必要的依据和支撑。

1. 重新评定顾客

推销员在寻找顾客时需要对顾客进行评价，但那只是做横向比较，选择顾客。洽谈之前对顾客的评价是进行深入的、纵向的比较，具有针对性和具体性。对顾客的重新评定主要从如下几个方面进行：

(1)确定所推销的产品或劳务是否满足顾客的需求；

(2)确定顾客是否存在尚未满足的需求，通过推销说服，让顾客提出他的需求；

(3)确定推销对象是否有购买决策权；

(4)确定顾客有无资金用于该项购买。

2. 收集资料

在推销活动中，要提高推销效率，取得主动，必须对顾客有详尽的了解。这就需要收集准顾客的有关资料。

(1)对个人准顾客应收集的资料

①姓名。推销员在推销活动中要弄清顾客的姓名，这既是对顾客的尊重，又可以增强自己的信心。了解顾客姓名时应注意：首先，了解的姓名一定要准确；其次，在询问时应注意语言的运用。

②年龄。了解年龄，有助于推销员了解和预测该顾客的需要等。这里要求做到：首先，为了推销接近时进行感情联络，了解的顾客年龄应尽量准确；其次，对年长的顾客要高估其年龄，对女士要低估其年龄，但不可太过夸张。

③学历。了解准顾客的受教育程度，可使推销员了解其兴趣、爱好等。

④家庭情况。了解顾客的家庭情况时，一定要注意不过多了解其家庭隐私。

⑤消费需求。了解顾客的需求，应注意顾客需求资料的积累，同时注意进行顾客需求分析。

⑥籍贯。不同地域或籍贯的人有着不同的性格特征，一般情况下，北方人开朗、直爽、粗犷，南方人含蓄、柔弱、细心。了解顾客籍贯有助于推销员根据其特征有针对性地开展推销。

⑦性格癖好。了解顾客的性格癖好有助于推销员采取相应的策略，可多谈论顾客爱好和感兴趣的话题。

(2)对团体准顾客应收集的资料。由于团体准顾客的购买往往是大宗购买，对团体准顾客的资料的收集应尽量详尽，这样才能在洽谈过程中自如地控制主动权，争取推销的成功。

①企业基本情况。包括企业名称、性质、规模以及内部人事关系等。

②经营状况。包括企业生产、技术、销售各方面的情况,以及产品的质量、价格、生产量和工艺,使用的机器设备,耗用原材料的数量及价格、季节性变化等。

③采购惯例。包括采购的方法、时间、数量,原材料供应厂商、关系远近、满意程度,以及采购的可能性、收益性等。

应用实例

麦凯的销售之道

有一次,麦凯了解到一个客户的孩子喜欢迈克尔·乔丹,于是他买了一个篮球,并请乔丹签名。当他把乔丹签名的篮球送给客户孩子的时候,客户非常兴奋。这位客户觉得麦凯非常用心,不仅成为他的黄金客户,而且不断地告诉周围的朋友:“只要有任何生意,一定要跟麦凯合作,因为他的服务是一流的!”

问题:

这位客户为什么会成为麦凯的黄金客户?

3.理由的准备

推销员在推销商品时,特别是洽谈时,要提一些顾客感兴趣的问题,以引起顾客的兴趣。这种能让顾客感兴趣的问题实际上就是推销员为顾客准备的让其购买的理由。在陈述理由时,必须非常充分,能有效激起顾客的购买欲望。顾客购买理由来源于商品的“卖点”(性能、功效、规格、花色、风格、特征等)。推销员应对自己推销的商品了如指掌;同时,还要注意将产品的“卖点”与顾客的兴趣、爱好有机地结合起来。

4.议程的准备

设计议程是洽谈的重要环节,在现代推销洽谈中起着举足轻重的作用,有时甚至是决定性的作用。推销员可参考以下问题,寻找答案,拟出满意的洽谈议程:

(1)采取什么样的方式使顾客尽快进入洽谈正题?

(2)在洽谈中,提出哪些有刺激性的问题,使顾客透露出他的需求和购买计划?

(3)准备在什么时机与顾客谈及价格问题?谈及价格问题的原则是什么(底价是多少)?

(4)强调产品的哪些特性会使顾客认识到产品是他急切需要的?

(5)如果遇到反对意见,如何解决?如何转换话题?

(6)洽谈中有没有敏感的、有争议的问题?

(7)如何促使顾客采取购买行动?

(8)在顾客提出要求后,能否让步?如何让步?

5.仪表的准备

仪表是人的外表,它包括容貌、服饰、姿态和举止等,是人的心理状况的外在表现。人与人交往,外表特别是第一印象往往会给人留下很深的心理感受,对相互关系的建立和发展产生很大的影响。推销员的仪表如何,同样影响到顾客对其生活情调、思想修养、道德品质以及工作作风等方面的不同评判，从而直接或间接地影响业务洽谈的进行。在实际推销之前，推销员进行仪表的准备是必不可少的。总的来说，仪表应该庄重、大方、整洁，表情要自若，笑容满面，信心十足，干净利落。

6. 精神准备

在推销活动中，被顾客拒之门外、吃闭门羹是经常性的，推销员必须要有充分的精神准备。推销员要善于克服畏难情绪，消除逃避心理，树立自信心；要有坚强的推销意志、旺盛的精力，以不灰心、不气馁的心理状态去与顾客洽谈。只有这样，在遇到推销障碍时，才会大胆、沉着应战。

任务二　掌握推销洽谈的方法和技巧

基础知识

完成本任务所需的基础知识包括推销洽谈的方法、策略与技巧。

一、推销洽谈的方法

在实际推销活动中，推销员要面对的顾客各种各样、形形色色。推销员使用的推销方法、方式要因人而异，不能千篇一律，才能实现推销的成功。因此，推销员在推销洽谈前，要认真准备有关推销洽谈的各种资料和知识，针对不同的顾客，拟订具体的推销洽谈计划，制订解决顾客异议的方案。推销洽谈的方法有多种，概括起来主要有提示洽谈法、演示洽谈法、体验试用法三大类。

（一）提示洽谈法

提示洽谈法是指推销人员在洽谈过程中，通过言语和行动，提示顾客产生购买动机，促使其做出购买决策、产生购买行为的推销洽谈方法。提示洽谈法主要分为以下几种：

1. 直接提示法

直接提示法是指推销员开门见山，直接劝说顾客购买其所推销的产品。这是一种被广泛运用的推销洽谈提示方法。这种方法的特征是推销员接近顾客后立即向顾客介绍产品，陈述产品的优点与特征，然后建议顾客购买。这种方法能节省时间，加快洽谈速度，符合现代人的生活节奏，所以很具优越性。在具体运用中应该注意：一是要抓住重点；二是要凸显产品的优点和特征，尽快使顾客接受；三是提示的内容要符合顾客的个性，例如，对于追求“新”“美”的顾客，就不能直接提示款式已经过时的产品。

2. 间接提示法

间接提示法是指推销员运用间接的方法劝说顾客购买产品，而不是直接向顾客进行提示。使用间接提示法的好处在于可以避免提及一些不方便直接提出的动机与原因，因而可以使顾客感到轻松、合理，从而容易接受推销员的购买建议。

应用实例

间接提示法的魅力

一位推销成套设备的推销员指着某商报上的一篇关于一些企业进行设备更新的新闻报道对顾客说:“你听说了吗?一个企业购买了这种产品之后,取得了很好的效益,其他一些企业都在考虑购买呢!连报纸都刊登了,看来不买是有点赶不上形势了。”

问题:

间接提示法有什么优点?

3. 动意提示法

动意提示法是推销员建议顾客立即采取购买行动的洽谈方法。当一种观念、一种想法与动机在顾客头脑中产生并存在的时候,顾客往往会产生一种行为的冲动。这时,推销员如果能够及时地提示顾客实施购买行动,效果往往不错。例如,当一个顾客觉得某种产品不错时,推销员应及时提示顾客:“这种款式很好卖,这是剩下的最后一件了。”只要提示得及时合理,效果一般不错。

4. 明星提示法

明星提示法是推销员借助一些有名望的人来说服、动员顾客购买产品的方法。明星提示法迎合了人们求名的情感购买动机。另外,由于明星提示法充分利用了一些名人、名家、名厂等的声望,可以消除顾客的疑虑,使推销员和推销产品在顾客的心目中产生明星效应,有力地影响了顾客的态度,推销效果比较理想。

5. 逻辑提示法

逻辑提示法是指推销员利用逻辑推理劝说顾客购买的方法。它通过逻辑的力量,促使顾客进行理智思考,从而明确购买的利益与好处,并最终做出理智的购买抉择。逻辑提示法符合购买者的理智购买动机。

在运用逻辑提示法时应注意以下几点:

(1)逻辑提示法的适用顾客必须具有较强的理智购买动机。

(2)针对顾客的生活与购买原则,推销员应尽最大可能分析了解顾客的个性倾向、人生哲学;了解顾客思考问题的方法、模式与标准;明确顾客具体的购买动机与购买逻辑,从而说服顾客购买。

(3)做到以理服人。

6. 积极提示法

积极提示法是推销员用积极的语言或其他积极方式劝说顾客购买所推销产品的方法。积极的语言与积极的方式,可以理解为会产生正向效应的肯定或正面的提示、热情或赞美的语言。

在运用积极提示法时应注意以下几点:

(1)可以用提示的方式引起顾客注意,先与顾客一起讨论,再给予正面的、肯定的答复。

(2)坚持正面提示,绝对不用反面的、消极的语言。

(3)所用的语言与词句都应是实事求是的,是可以证实的。

应用实例

积极提示法的妙用

小李是一家大游览巴士的销售代表,专门提供游览巴士和个人接送的服务。小李与王夫人——一位准新娘的母亲在洽谈生意,她考虑使用小李公司的巴士接送参加婚礼的外地宾客。

小李的前期工作做得很好,可王夫人还是拿不定主意,总是能提出这样或那样的反对意见来。

夫人:"我不知道怎么回事,就是下不了决心。"

小李:"这的确很难做决定。让我来帮您吧!"

小李从公文包内拿出一张纸,一面写上"正面"的考虑,另一面则写上"反面"的考虑。

小李:"我们把赞成和反对的理由写下来,应该有助于做决定吧。"

夫人(点头):"嗯,很好。"

小李:"好,就这样。合约上规定,我们为您接送参加婚礼的客人。在这种喜庆的场合,多喝几杯很正常,不过您不希望有人酒后驾车吧?"

夫人:"对。"

小李:"很好。"

小李将这些安全的考虑及其他相关事项全部写在"正面"的那一面。

小李:"您看,上面我们谈到了有关正面的考虑。现在您可以告诉我,反对的理由是什么?"

到此,小李已经帮客户找出这项服务的优点。当然,小李的客户可能会说:"我实在找不出什么反对的理由。"此时小李就不应该再犹豫,准备成交吧!

问题:

积极提示法有何优点?

7. 消极提示法

消极提示法是指推销员不是用正面的、积极的提示说服顾客,而是用消极、不愉快甚至反面的语言及方法劝说顾客购买产品的方法。

消极提示法比较难以驾驭和把握,实施时应注意:

(1)明确适用对象。消极提示法只适用于自尊心强、自高自大、有缺陷但不愿让人揭短、反应敏感、爱唱反调的顾客。

(2)刺激要适度。语言的运用要特别小心,做到揭短而不冒犯顾客,刺激而不得罪顾客,打破顾客心理平衡但又不令其恼怒。

(3)提示要针对顾客的主要购买动机。推销员应在反面提示后,立即提供一个令顾客满意的解决方案,以推销员的坦率、善意与服务精神打动顾客,形成良好的洽谈氛围,将洽谈引向交易。

8. 联想提示法

联想提示法是指推销员通过向顾客提示或描述与推销有关的情景,使顾客产生某种联想,进而刺激顾客产生购买欲望的洽谈方法。运用联想提示法时要注意:推销员的举止、表情要有助于引导顾客产生联想;同时,提示的语言要有感染力,并且真实、贴切、可信。

应用实例

随机应变的推销

一家意大利在沪独资企业的意籍华人副总经理张先生来到某汽车销售的展厅,碰到汽车销售人员小陈及销售主管曹先生。小陈先迎上前去。

陈:先生,您需要什么品牌的车?

张:就桑塔纳吧。唉,这儿怎么不见桑塔纳2000啊?

陈:噢,不好意思,那款车刚卖完。不过明天就有货了。

张:唉,真不巧,那我只有去别家看看了。

此时,在一旁的曹主管走过来,小陈把他介绍给客户。简短的寒暄后,曹主管得知顾客是为新开张的外商独资企业买自己的"坐骑"。

曹:噢,这么说来,张总也在为浦东开发作贡献啊!

张:浦东变化真是快啊! 三年前我移民出去,现在大部分地区都认不出来了。

曹:您是上海老乡啊! 您真是不简单,您这个层次的职位真让人羡慕啊。唉,侬外国的老板大吗?

张:大,全欧洲都知道这家公司。

曹:噢,是大老板、大公司啊,那么办事的派头也大喽。

张:大的。外国人做生意都讲信用、讲派头——office要定在高级写字楼,而且要在市区繁华地段。员工出差也要住四星级以上的宾馆……

曹:张总,这么看来,买桑塔纳好像不是很妥当了,买辆进口奥迪是最起码的。

张:我不能乱花老板的钱。

曹:张总,2000型的桑塔纳是经济实惠的车型,可由您开,好像就不够档次了。老总有老总的派头,外国搞市场经济讲信用、讲派头,这里也一样的。再说了,老板来视察,说不定会责怪您呢!

张:这(犹豫地)……话说得有理——名车豪宅本身就是一种信用。那我先跟老板请示一下,看老板是否同意。

……

果然,张总增加了自己的预算,购买了一辆进口奥迪。

问题:

(1)汽车销售主管在推销中采用了哪些提示法说服张总?

(2)如果你遇到了这种情况,你会怎么处理?

(3)这个案例给了你什么启示?

(二)演示洽谈法

演示洽谈法是指推销员运用非语言的形式,通过实际操作推销品或辅助物品,让顾客通过视觉、听觉、味觉、嗅觉和触觉直接感受推销品信息,最终促使顾客购买推销品的洽谈方法。主要有以下几种:

1. 产品演示法

产品演示法是指推销员通过直接演示推销品来劝说顾客购买推销品的洽谈方法。以推销品本身作为比较有效的刺激物进行演示,既可展示商品的外观、结构,又可演示其性能、效果、使用方法、维修保养等。这样可以使顾客对产品有直观的了解,产生强烈的印象。推销员用事实证明推销品的功能真实可信,这些信息是语言提示法所无法表述的。

2. 文字图片演示法

文字图片演示法是指推销员通过展示有关推销品的文字、图片资料来劝说顾客购买的洽谈方法。在不能或不便直接展示或用语言难以说明产品的情况下,推销员通过向顾客展示推销品的文字、图片、图表、音像等资料,能更加生动、形象、真实可靠地向顾客介绍产品。比如一些产品的工作原理、统计数据、价目表等,通过文字、图片可以做到动静结合,图文并茂,收到良好的推销效果。

3. 音响影视演示法

音响影视演示法是指推销员利用录音、录像、光盘等现代工具进行演示,来劝说顾客购买推销品的洽谈方法。这种方法具有很强的说服力和感染力,是一种非常有效的演示方法,可以使顾客有身临其境的感觉,例如旅行社推出的旅游线路电视介绍短片、企业制作的产品生产流程片等。同时,这种方法还有利于消除顾客异议,提高推销的成功率。

4. 证明演示法

证明演示法是指推销员通过演示有关的证明资料或进行破坏性的表演,来劝说顾客购买推销品的洽谈方法。这是现代推销洽谈经常用到的方法。推销洽谈既是向顾客传递信息的过程,又是说服顾客采取购买行动的过程。所以,成功的关键在于取信于顾客。为了有效地说服顾客,推销员必须拿出推销证据来,如生产许可证、质量鉴定书、营业执照、推销证明等相关证据。有时,推销员也可以通过破坏性、戏剧性的表演来证明推销品,说服顾客。例如:消防用品的推销员推销防火衣时,将推销品放入一个铁桶,再向铁桶中倒入汽油并点上火,让其自由燃烧,火熄灭后,把防火衣拿出来展示,以产品的完好无损来证明该防火衣的质量很好。

(三)体验试用法

产品本身就是一位沉默的推销员,是一个最准确可靠的购买信息源,是一种最有效的刺激物,可以制造一种真实可信的推销情景。无论是对于工业用户还是个体用户,都可以采用体验试用法。对于工业用户,可以组织其到生产企业所在地参观考察并试用产品;对于个体用户,可以派发试用装的产品,鼓励试用是较好的推销洽谈方法之一。

例如,“吉列锋速三剃须刀”曾在上海交通大学和复旦大学两所校园内派送试用品,消费者只需要在吉列网站输入手机号码,就可以免费获得一个试用代码,凭借该代码和学生证可以在校园内指定的地点获取试用的剃须刀。两周后,只需用手机拍下一张自己试用锋速三剃须刀的照片,凭该手机照片和学生证便可获得一瓶吉列剃须泡沫。

二、推销洽谈的策略

推销洽谈,作为推销活动的中心内容,自然需要讲究策略。策略是洽谈成功的重要因素。然而,任何策略都不可能让推销员在所有洽谈中"一计制胜",还需推销员在洽谈中灵活运用。

(一)原则性洽谈策略

原则性洽谈策略是由美国哈佛大学的罗杰·费希尔与威廉·尤端创立的。原则性洽谈策略是建议洽谈双方各得其所的协议方案,当双方利益发生冲突时,坚持用公平客观的标准做决定,而不是进行力量的较量。原则性洽谈的要点与方法被称为现代推销洽谈的新观念。

1. 原则性洽谈策略的含义

原则性洽谈策略也称问题解决式洽谈策略,这种洽谈策略认为,在推销员与洽谈对手之间存在着谋求各自利益与长期合作的问题,这些问题总是需要经过洽谈双方的努力才能解决,问题解决的结果是洽谈双方能得到各自所需要的利益,能长期维持愉快的合作关系。

2. 原则性洽谈策略的特点

原则性洽谈策略体现了现代推销学的核心概念与原则,几乎是一种无往不胜的洽谈策略。在推销洽谈中运用这一策略时,推销员必须有解决问题的心态和修养,具备解决各类问题的知识和能力,并在推销洽谈中作出巨大努力。一般来说,原则性洽谈策略适用于一切经济谈判,尤其适用于推销洽谈。通过问题的解决,使洽谈双方双赢。

(二)合作式洽谈策略(互利型策略)

合作式洽谈策略是一种令双方都感到公平合理,强调诚意与合作的洽谈策略。其要点如下:

(1)选择可行性洽谈方案。通过对洽谈对手信息的掌握与资料的收集,了解对方的需求及其特点,在此基础上拟定尽量使双方都满意的洽谈方案。

(2)充分表示洽谈的诚意与合作的愿望。推销洽谈转入洽谈正题后,推销员要充分表示洽谈的诚意与寻求长期合作的愿望,把洽谈的重点放在利益上,尽量避免一切无谓的争吵与干扰,紧扣"利益"主题,把洽谈引导到寻求共同利益及探讨选择合作方式的方案上来。

(3)求同存异,达成协议。在整个洽谈过程中,应始终注意探测对方的需求,了解对方采取合作态度的条件与愿望,通过提示、暗示、演示、说明、证实等方法技巧,让对方了解己方的愿望与利益,并在双方利益的满足与协商过程中寻求共同的利益,从而达到在更多方面的相互理解,求得最大限度的认同,以最终达成协议。

(4)坚持使用客观标准。推销洽谈中有争执与矛盾是常有的事,例如洽谈中要涉及推销品的质量标准、质量检验方法、索赔金额等。推销员既不能通过牺牲自己的利益来达成协议,又不可能让对方受损失而维持长期的购销关系。所以必须使用双方都认可的公平客观的标准。有了公平的、公认的客观标准,洽谈的结果才会使洽谈双方都成为赢家。

(三)胜负式洽谈策略

胜负式洽谈策略表现为:在洽谈中,始终采取高压式的极端行为,要么令对方屈服于压力而满足己方需求，要么激怒对方令谈判破裂。

1. 胜负式洽谈策略的特点

(1)洽谈开始时的极端行为。推销员在洽谈开始时，往往采用傲慢的态度，采用使购买者没有选择余地的开局、无任何说明理由的高报价，并告诉对方有人愿意出更高的价格购买推销品等。

(2)洽谈过程采取粗暴的行为并提出无理要求。

(3)通过情绪发泄与表达，给对方造成心理压力。例如：大胆地提出意见，动作幅度大，提出抗议后愤而离去；把对方的让步看成软弱可欺，一再穷追猛逼等。

(4)无限期地拖延谈判。

2. 胜负式洽谈策略的转化

在推销洽谈中，若洽谈对手采用了胜负式策略，推销员一般不宜采取针锋相对的行为，那只会“一拍而散”。推销洽谈从来没有以对抗取胜的。此时，一方面，推销员不应该采取胜负式洽谈策略；另一方面，应该掌握使胜负式洽谈转化为合作式洽谈的方法。具体有：

(1)以柔制刚。例如：明确指出对方所用的策略无用，是在演戏、在吓人，但表示可以理解和宽容；把对方的注意力引导到原来的洽谈议程上来，指出对方采取的措施无非是想在某些方面获得利益，这些利益应通过双方的讨论与协商才能满足，应进行实质性讨论而不是情绪性讨论。

(2)充分利用沉默。俗话说：“沉默是金。”当对方不理睬你的关于实质性问题的讨论时，当对方提出一个极端不合理的要求时，或当对方对你进行毫无道理的抨击时……推销员完全可以运用最好的武器——沉默。它表明了推销员的素质、修养与真诚。

(3)把人与问题分开。不谈人的问题，而就实质性问题进行讨论，或请第三者提出双方都可以接受的方案。

(4)如对方属于蓄意欺骗，应坚持客观标准，尽快结束洽谈，寻求法律保护。

(四)利己型洽谈策略

利己型洽谈策略有多种，主要有以下几种：

1. 声东击西策略

声东击西策略指推销员为达到某种目的，故作声势地将洽谈的议题引导到某些并非重要的问题上去，以给对方造成错觉。使用此策略的一个目的，往往是掩盖真实的企图。之所以要掩盖真实的动机，是怕真实的动机一旦暴露，就很难实现目标。只有在对手毫无准备的情况下，才容易实现目标。声东击西的策略是要达到乘虚而入的目的。

声东击西策略具有很强的迷惑性。假的目标、假的行动是为了迷惑对方、试探对方，到时机成熟的时候，或者对方难以改变局面的时候，才显示真实的目的。如果情况有变，假的目标有可能变成真的目的。

2. 先苦后甜策略

先苦后甜策略是指推销员在洽谈之初给对方提出较为苛刻的条件，待时机成熟后进行意想不到的让步，使对方心理上得到满足的策略。

在运用先苦后甜策略时，提出的要求不能过于苛刻，与通行的惯例和做法相距不能太远，否则会使顾客觉得缺乏诚意，中断或退出洽谈。另外，所提出的要求，应尽量集中在顾客信息和资料掌握较少或双方都难以用客观标准检验、证明的某些方面。否则，顾客很容易识破推销员的战术,采取应对的措施。

3. 疲劳战术策略

在推销洽谈过程中,如遇对手过于自信,可利用疲劳战术策略使之就范。

疲劳战术策略的运用,旨在挫伤对方的锐气,以柔克刚。使用之前必须认真识别对方的特点。若对方说话嗓门很高、态度傲慢,可判断对方属于趾高气扬、锋芒毕露的人,可以实施疲劳战术策略。使用时应注意节奏的控制,先回避、迂回周旋,或提出对方难以接受的条件与之对抗;接下来通过拉锯战消磨对方锐气,让其感到疲惫不安;等对方精疲力竭之时,反守为攻。反守为攻时切忌盛气凌人,避免对方产生对立情绪而导致洽谈的破裂。

4. 价格陷阱策略

价格陷阱策略是指在洽谈过程中,利用市场价格预期上涨的趋势,诱使对方看重价格而放弃其他条款的洽谈,顺利签订交易合同的策略。

价格陷阱策略对卖方有利,因为买方在签订合同时,往往受"现在不签合同会吃亏"心理的影响,而没有仔细考虑包括价格在内的各项重要条款;由于仓促,许多其他重要问题会被买方忽视。

5. 先发制人策略

先发制人策略是指预料到顾客有可能提出反对意见,抢在前面有针对性地提出问题并作出阐述,发动攻势,有效解答对方疑虑,排除成交的潜在障碍。

先发制人策略适用的条件为:一是对顾客的言行要有准确充分的判断和估计;二是自己要掌握充分的理由;三是要善于选择和灵活运用发动攻势的最佳方式;四是要及时把握机会,抢得"先言"的优势。

6. 扬长避短策略

扬长避短策略是指介绍产品的优点,让对方看清楚产品所能带给准顾客的好处,而对不重要的不足巧妙地进行掩饰,以促进产品交易。

扬长很容易,而如何巧妙地避短是关键。避短时要注意:一是和对方谈判前,首先要对自己的产品和其他竞争产品的优缺点了如指掌,并对买方可能挑剔的问题制定详细的应对策略;二是让企业内部人员对产品进行全面检查,挑出产品可能存在的问题,找出其产生的根源,然后正确区分哪些是确实存在的,哪些并非关键性的缺陷,在推销时可不主动提及这些非关键性缺陷;三是如果产品的明显缺陷已暴露,卖方应顺其自然地同意客户的意见,同时强调产品在其他方面的优点,如价格低廉和实用价值等,客户也许会放弃对缺陷的挑剔,因企业的真诚负责态度而同意成交。

三、推销洽谈的技巧

推销洽谈是一项艺术性、技巧性较强的工作,没有固定不变的模式,推销员应根据具体情况作出具体分析,灵活机动地进行洽谈。在推销洽谈过程中,有些基本的技巧将贯穿洽谈过程的始终,例如,提问与应答、陈述与说明的技巧等。下面就洽谈中的基本技巧进行介绍。

(一)营造和谐的洽谈气氛

营造和谐的气氛,能为正式洽谈奠定良好的合作基础,为洽谈铺平道路。双方洽谈人员只有在和谐的气氛中,才能开诚布公地交谈。为使整个洽谈过程建立并保持和谐的洽谈气氛,推销员应注意以下要点:

1. 注重仪表、讲究礼节

整洁美观的仪表易使顾客产生好感，给顾客留下良好的第一印象。穿着应与自己的身份一致，与洽谈的环境一致，与顾客的爱好情趣一致，顺应社会风尚，力求给人整洁清爽、风度优雅的感觉，从外表上取得顾客的认同。推销员的工作既然是与人打交道，就要懂得人际交往的礼节，大方得体的礼节会使对方感到可亲、可敬、可信，有助于拉近彼此间的距离。为此，推销员一方面要遵守一般的社交礼节，另一方面还要保持言行的不卑不亢，并讲究体态和风度。

2. 寻找共同点

共同点是拉近洽谈双方的距离、消除陌生感和戒备心理的基础。共同点越多，洽谈气氛会越轻松和谐。因此，推销员在洽谈过程中要善于寻找和发现双方的共同点。共同点可以与推销品有关，也可以与推销品无关。与推销品有关的共同点如对顾客某些评价标准的赞赏与认可，与推销品无关的共同点如双方共同的经历、共同的爱好等。

3. 讨论顾客需要

建立和谐气氛的最好方法是对顾客的问题、需要和愿望给予充分关注，并适时、恰当地进行协商，使顾客相信推销员理解他的需要和愿望，推销员将努力解决他所面临的问题。这样做可一举两得：节省时间、建立和谐气氛，切合推销主题。

（二）洽谈中倾听的技巧

在推销洽谈中，倾听和讲话一样具有说服力。美国谈判和推销专家麦科马克认为，如果想给对方一个丝毫无损的让步，只要倾听他说话就行了，倾听是最省钱的让步方式。在推销洽谈中，倾听能够帮助推销员捕捉顾客需求，探索顾客的真实意图，有助于给顾客留下良好的印象。

在推销洽谈中倾听对方讲话并非人们想象的那么简单，推销员必须掌握以下几条倾听技巧：

1. 心胸要开阔

在推销洽谈中，推销员听取对方的发言时，不要为自己的好恶所左右，也不要先入为主地听，而是要有重点地听。只有这样，才能正确理解顾客讲话所传递的信息，准确把握讲话的中心，认真听取、接受顾客的反对意见。

2. 要全神贯注、集中注意力

倾听顾客讲话，必须集中注意力，同时还要开动脑筋，进行分析思考。只有认真倾听顾客讲话，善于控制自己的注意力，克服各种干扰，才能始终保持自己的思维跟上顾客的思路。

3. 约束自己的言行

倾听时，推销员不宜轻易插话，也不要自作聪明地妄加评论。这不仅会影响自己倾听，而且会影响对方对你的印象。因此，推销员在洽谈时，要学会倾听，善于倾听，并创造倾听的机会。

（三）洽谈中阐述的技巧

推销洽谈是交流信息、讨论磋商的口头交际活动，它要求任何一方都要准确地表达自己的观点和见解。推销员在做产品陈述时要注意以下几点：

1. 信息传递的准确无误

推销洽谈有别于一般性的谈话、聊天,它具有相对严肃性,包括三个方面:①观点、见解的表达要准确无误,既要恰如其分、完整严谨,又要一语中的、切中要害;②事实、数字及其他各种信息的陈述要真实可靠,要经得起推敲,受得住验证;③语言的运用要简明易懂,力求规范,切忌故弄玄虚,滥用生僻的专业术语,或编造似是而非、模棱两可的句子。

2. 紧扣主题

推销洽谈特别讲究时间效率,因此,阐述的语言要简洁明了,紧扣洽谈的主题,切忌拐弯抹角,东拉西扯,随便发表与洽谈主题无关的意见,以免使对方产生反感情绪,影响洽谈气氛。但是,在某些特殊情况下,洽谈者为了等待新的谈判资料,或者应对洽谈中出现的意外事件,也可能采用“东拉西扯”的拖延策略,这往往是不得已而为之。

3. 掌握分寸

谈判者在谈判时,应三思而后言,在措辞上审慎持重,尽可能避免使用诸如“绝对”“绝不”“完全”等绝对化、过分偏激的语词,以免由于失实、偏颇而使自己陷于被动,使对方产生不信任感,影响洽谈的气氛乃至整个洽谈的进程和结果。

4. 讲究策略

推销洽谈中的激烈争辩不是目的,而只是为求得公平互惠、利益均沾而据理力争的一种手段。洽谈者在阐述中运用的语言策略不同,其效果也会截然不同。因此,洽谈者要讲究语言运用的策略,始终保持冷静的头脑和心平气和的态度,既要避免使自己陷于被动,又要避免伤害对方的感情,以防止洽谈气氛的恶化。如果双方在某一问题上几经峰回路转仍不能达成共识,应暂且搁置,不宜穷追不舍。

(四)洽谈中提问的技巧

提问也是推销洽谈的重要内容,边听边问既可以引起顾客的注意,为顾客的思考提供既定的方向,又可以获得自己不知道的信息,还可以控制洽谈的方向,使话题向推销员希望的方向发展。但洽谈中提出什么问题、怎样提问题、何时提出问题要讲究技巧。

1. 选择合适的提问方式

(1)开放性提问。如果没有特定的需要,可以采取这种开放性的发问方式获取信息、资料,其特点是没有特定的范围、条件的限制,对方可以根据自己的所知或理解作相应的答复。比如:“贵公司对敝厂产品有什么看法?”

(2)选择性提问。若己方有某些特定的需要,希望对方在表态时作适当的考虑或让步,可选用此种方式。比如:“贵方愿意支付现金、享受优惠价格,还是乐于按现有价格成交、实行分期付款?”

(3)直接性提问,又叫是非性提问。其特点是具有特定的范围限制,要求对方在此范围之内作出明确的答复(肯定或否定),具有一定的可控性。一般用于己方的某些观点或方案需对方明确表态之时。比如:“贵公司对这种商品的款式有没有兴趣?”

(4)诱导性提问。若己方想要增强自己观点的合理性,或催使对方对己方观点表示认同,常常选用此种方式。这种提问方式的特点是发问本身已隐含了己方的观点,且所暗含的判断常常是毋庸置疑的常理,具有很强的可控性,对方除了表示同意之外往往别无选择。比如:“我方已做了如此大的让步,贵公司该满意了吧?”

(5)延伸性提问。若己方的意图在于获得更多的信息,巩固并扩大洽谈所取得的成果,可选择这种提问方式。比如:“贵公司既已表示我方承销三千吨可按定价的八折批货,那么如果我方承销五千吨呢？是否可以按更大的折扣批货？"

(6)核实性提问。在洽谈过程中，一旦对方开出了有利于己方的条件或提出了有利于己方的观点，为防止对方中途变卦，将开出的条件或提出的观点收回，可及时采用这种提问方式，迫使对方证实其原先开出的条件或提出的观点有效。比如："您刚才说这宗交易可以提前交货，这是不是说可以在九月底以前交货？"

2. 选择合适的提问时机

在推销洽谈中，同样一个提问，由于提出的时间不同，洽谈的气氛不同，对方的心境不同，往往会产生不同的乃至截然相反的效果，以致事与愿违。因此，发问时机的选择，在推销洽谈中很有讲究。这就要求洽谈者在提问时能纵观现场的气氛，审时度势，抓准时机。例如在对方踌躇满志之时，往往易于松开"口子"，满足提出的条件，这时就是提问的最佳时机。

3. 要精思巧问

推销洽谈如棋场对弈，棋局往往变幻莫测。这就要求双方能随机应变，冷静思考，精思而出巧问。比如，在商务洽谈中，为了求得对方的赞同，不妨仿效"猪吃老虎"之术，以"内精外傻"的方式提出一些大智若愚的问题，不仅可以麻痹对手，甚至可使对手在一种优越感的冲击下轻易让步，接受己方的要求。如果对方企图或正在回避你所提出的问题，应有勇气继续发问，以观察对方的反应。如果对方回答不完整，"顾左右而言他"，应耐心而和缓地追问，使对方除了表示赞同，别无选择。

4. 注意提问的连贯性

洽谈者在提问时，特别要注意前后的连贯性，应尽量根据对前一个问题的答复提出新问题。提问时的语速要适中，速度太快容易使对方产生受审的不愉快的感觉，影响洽谈的气氛；语速太慢，则又容易给人以反应迟钝的印象，冲淡对方的兴趣。商务洽谈是一种互惠的合作过程，特别讲究友好和谐的洽谈气氛。因此，洽谈者在提问时语气要和缓、友好，切忌使用威胁讽刺的语气。

(五)洽谈中回答的技巧

在推销洽谈中要回答顾客的问题，也不是一件容易的事。推销员对自己回答的每一句话都要负责任，因为这些答会被顾客理所当然地认为是一种承诺。因此，推销员在回答顾客提问时要掌握一定的技巧。

(1)要婉转地回答所提的问题。推销员要将顾客的问话范围缩小，或者对回答的前提加以说明。比如顾客对某种商品的价格表示关心，直接询问这种商品的价格时，如果推销员把价格和盘托出，那么在进一步的洽谈过程中，推销员一方可能就比较被动了。倘若这样回答："我相信我们产品的价格会令你们满意的，请先让我把这种产品的性能说一下好吗？我相信你们会对这种产品感兴趣的……"就明显地避开了顾客对价格的关注。

(2)回答要留有余地。推销员回答顾客的问题，要给自己留有一定的余地，在回答时，不宜过早暴露自己的实力。通常，可先说明类似的情况，再拉回正题，或者利用反问把重点转移。

(3)减少顾客追问的兴致和机会。顾客如发现推销员的漏洞，往往会刨根问底地追问下去。所以，回答问题时要特别注意不让对方抓住某一点继续发问。有时借口问题无法回答也是一种回避问题的办法。

(4)三思而答。推销员回答问题必须谨慎，要进行认真的思考，使顾客获得满意的答复。

(5)不轻易作答。推销员回答问题,应该具有针对性,有的放矢,认真思考问题的真正含义。忌随意作答,使自己处于被动的不利地位。

(六)洽谈中说服的技巧

在推销洽谈中,双方肯定会对产品交易条件进行讨价还价,甚至会出现推销员与顾客双方相互不肯让步、各抒己见的僵持局面,使洽谈无法进行下去,这时就要进行说服工作。要使说服工作有效,推销员应该把握以下几个关键问题:

情景案例

(1)寻找共同点。推销员在赢得顾客信任的前提下,首先应强调双方的共同利益,尽量避免一开始就谈论双方容易产生分歧的问题,求同存异,最大限度地寻求共同点。

(2)解除顾客的后顾之忧。如果发现顾客对产品的某些方面有些疑虑,推销员应该用一种委婉的方式化解。例如,"我觉得您的担心是有理由的"、"您担心我们的价钱太高"、"您担心我们不能及时送货"等。同时尽量向顾客作出肯定的答复。

(3)要善于打破僵局。在推销洽谈过程中,出现僵局是不可避免的事情。通常打破僵局的办法有:一是扩展洽谈领域,例如,当在价格上争执不下时,可以在付款方式、交货期限、售后服务等方面适当让步;二是暂时中止洽谈,并更换推销员参与洽谈;三是在企业政策允许的范围内直接让步。

工作任务

推销洽谈

工作任务提示:

本工作任务将帮助学生掌握进行推销洽谈前的各项准备工作,熟悉推销洽谈的各种方法和技巧,并能够灵活运用这些洽谈方法和技巧。

工作任务内容:

第一,推销团队制订推销洽谈计划,包括洽谈的目标、洽谈的过程以及涉及的内容、策略的制订等。

第二,以2～3人为一组根据洽谈计划进行产品的推销洽谈活动。

工作任务要求:

第一,团队分工协作完成;

第二,进行推销洽谈效果评价;

第三,总结在推销洽谈活动中运用的洽谈方法和技巧;

第四,班级讨论,课堂交流经验。

课程小结

任务一　推销洽谈准备

- 推销洽谈准备
  - 推销洽谈的含义：推销人员运用各种方式、方法向顾客传递信息，沟通思想，使顾客对商品的兴趣上升到强烈的购买欲望并说服顾客购买推销品的过程
  - 实现推销洽谈目标需要完成的任务：说服顾客达成交易、准确把握顾客需求、恰当处理顾客的异议、促使顾客做出购买决定
  - 推销洽谈的内容：商品、价格、销售服务、保证性条款
  - 推销洽谈的原则：针对性原则、诚实性原则、鼓励性原则、倾听性原则、参与性原则
  - 推销洽谈的程序：洽谈准备、洽谈导入、正式洽谈
  - 推销洽谈准备事项：重新评定顾客、收集资料、理由的准备、议程的准备、仪表的准备、精神准备

任务二　掌握推销洽谈的方法和技巧

- 推销洽谈的方法和技巧
  - 推销洽谈的方法：提示洽谈法、演示洽谈法、体验试用法
  - 推销洽谈的策略：原则性洽谈策略、合作式洽谈策略、胜负式洽谈策略、利己型洽谈策略
  - 推销洽谈的技巧：营造和谐的洽谈气氛、洽谈中倾听的技巧、洽谈中阐述的技巧、洽谈中提问的技巧、洽谈中回答的技巧、洽谈中说服的技巧

复习思考题

1. 什么是推销洽谈？
2. 推销员在倾听顾客谈话时要注意哪些方面？
3. 在洽谈中提问时要注意哪些问题？
4. 推销洽谈的策略有哪些？

测试题

案例分析

龟田的一次推销经历

在推销过程中,推销员经常遇到的事情是:一次又一次地拜访顾客,却又一次接一次地被顾客拒绝。只有那些仍坚持不懈地继续推销的推销员,才有可能获得成功。日本某光学公司的龟田先生,就是这样一个在不断遭到拒绝后仍然坚持不懈地继续推销而获得成功的人。

有一次,龟田向某家造船厂推销公司的新产品阳画感光纸,虽然他知道这家造船厂的晒图纸消耗量极大,而且该厂拥有法国进口的染色机、晒图机以及最好的厚纸,阳画感光纸想要打入这家造船厂是很困难的,但他还是决定去和他们打打交道。

具有决定权的是该厂一实验所的所长砚田先生。砚田先生是一个顽固且不通情达理的人。他对龟田说:"虽然你远道而来,不过,我们自己能够生产纸张,所以不必向外购买,请你不要多说了,多说也没用!""不,我虽然不能天天来,但只要我有空,一定会再登门拜访的。"龟田答道。

后来,龟田又陆续去了好几次,不过,他很少能见到砚田先生。遇到这种情况时,龟田一定会留下一张名片,然后才离开。回家之后,不论感到多么疲劳,龟田都要写信向对方致谢。

经过三番五次的拜访,砚田先生已经知道阳画感光纸的优点比晒图纸的多,即使成本多了一些,也仍有它的价值所在。但砚田先生仍固执己见,不想使用阳画感光纸。

一天,龟田又去拜访砚田先生,却扑了个空。龟田坚持在办公室里等候砚田先生。他走到办公室旁边的一台晒图机旁,一边等候,一边观察晒图机的工作情况。

过了很久以后,砚田先生回来了。龟田指着晒图机高兴地说:"这部机器相当不错,只是……不知道它还可以使用多少年……如果机器出现故障的话,你们是不是可以改用我公司的阳画感光纸呢?""你居然想到了这件事?"砚田先生叹了口气说,"好吧,我们就试试你的阳画感光纸吧!"龟田高兴得不知道说什么好,他的推销终于成功了。

问题:

龟田在推销洽谈过程中采用了哪些策略?

项目七　顾客异议处理

知识目标

1. 了解顾客异议的类型；
2. 理解顾客异议产生的三大成因；
3. 把握顾客异议处理的时间选择。

能力目标

1. 能够熟练运用顾客异议处理的策略；
2. 在实际的顾客异议处理中，能恰当使用各种异议处理方法。

推销格言

在任何情况下，都不要得罪哪怕是一个顾客。

——乔·吉拉德

问题导入

展销会上冰箱的推销

在一次冰箱展销会上，一位打算购买冰箱的顾客指着不远处的一台冰箱对身旁的推销员说："那种AE牌的冰箱和你们的这种冰箱同一类型、同一规格、同一星级，可是它的制冷速度要比你们的快，噪声也要小一些，而且冷冻室比你们的大12升。看来你们的冰箱不如AE牌的呀！"

推销员回答："是的，您说得不错。我们冰箱的噪声是大点，但仍然在国家标准允许的范围以内，不会影响您和家人的生活与健康。我们冰箱的制冷速度慢，可耗电量比AE牌冰箱少得多。我们冰箱的冷冻室小但冷藏室很大，能储藏更多的食物。您一家三口人，每天能有多少东西需要冰冻呢？再说吧，我们的冰箱在价格上要比AE牌冰箱便宜300元，保修期也要长6年，我们还可以上门维修。"

顾客听后，脸上露出欣然之色。

分析点评

问题：

（1）如果你是该推销员，对顾客提出的问题会怎么回答？

(2)顾客对你的回答可能会有怎样的反应?

任务一　分析顾客异议的类型和成因

基础知识

完成本任务所需要的基础知识包括顾客异议的概念、顾客异议的类型、顾客异议的成因、正确认识顾客异议。

一、顾客异议的概念

推销员在销售过程中的任何一个举动,顾客都可能会表现出不赞同、质疑或拒绝。例如:推销员想去拜访顾客,顾客说没时间;推销人员询问顾客需求时,顾客隐藏了真正的动机;推销员向顾客解说产品时,顾客带着不以为然的表情等。这些都称为异议。

顾客异议是推销员在推销过程中遇到的各种阻力,即阻拦推销活动顺利开展的各种主观或客观因素。在实践中,顾客异议就是顾客对推销员、推销物品及推销活动所提出的各种反对意见。处理好这些反对意见,就能提高顾客的满意度,增强顾客的购买倾向,促进推销各个要素相互协调。

动手动脑

你在生活中遇到过顾客的拒绝吗?是什么原因导致拒绝的?

二、顾客异议的类型

顾客异议往往是顾客出于保护自己的目的而提出的,其本质不具备攻击性,但其后果可能会影响一次推销的成功。要消除异议的负面影响,首先要识别和区分顾客异议的类型。在不同的推销环境、时间、地点等条件下,推销员面对的是不同的顾客,他们因受各种因素影响会提出不同种类的异议。推销员必须熟悉并善于识别顾客的不同异议,然后采取相应的策略予以应对。一般来说,顾客的异议主要有以下类型:

(一)按性质划分的顾客异议

1. 真实异议

顾客提出的真实异议是有事实依据的,因而是真实有效的。比如,某顾客告诉推销员,该企业流动资金暂时不足,没有能力购买推销品,或者购买推销品需总经理批准。如果实际情况的确如此,这些异议就是真实的、有效的。推销员可以从真实的顾客异议中获取对推销有用的情报,详细分析,结合具体情况妥善处理。

真实异议的产生,说明顾客确实有心接受推销,但从自己的利益出发对推销品或成交条件提出质疑和探讨。例如,顾客基于对商品功能、价格、售后服务、交货期等方面的考虑而提出异议。在这种情况下,顾客会十分注意推销员所做出的反应。此时,推销员必须做出积极的响应，或有针对性地补充说明商品的有关信息，或对商品存在的问题做出比较分析和负责任的许诺。如果推销员回避问题、掩饰不足，将会导致推销的失败。承认问题，并提出解决问题的办法，才能消除这类顾客异议。

2. 虚假异议

顾客提出的虚假异议是违反客观事实的，因而是虚假的、无效的。如果顾客提出虚假异议，就要分析真实原因，并采取相应的应对方法。

（二）按内容划分的顾客异议

1. 需求异议

需求异议是顾客认为不需要产品而形成的一种反对意见。它往往是在推销员向顾客介绍产品之后，顾客当面拒绝的反应。例如，一位女顾客对化妆品推销员提出："我的皮肤很好，不需要用护肤品。"这类异议有真有假，真实的需求异议是成交的直接障碍。推销员如果发现顾客真的不需要产品，应该立即停止推销。虚假的需求异议既可能是顾客拒绝的一种借口，又可能是因为顾客没有认识或不能认识自己的需求。推销员应认真判断顾客需求异议的真伪，对有虚假需求异议的顾客，应设法让他觉得推销产品提供的利益和服务符合其需求，使之动心，再进行推销。

2. 产品异议

产品异议是指顾客对推销品的使用价值、质量、式样、设计、结构、规格、品牌、包装等提出的异议。例如，顾客说"你们的产品质量不好"、"这件产品的包装太差了"、"这件产品的样式不好看"等。它表明顾客已经了解自己的需要，却担心推销品不能满足自己的需要。这类异议带有一定的主观色彩，主要是受顾客的认识水平、购买习惯以及其他各种社会成见影响所造成的，与企业的广告宣传也有一定的关系。推销员应在充分了解产品的基础上，采用适当的方法进行比较说明，消除顾客的异议。

3. 价格异议

价格异议是指顾客以推销产品价格过高而拒绝购买的异议。无论产品的价格怎样，总有些人会说价格太高、不合理或者比竞争者的价格高。有些时候，顾客是由于没有购买力而抱怨产品价格太高，这时不宜"勉为其难"。如果顾客是因为担心产品的性能和售后服务，或者是想通过这种方式降低价格，说明顾客已经对产品产生浓厚的兴趣，他只是想获得更多的信息或以更便宜的价钱成交，此时，只要销售员应对方法得当，说明生动，是很有可能取得成功的。

应用实例

突破"价格方面"的借口

齐格勒曾推销过厨房成套设备，主要是成套炊事用具，其中最主要的是锅。这种锅是不锈钢的，为了导热均匀，锅的中央部分设计得较厚，它的结实程度是令人难以置信的。齐格勒曾说服一名警官用杀伤力很强的四五口径手枪对准它射击，子弹竟然没在锅上留下任何痕迹。

当齐格勒推销时，顾客经常表示异议：

“价格太贵了。”

“先生,您认为贵多少呢?”

对方也许回答说:

“贵200美元吧。”

这时,齐格勒就在随身带的记录纸上写下“200美元”。然后又问:

“先生,您认为这锅能使用多少年呢?”

“大概是永久性的吧。”

“那您确实想用10年、15年、20年或者30年吗?”

“这锅经久耐用是没有问题的嘛。”

“那么,我们现在以最短的10年为例来说,从顾客的角度来看,这种锅每年贵20美元,对吗?”

“嗯,是这样的。”

“如果每年是20美元,那每个月是多少钱呢?”

齐格勒边说边在纸上算了起来。

“如果那样的话,每月就是1美元67美分。”

“是的。可您的夫人一天要做几顿饭呢?”

“一天要做两三顿吧。”

“好,一天只按两顿算,那您家中一个月就要做60顿饭!如果这样,即使这套极好的锅每月平均贵上1美元67美分,和市场上卖的质量最好的成套锅相比,做一次饭也贵不了3美分,这样算就不算太贵了。”

齐格勒一边说一边把数字写在纸上,并让客户参与计算。在计算的过程中总能让顾客不知不觉地摒弃“太贵了”这个理由从而促成购买。

问题:

齐格勒是采用什么方法突破“价格方面”的借口的?

4. 服务异议

服务异议是指顾客对购买推销品能否获得应有的、良好的售货服务表示不信任或担心而提出的异议。这种异议是顾客对推销品交易附带承诺的售前、售中、售后服务的异议,如对服务方式、方法、延续时间、延伸程度、实现的保证措施等多方面的意见。对待顾客的服务异议,推销员应诚恳接受并耐心解释,以树立企业良好的形象。

5. 购买时间异议

购买时间异议是指顾客自认为购买推销产品的最好时机还未成熟而提出的异议。购买时间异议是一种来自顾客本身的异议,是顾客心理活动的一种表现,不同阶段的购买时间异议有不同的异议原因。若顾客在推销活动开始时就提出时间异议,则应视为一种搪塞的表现,是顾客拒绝接近的一种手段;若顾客在推销活动进行到一定程度之后或推销活动即将结束时才提出时间异议,大多表明顾客的其他异议已经很少或不存在了,只是在购买的时间上仍有一点顾虑和犹豫,属于有效异议,推销员此时要运用适当的方法与策略,消除顾客的购买时间异议,促成交易的达成。

6. 推销人员异议

推销人员异议，即顾客拒绝接受某一特定推销员和拒绝购买其推销品。这可能是由于推销员本身的不足造成的。顾客因对推销员不信任或反感而提出异议，意味着顾客并不是不想购买推销品，只是不愿意向某位特定的推销员购买。推销人员异议属于真实的异议。对推销人员的异议，顾客一般不直截了当地表达出来，而是以其他方式表示出来。此类异议对于企业和推销员改进推销工作态度和服务质量、提高推销信誉具有积极意义。

7. 购买权力异议

购买权力异议是指顾客以缺乏购买决策权为理由而提出的一种反对意见。在业务洽谈中，有时顾客会拿出“订货的事我无权决定”“我做不了主”等理由来拖延或者拒绝购买。这类关于决策权力或者购买人资格的异议，是顾客自认为无权购买推销品的异议。购买权力异议也有真实或虚假之分。购买权力异议有两种情况：第一种情况，顾客的陈述是事实，他没有购买决策权。说明推销员在顾客资格审查时出了差错，在寻找目标顾客时就应该对顾客的购买资格和决策权力状况进行认真的分析，找准决策人。面对没有购买权力的顾客极力推销商品是推销工作的严重失误，是无效推销，应纠正，重新接近有关推销对象。第二种情况，推脱或借口。对于这种情形，在决策人以无权作借口拒绝推销员及其产品时，推销员要根据具体情况灵活化解。

8. 货源异议

货源异议是指顾客自认为不应该购买某推销员所推销的产品或所代表的企业的产品而提出的异议。货源异议的产生，大多是由于顾客对推销员本人或对其所代表的企业与产品的不信任造成的，如怀疑推销员的信用、怀疑推销企业的信誉与实力、怀疑推销品的功能等。有些顾客利用货源异议来与推销员讨价还价，甚至利用货源异议来拒绝推销员的接近。因此，推销员应认真分析货源异议的真正原因，利用恰当的方法来处理货源异议。

应用实例

一位“吃过亏”的顾客的回答

一位汽车推销员正在电话里同顾客进行交谈。顾客虽然很有礼貌，但态度显得很强硬。“不，谢谢你啦！我现在不需要购买新汽车，如果需要的话，我自己会找汽车经销商的。记得一年前，我经不起一个推销员的百般劝说，就向他买了一辆小汽车，可是还没用多长时间，那辆汽车就坏了。老实对你说吧，吃亏上当只有一次，我再也不会听你们那套销售经了。”

问题：

该案例中的顾客提出的异议属于哪一种？

三、顾客异议的成因

在推销过程中，形成顾客异议的原因很多，既有顾客方面的，又有推销物品方面的，还有其他方面的。这些因素之间相互联系、相互影响，有时也可相互转化。形成顾客异议的主要原因包括：

1. 顾客方面的原因

推销的对象是顾客,购买商品的是顾客,顾客会从多方面提出异议。顾客方面的原因主要有以下几种:

(1)顾客的需要。顾客的需要是顾客发生购买行为和形成顾客异议的最基本原因。顾客的需要是多方面、多层次的,有生理需要、安全需要、社交需要、物质需要、享受需要、发展需要等。许多顾客之所以拒绝购买推销物品,是因为他没有这方面的需要,或者他还未觉察到自己有这方面的需要。只有产生了需要,才会产生购买欲望,进而产生购买行为。需要是不断变化的,并且顾客的需要会受到其货币支付能力的制约。

(2)顾客的成见。顾客的成见是顾客认识方面的一种异议根源。顾客成见的内容十分复杂,主要包括顾客对于推销员的成见、对于推销物品的成见、对于人生观的成见、对于消费方式的成见等。顾客的成见可以导致各种类型的顾客异议。根据推销心理学理论,每位顾客都具有一定的成见,这与顾客个人的文化水平、社会经历、社会交往以及广告宣传、社会舆论有关。顾客的成见在许多情况下不是正确的,表现为对事物缺乏公正、客观、全面的评价,蛮不讲理,无法在短时间内用说理的方式去消除。面对顾客的成见,推销员应当首先推销新的消费观念和消费方式,帮助顾客提高认识,改变落后的价值观念和消费方式,消除成见。

(3)顾客的支付能力。支付能力是影响交易行为的一个重要因素,是实现交易的物质保证。顾客产生了某种需要之后,决定他能否进行实际购买的关键性因素就是他是否具有购买这一物品的货币支付能力。有些顾客在与推销员谈话的过程中,故意提出一些反对异议,正是因为他缺乏支付能力。推销员要努力了解顾客的需要及支付能力,帮助顾客发现他没有意识到的需要,引导需要,激发欲望,创造需要,满足需要。

(4)顾客的购买习惯。习惯是人们认识和学习的结果。长期的购买活动使顾客形成了一定的购买习惯,要改变顾客已经形成的习惯是很困难的。心理学家认为,反对改变是人类行为中的一种自然倾向,对许多人来说,熟悉的东西比不熟悉的东西更容易被接受。购买习惯直接影响购买行为,当推销活动与顾客的购买习惯不一致时,顾客就会对推销员、推销品、货源、价格等提出各种反对意见。因此,推销员要设法弄清顾客的购买习惯,利用顾客的购买习惯心理来发展顾客关系,不可奢望用简单的方式改变顾客的习惯心理。

以上是形成顾客方面推销异议的主要因素。此外,顾客的自我表现、知识水平、购买权力、外部联系、怀疑心理等也是形成顾客异议的重要原因。

应用实例

刁蛮的顾客

美国纽约电话公司曾遇到一个蛮不讲理的客户,他拒付电话费,声称电信公司的记录是错的。对此,他暴跳如雷,破口大骂,甚至威胁要砸碎电话机,同时写信给各大报社,向公共服务委员会抱怨。为此,他与电话公司打了好几场官司。公司派出好几个人去处理此事都失败了。后来,公司派了最有耐心的乔治去处理此事。在乔治面前,那位客户没完没了地大发脾气。第一次,乔治静静地听了三个小时,对客户所讲的每一点都表示同情。后来又去了三次,静听客户的抱怨。在第四次,客户的态度渐渐变得友好起来。最后,乔治说服这位客户加入了他的“电话用户保持协会”，与此同时，客户付清了全部电话欠费账单，结束了他的投诉。

问题：

乔治为什么能够说服顾客付清电话欠费并结束投诉？

2. 推销品方面的原因

致使顾客产生异议的推销品方面的原因很多，大致可归纳为以下几个方面：

(1)推销品的质量。推销品的质量包括推销品的性能(适用性、有效性、可靠性、方便性等)、规格、颜色、型号、外观包装等。如果顾客对推销品的上述某一方面存在疑虑、不满，便会产生异议。当然，有些异议确属推销品本身的质量问题，有些却是顾客对推销品的质量在认识上存在的误区或成见，有些是顾客想获得价格或其他方面优惠的借口。所以，推销员要耐心听取顾客的异议，去伪存真，发掘其真实的异议，对症下药，设法消除异议。

(2)推销品的价格。美国的一项调查显示：有 75.1%的推销员在推销过程中遇到过有价格异议的顾客。顾客产生价格异议的原因主要有：顾客主观上认为推销品价格太高，物非所值；顾客希望通过价格异议达到其他目的；顾客无购买能力等。要解决价格异议，推销员必须加强学习，掌握丰富的商品知识、市场知识和一定的推销技巧，提高自身的业务素质。

(3)推销品的品牌及包装。商品的品牌在一定程度上可以代表商品的质量和特色。在市场中，同类同质的商品因为品牌不同，售价、销售量、美誉度都不同。一般来说，顾客在购买商品时都会挑选名牌产品。

商品的包装是商品的重要组成部分，具有保护和美化商品、利于消费者识别、促进产品销售的功能，是商品竞争的重要手段之一。一般顾客都喜欢购买包装精巧、大方、美观、环保的商品。

可见，无论是品牌还是包装，都是商品的有机组成部分。如果顾客对它们有不满，也可能引起异议。推销员要能灵活处理，企业也应该重视商品的品牌创建和商品包装。

(4)推销品的销售服务。商品的销售服务包括商品的售前、售中和售后服务。在日益激烈的市场竞争中，顾客对销售服务的要求越来越高。销售服务的质量直接影响到顾客的购买行为。对企业来说，商品的销售服务是现在乃至将来市场竞争中最有效的手段，推销员为减少顾客的异议，应尽其所能，为顾客提供一流、全方位的服务，以赢得顾客，扩大销售。

3. 推销员方面的原因

顾客的异议可能是由于推销员素质低、能力差造成的。例如，推销员的推销礼仪不当；不注重自己的仪表；对推销品的知识一知半解，缺乏信心；推销技巧不熟练等。因此，推销员能力、素质的高低，直接关系到推销洽谈的成功与否，推销员一定要重视自身修养，提高业务能力及水平。

4. 企业方面的原因

在推销洽谈中，顾客的异议有时还会来源于企业，例如，企业经营管理水平低、产品质量不好、不守信用、企业知名度不高等。这些都会影响到顾客的购买行为。顾客对企业没有好的印象，自然对企业所生产的商品就不会有好的评价，也就不会去购买。

应用实例

一起突发事件葬送了一代"标王"

山东秦池酒厂曾因连续两次在中央电视台黄金广告时段中标而名气大振,销量、利润也由此连年增加,但自一报纸披露了秦池酒厂以酒精勾兑白酒一事之后,秦池酒厂的白酒销量一落千丈。尽管该厂推销人员向各地经销商多方解释,但由于消费者难以消除疑虑,"秦池酒"还是难免遭遇"滑铁卢"。

问题:

葬送"秦池酒"的原因何在?

四、正确认识顾客异议

正确认识顾客异议对于处理和消除异议有非常重要的作用。

1.顾客异议是推销活动过程中的必然现象

顾客异议是顾客利益的体现。顾客会提出异议,是因为他想争取到更多的利益或者担心自己的利益受到损害。从这个角度来讲,顾客异议的出现在任何推销活动中都是非常正常的事情。关注顾客的利益是推销成功的基础,通过利益协调找到双方都能接受的利益平衡点,交易才能成功。因此,推销员必须对顾客的利益加以充分考虑。

2.顾客异议是推销成功的前奏和信号

事实上,站在顾客的角度,只要认为推销活动的产生、存在及其发展违背了他们的意愿,他们就会表达不满,提出反对意见,甚至拒绝购买。顾客提出异议是希望推销员考虑他们的意见或者停止推销活动。表面上来看,顾客提出异议是推销的障碍,而实际上,顾客提出异议,表明他们对推销的产品感兴趣。那些不提任何意见、无动于衷的顾客往往是没有购买欲望的。顾客异议其实是给推销员的一种积极信号。真正出色的推销员,会把顾客异议这个障碍转化为购买行为。

3.顾客异议提供了一些更有价值的信息

顾客对产品提出异议其实就等于告诉推销员他对产品产生了兴趣,但有些情况不明,需要推销员提供更多的资料和服务。这是很好的信号,有经验的推销员可以从中获得三类信息:一是顾客已经在考虑有关购买的细节问题;二是顾客有新的需求;三是企业产品推销过程中存在问题。对于第一类信息,关键在于因势利导,进一步确认顾客需求,劝导顾客购买。对于第二类信息,推销员要反馈到企业,以促使企业加速产品开发和改进,满足顾客新的需求。对于第三类信息,推销员要特别重视,对产品及工作中存在的问题,切实加以改进,从而提高推销质量。可见,顾客异议是企业的信息源之一,能为企业提供很多重要的、有价值的信息。

4.顾客异议需要合理引导

处理异议时,推销员不能与顾客对立。这样,处理异议时才不会伤害到顾客本身。推销员要理解顾客提出异议时的心理，要注意保护顾客的自尊心。

任务二　处理顾客异议的策略

基础知识

完成本任务所需的基础知识包括处理顾客异议应遵循的原则及策略。

一、处理顾客异议的原则

情景案例

推销员在处理顾客异议时，为使顾客异议能够最大限度地消除或者转化，应树立以顾客为中心的推销观念，并遵循以下原则。

1. 尊重顾客异议原则

顾客对推销活动产生疑问、抱怨和否定态度，总是有一定原因的，说明推销活动还存在不足之处。能否尊重顾客异议，是推销员是否具有良好素质与修养的一种体现。只有尊重顾客异议，才能在此基础上做好转化工作。尊重顾客异议应具体地体现在推销员的言谈举止中。

2. 耐心倾听原则

“上帝给了你两只耳朵，却只给了你一张嘴，所以上帝的意思是让你一只耳朵听自己说，另一只耳朵听别人说，意味着上帝要求你一定要多听少说。”要理解顾客，首先应学会聆听顾客的诉说。即使是一些你不感兴趣的话题，只要对方有倾诉的欲望，出于对顾客的尊重，推销员也应该保持耐心，不能表现出厌烦的神色。越是善于耐心倾听他人意见的人，推销成功的可能性就越大。

3. 永不争辩原则

推销过程，也是人与人之间相互交流、沟通的过程。作为一名推销员，与顾客保持良好、和谐的关系，可以说是推销工作能顺利开展的一个重要条件。因此，一旦顾客有异议，最好不要与之争辩。产生异议后，在实际工作中最常用的方法是倾听顾客异议，然后找机会采取下一步的行动。

4. 正确答复原则

回答顾客的异议应简明扼要，不要偏离正题。在回答问题时也不要过于集中讨论某一方面的异议，要学会适当地转换话题，分散顾客对某一方面异议的注意力。在回答顾客异议时，要经常向顾客询问是否满意，不搪塞顾客的要求和异议，否则回答将达不到好的效果。

5. 适时处理原则

对于顾客提出的异议，推销员不一定立即答复，应选择适当的时机。有的异议是推销员必须答复的，应立即处理，称为“热处理”；有的异议难以解决，可不必马上答复，甚至不予理睬，称为“冷处理”；有的异议已在预料之中，推销员应做好准备，先发制人，在顾客提出异议之前及时解答，消除顾客的疑虑，争取顾客的信任。

二、处理顾客异议的具体策略

(一)处理价格异议的策略

1. 重价值、轻价格策略

在遇到价格异议时,推销员可以从产品的使用寿命、成本、性能、维修、收益等方面进行对比分析,说明产品的优势,让顾客充分认识到推销品的价值,认识到购买推销品能带给他的利益和方便。

在推销洽谈中,提出价格问题的最好时机是在会谈的末尾阶段,即在推销员充分说明了推销品的好处,顾客已对此产生浓厚的兴趣和购买欲望之后,再谈及价格问题。除非顾客急切地问及价格,不及时回答会引起顾客猜疑,阻碍洽谈顺利进行,否则,一般情况下,推销员不应主动提及价格,以免顾客把注意力过多地集中到价格上,使洽谈陷入僵局。

2. 让步策略

在推销洽谈中,双方的讨价还价是难免的。在遇到价格障碍时,推销员首先要坚定对自己的企业及产品的信心,坚持报价,不轻易让步。只有充满自信,才可能说服别人。如果一味以降价化解价格异议,很容易被对方牵着鼻子走,不仅影响推销计划的完成,而且有损企业和产品的形象。但是,在有些情况下,通过适当的让步可以获得大额订单,使顾客接受交货期较长的订货,在征得管理部门同意后,可作出恰当的安排。

推销员应当掌握的让步原则是:不要做无意义的让步,应体现出己方的原则和立场,在让步的同时提出某些附加条件;做出的让步要恰到好处,一次让步幅度不能过大,让步频率也不宜太快,要让对方感到得到让步不容易并由此产生满足心理,以免刺激对方得寸进尺提出进一步的要求;小问题可考虑主动让步,大问题则应力争让对方让步。为预防顾客杀价,可提高报价,以便顾客提出降价要求时有较大的回旋余地。

3. 心理策略

推销员在向顾客介绍产品价格时,可先发制人地说明报价是出厂价或最优惠的价格,暗示顾客这已经是价格底线,不可能再讨价还价,以抑制顾客的杀价念头。推销员还可使用尽可能小的计量单位报价,以减少高价对顾客的心理冲击。例如,在可能的情况下,改吨为千克,改千克为克,改千米为米,改米为厘米,改大的包装单位为小的包装单位。这样,在价格相同的情况下,顾客会感觉小计量单位产品的价格较低。

应用实例

计算器的推销

一位计算器的推销人员向一家公司的经理推销自己的产品。

顾客:“你们的商品价格太高了!”

推销人员:“太高?”

顾客:“你的产品的价格几乎比你们的竞争对手的价格高出25美元。”

推销人员:“这是您应该买我们产品的原因啊。我们的产品有好的品质,每个人都认为其物有所值。没有哪一种其他的产品能有我们产品独特的功能。您只要按一下这个按钮,就可以看到时间和日期。”

顾客:“很好,但我感兴趣的是能用于计算薪水总额、税收以及其他数据的计算器。”

推销人员:“您所说的仅仅是这种计算器最基本的一些功能。”

顾客:“你们有没有更便宜的计算器?”

推销人员:“明白您的意思了。但我认为质量是一个重要的考虑因素,我们的计算器保证可以使用5年而且不需要维修,这比竞争对手产品的有效使用期要多出2年,这就相当于每月的花费仅2美元。”

顾客:“也许你是正确的,但我还需要考虑一下。”

推销人员:“经理,您付给您的秘书多少工资?”

顾客:“每小时10美元。”

推销人员:“哦,先前我计算过,用我们的计算器可使您每天节省2小时的工作时间,相当于每天节省20美元,一周就是100美元。这些都是您腰包中的金钱。如果您还下不了决心,这可是一个损失。”

顾客:“这么说的话,那我就买吧。”

问题:

(1)推销人员采用了哪些方法来处理顾客异议,并说服顾客购买推销品?

(2)如果你遇到了这种情况,会怎么处理?

(二)处理货源异议的策略

许多货源异议都是由于顾客的购买经验与购买习惯造成的,推销员在处理这类异议时可采用以下策略:

1. 锲而不舍、坦诚相见

通常顾客在有比较稳定的供货单位和有过接受推销服务不如意甚至受骗上当的经历时,对新接触的推销员会怀有较强的戒备心,由此产生货源异议。对于此,推销员应不怕遭受冷遇,多与顾客接触,联络感情,增进相互间的了解。在互相了解逐渐加深的情况下,顾客也容易对推销员敞开心扉,说出自己的顾虑和期望,此时推销员就可以对顾客进行具有针对性的解释和劝说了,以最终促成交易。在与顾客的交往中,推销员应当注意社交礼仪,以诚挚的态度消除顾客对公司或者产品的偏见。

2. 强调竞争收益

顾客常常会提出已有稳定的供货单位或者已经习惯某种产品,并对现状表示出满意,从而拒绝接受新产品和服务。此时,推销员应指出,不论是个人或者公司,在购买产品的时候采用单一来源具有很大的风险,如果供货单位一时失去供货能力或者破产,将会导致顾客因购买不到所需产品而影响生活或者生产,为了抵御风险,顾客应当采取多渠道策略满足其购买需要。采取多渠道进货,会增强顾客在采购中的主动性和灵活性,可以对不同货源的产品质量、价格、服务、交货期等进行多方面比较分析,择优选购,并获得引入竞争所带来的利益。

3. 提供例证

在解决货源异议时,推销员为了说明其推销的是质量可靠、渠道合法的产品,可以向顾客提供一些第三方的客观证据来消除顾客疑虑,如厂家的代理授权证书、企业营业执照、产品生产及销售许可证、质量管理体系认证证书、产品质量鉴定报告、获奖证书以及知名企业、知名人士的订货合同或者使用记录等资料。对于这些证据，顾客可以通过其他渠道进行求证，以消除顾虑，促进购买。

(三)处理购买时间异议的策略

1. 货币时间价值策略

一般说来，物价会随着时间的推移而上扬。推销员可以结合产品的情况告诉顾客，未来产品的供求关系很有可能会发生变化，随着物价水平的上升，顾客可能要花费更多的金钱来购买同等数量的商品，而且拖延购买不仅费钱，还费时、费力，增加顾客的机会成本和时间成本，不符合现代社会“时间就是金钱，效率就是生命”的观念。

2. 良机激励策略

良机激励即采用对顾客有利的机会激励顾客，使其不再犹豫不决，当机立断，拍板成交。例如，可以说“目前正值展销期间，在此期间购买可以享受20%的优惠”，“货已经不多了，如果您再犹豫的话，就可能被别人买去了”。但要注意的是，使用这种方法必须确有其事，不可虚张声势欺诈顾客，否则将适得其反。

3. 潜在风险策略

这种方法是利用顾客意想不到但又很可能会发生的一些潜在风险影响顾客的购买行为。例如说明厂家调价、原材料涨价、宏观政策调整、市场竞争格局改变等情况，使顾客认识到存在的这些不确定因素可能给自己带来的损失，促使顾客尽早做出购买决定。

4. 竞争诱导策略

推销员向顾客指出购买该产品将会使顾客在某些方面获益，而且这些好处已经在其竞争对手那里得到了证实，顾客如不尽快购买推销产品，将会在与同行的竞争中处于不利位置。这种方法可以打破顾客心中假定的竞争均衡格局，引起顾客对其所处环境的关注，从而促使顾客为了改变其所处的状况而做出购买决定。

(四)异议处理的时机策略

推销员处理顾客异议的最佳时机有以下四种：

1. 提前处理顾客异议

先发制人，提前处理顾客异议，就是推销员抢在顾客的前面把问题提出来，及时解答。这样做会使顾客感到这位推销员善解人意，是站在自己的立场为自己着想。顾客也就觉得没有必要再提异议了，即使尚有异议，也不会小题大做、吹毛求疵。推销员在顾客提出异议之前率先提出问题进行解答，可避免与顾客直接发生冲突。

在实际推销活动中，提前处理顾客异议尽管能起到先发制人的作用，能直接排除顾客的有关异议，促成交易，但是，这一策略也有其局限性：一是推销会使顾客觉得推销员咄咄逼人，加大顾客的心理压力；二是推销员抢先提出的有些异议可能是顾客没有意识到的无关异议，这样会使顾客失去购买信心，造成异议的传播与扩散，反而使顾客有了拒绝成交的理由。

2. 即时处理顾客异议

通常情况下，推销员要在顾客提出异议后，立即热情地给予回答，以避免怠慢顾客，导致顾客对推销员失去信任。

一般地说，每个顾客都希望推销员能尊重和听取自己的意见，并立即做出满意的答复，因此，对那些直接影响顾客购买决定的重要异议，推销员通常要及时答复。

3. 推迟处理顾客异议

推迟处理顾客异议，就是当顾客提出异议后不立即作答，而是等找到合适的时机后再作答。以下几种情况均可以采取推迟处理的策略：

(1)顾客异议离题太远，可以不马上回答。

(2)若顾客异议将随面谈的进行而逐渐减少或消失，不必马上答复。

(3)若马上答复顾客异议会对推销产生不利影响，最好不要马上答复。但推销员一定要掌握好答复的时间，否则易受到顾客的盘问而处于被动。

(4)若推销员不能立即给顾客一个满意的答复，或没有足够的资料进行有说服性的回答，应说明情况，暂时搁置，有了满意的结论再予答复。

在推迟处理顾客异议时，推销员应注意看准适用推迟处理的条件，对需要推迟处理的顾客异议，推销员应表现出能够处理的信心，不要犹豫不决。

推迟处理顾客异议在某些情况下是处理顾客异议的最佳策略，它有利于推销员进行周密的思考，有针对性地灵活处理顾客异议。但它也有一定的局限性，即可能降低推销效率，给竞争对手以可乘之机，还可能出现一些意外的情况，使之前的推销努力付之东流。

4. 不予处理异议

不予处理异议，是指推销员有意对顾客的异议“装聋作哑”，不予理睬。一般来说，推销员不应冷落顾客，而是要正确对待并妥善处理顾客异议。但是，顾客异议多种多样，而且有些并非有效或有关的异议，有的异议明显是无理取闹，甚至是虚假的异议。推销员为了避免陷入纠缠不清的辩解中，节约时间，进行有效推销，保持良好的人际关系与和谐的推销气氛，可以在请求顾客谅解的前提下，忽视、回避顾客的异议而保持沉默，或转移话题，对顾客的异议暂不作处理。

不予处理异议可避免在一些无关的、无效的异议上浪费时间，以便集中精力去处理有关的、有效的、重点的异议，可使推销员按照原来的推销计划、推销策略及推销重点与顾客洽谈，节省推销时间，提高推销效率。同时，还有利于处理各种重点的顾客异议，有效促成交易。但不予处理异议也有一定的缺点和不足：可能引起顾客的不满和反感；推销员若忽视了顾客的有效异议，会导致顾客异议处理不当而无法成交；不利于发展人际关系。因此，对顾客的异议不予作答，只有在万不得已的情况下才能使用。

推销员应根据实际情况处理顾客异议：对于顾客提出的异议，推销员不一定立即答复，应该选择适当的时机。一般地说，推销员对于能够给予圆满答复的异议，应该立即处理；对于不能自圆其说，或是偏离主题的顾客异议，推销员不必马上答复，甚至可不予理睬，佯装没有听见；对于意料之中的顾客异议，推销员应该做好充分的准备，先发制人，在顾客提出异议之前及时解答，消除顾客的疑虑，争取顾客的信任。

应用实例

广告的魅力

顾客：“我太忙，没有时间与你继续谈。”

推销员：“我知道您是大忙人，这也是我主动拜访的原因……”

顾客:“你们公司天天在电视上、报纸上做广告,如果少做几次广告,节约点费用,成本不就可以减少了吗?”

推销员:“正是因为广告才使您轻松地了解了我们的产品,这就是广告带来的魅力。”

问题:

(1)顾客与推销员之间在哪方面产生了异议?

(2)推销员是采用何种策略处理异议的?

实 训

顾客异议的类型及处理策略

实训目的:

通过实训活动,能够正确识别顾客异议的类型,并提出适当的处理策略。

实训内容及要求:

根据表7-1中顾客所提出的异议,识别顾客异议所属的类型,并回答异议处理策略。

表7-1 顾客异议的类型及处理策略一览表

顾客异议	所属类型（根据性质划分）	所属类型（根据内容划分）	处理异议的策略
“这种鞋设计得太古板,颜色也不好看。”			
“算了,连你(推销员)自己都不明白,我不买了。”			
“给我10%的折扣,我今天就给你下订单。”			
“我这把年纪买这么高档的化妆品干什么,一般的护肤品就可以了。”			
“××公司是我们的老关系户,我实在没有理由中断和他们的购销关系,转而向你们公司购买这种产品。”			
“嗯,听起来不错,但我店里现在有7个品牌、21种型号的牙膏,没地方放你的牙膏。”			
分析结论			

任务三　处理顾客异议的方法

基础知识

完成本任务所需的基础知识是处理顾客异议的基本方法。

推销员要区别对待顾客提出的反对意见，有的应提前回答，有的要及时回答，有的需稍后回答，有的应不予理睬，有的还要予以反驳。由于顾客异议多种多样，处理异议的方法也千差万别，下面介绍几种最常见的方法：

一、询问法

询问法又叫问题引导法或追问法，是指推销员利用顾客提出的异议，直接以询问的方式向顾客提出问题，引导顾客在回答问题的过程中不知不觉地回答自己提出的异议，甚至否定自己，同意推销员观点的异议化解方法。“与其自己来说，不如让顾客说出他的看法，把攻守形势反转过来”的方法，是所有应对方法中最高明的一种。

阅读材料

1. 询问法的优点和缺点

询问法是一种最有效的化解顾客异议的方法，其优点主要表现在以下几个方面：

(1)运用询问法时，通常问一句“为什么”，可使顾客更深入地思考，帮助推销员了解顾客真正关心的是什么，也能显示出顾客真正拒绝购买的原因。

(2)询问法能引导顾客回答自己提出的各种异议，不得不放弃借口。

(3)询问法能帮助推销员进行思考、分析、判断，采取有的放矢的推销策略。

(4)询问法运用得好，带有请教的含义，既可以让顾客提供信息，又有助于营造良好的洽谈气氛，有利于成交。

(5)通过询问，推销员可以进一步了解顾客，获得更多的顾客信息，为进一步推销奠定基础。

(6)询问法使推销员从被动听顾客申诉异议，转为主动地提出问题与顾客共同探讨。

当然，询问法化解顾客异议也有一定的局限性，主要表现在以下几个方面：

(1)有时顾客也可能不清楚异议的真实根源，推销员没有必要，或者说不可能完全了解顾客异议的真实根源。因此，滥用询问法可能会造成推销时间的浪费。

(2)推销员若对顾客的异议一再追问，有可能破坏推销气氛。

(3)当顾客本来就存在不少异议时，在推销员的追问下，又会引发新的异议，就会造成对推销不利的局面。

(4)一般地说，顾客有异议时，都希望得到推销员的直接答复，或者得到明确的澄清。若推销员不理解顾客的心理活动，不仅没有给予顾客简单明确的答复，反而滥用询问法去追问顾客，会引起顾客的反感，甚至产生抵触推销的情绪。

2. 运用询问法应注意的问题

(1)推销员追问顾客时应适可而止，不能刨根问底。

(2)运用询问法时,推销员应讲究推销礼仪,避免冒犯顾客。

(3)在直接追问顾客时,应针对有关的顾客异议,而不能询问其他的无关问题,以免无事生非,产生更多的有关或无关异议,直接阻碍成交。

(4)推销员必须灵活善变,看准有利时机,追问顾客,及时处理有关异议。

(5)推销员向顾客提问时不要急于求成,应由浅入深、循序渐进地进行提问。

二、转折处理法

转折处理法又称为赞成反驳处理法。这种方法是推销员根据有关的事实和理由,间接否定顾客异议的一种处理方法。推销员首先明确地表示同意顾客的看法,维护顾客的自尊,然后用有关事实和理由婉转地否认异议。这种方法在多数情况下都可采用,主要适于处理顾客提出的无效异议,使用时转折应自然,理由应充分,语言应委婉,以免达不到目的。

1. 转折处理法的优点和缺点

优点:

(1)推销员不是直接驳斥而是间接否定,有利于保持良好的人际关系和推销气氛。

(2)推销员尊重异议,承认异议,态度委婉,先退后进,容易说服顾客。

(3)推销员利用闪避的机会分析异议的性质和根源,可使处理异议的方案留有余地。

缺点:

(1)该方法可能会削弱推销员的说服力量,增大推销难度。

(2)由于故意回避顾客异议,容易使顾客产生各种错觉,认为推销员靠不住。

(3)拐弯抹角,声东击西,需要时间,不利于提高工作效率。

2. 运用转折处理法应注意的问题

(1)间接否定顾客提出的购买异议,切忌与顾客针锋相对、直接反驳。

(2)尽量做到语气委婉、转折自然,保证处理异议的气氛友好融洽,并积极提供更多的推销信息,消除顾客成见。

(3)使用转折语言时尽量少用“但是”,防止顾客警觉。

(4)该方法适于处理各种无效异议而不是无关异议。无关异议是与推销毫不相干的异议,可以不予理睬。

应用实例

“但是”的妙用

一位顾客在购买吸尘器时提出:“这种型号的吸尘器价格太贵,几乎比另外一个型号贵了一倍。”

推销员回答道:“先生您说得很对,这个款式的价格确实是比较高,但是它的功能也是其他产品不能相比的。它有内置的可以灵活拆卸的垃圾桶,方便您及时清理吸尘器中的垃圾;它内置了雾化装置,确保吸尘过程中不会产生任何扬尘;它能够处理一些比较顽固的污垢,使吸尘效果更好,更加省时、省力。所以,一分价钱一分货,它的性价比还是很高的。”

问题：

如果你是该案例中的顾客，听了推销员的解释，会有什么反应？

三、利用法

利用法是指推销员直接利用顾客反对意见的正面来处理顾客异议的一种方法。现代推销理论认为，顾客异议既是成交的障碍，又是成交的信号。这种二重性是利用法的理论依据。同时，顾客异议本身具有二重性，既有正确的一面，又有错误的一面；既有积极的因素，又有消极的因素。推销员可以利用顾客异议本身所固有的这种矛盾性质来处理顾客异议，克服障碍，促成交易。

1. 利用法的优点和缺点

优点：

(1)推销员可以改变有关顾客异议的性质和作用，把顾客拒绝购买的理由转化为说服顾客的理由。

(2)推销员直接承认顾客异议，有利于保持良好的人际关系和形成融洽的推销气氛。

(3)有效利用了推销哲学，把顾客异议转化为推销提示，把推销异议转化为推销动力，把不利因素转化为有利因素。

缺点：

(1)利用异议处理异议，可能使顾客产生抵触情绪。

(2)顾客希望自己的意见受到尊重，但采用利用法容易使顾客失望。

(3)如果滥用，会导致顾客提出更多异议，弄巧成拙，适得其反。

2. 采用利用法应注意的问题

(1)推销员不得否定顾客异议，而应尊重、肯定、承认、赞美、利用、转化顾客异议。

(2)认真分析顾客异议，找出顾客异议的内在矛盾，利用购买异议本身的矛盾去处理购买异议。

(3)利用法不适于处理各种有关异议和敏感性问题。

四、反驳法

反驳法是指推销员根据有关事实和理由来直接否定顾客异议的一种方法。从理论上说，这种方法应该尽量避免。直接反驳对方容易使气氛僵化，使顾客产生敌对心理，不利于顾客接纳推销员的意见。但如果顾客的反对意见源于对产品的误解，而手头上的资料有助于说明问题，不妨直言不讳。无关异议、无知异议、敏感异议以外的各种顾客异议，都可采取反驳法进行处理。

1. 反驳法的优点和缺点

优点：

(1)通过摆事实、讲道理，可以增加推销说服力，增强顾客购买信心。

(2)直接说明有关情况，可以节省推销时间，提高推销效率。

(3)用途十分广泛，而且符合多数顾客的习惯。

(4)有利于识别顾客的各种借口，促使其接受推销。

缺点:

(1)推销员直接否定顾客异议,容易引起抵触、反感情绪,不利于融洽气氛。

(2)容易增加顾客的心理压力,造成顾客回避推销。

(3)如果顾客的异议正确或有一定道理,利用反驳法只会降低企业及推销员在顾客心目中的信誉度。

2. 使用反驳法应注意的问题

(1)始终保持良好的推销态度,既要关注推销效果,又要关注顾客的情感和行为。

(2)摆事实,讲道理,有理有据地进行反驳,使顾客心悦诚服,切忌盲目否定和想当然。

阅读材料

(3)有些顾客异议的根源在于顾客的成见与无知,要注重信息沟通和推销教育工作,用正确信息否定偏见异议或无知异议。

(4)为了保持良好的人际关系和推销气氛,推销员在任何时候都不应该直接否定顾客的无关异议,特别是在顾客十分欣赏自己的观点和意见时。

五、补偿法

补偿法又称抵消处理法、平衡处理法,是指推销员利用顾客异议以外的其他有关优点来补偿或抵消顾客异议的一种方法。这一方法在推销工作中得到了普遍的运用。

阅读材料

1. 补偿法的优点和缺点

优点:

(1)推销员实事求是地承认推销品的不足之处,并能客观地向顾客介绍推销品的优点,给顾客的感觉是真诚、客观,可以信赖的,从而有利于促成交易。

(2)推销员并不反驳或否定顾客异议,相反予以肯定和补偿,有利于建立和维护购销双方的友好关系。

缺点:

(1)推销员事先肯定了顾客的异议,可能会引发顾客对推销品的误会,导致顾客对异议的坚持,对购买失去信心。

(2)有可能会使顾客异议增多,增加推销的难度。

(3)有时候还可能会拖延推销时间,降低推销效率。

2. 采用补偿法应注意的问题

(1)推销员应认真分析顾客异议,找出顾客异议的根源,确定顾客异议的性质。

(2)推销员应实事求是,敢于承认顾客提出的真实的有效异议,使顾客达到心理平衡。

阅读材料

(3)有得必有失,以得补失,是推销员使用补偿法处理顾客异议的基本原则。

(4)推销员应该针对顾客的主要购买动机提示产品优点,开展重点推销。

处理推销异议的方法很多,除上述常用的方法外,还有不睬法、反问法、引导法、归谬法、证据法、合并法、削弱法等。这些方法各具优点和缺点,各有相应的适用范围。推销员针对不同异议，有时只需采用一种方法，有时需要交叉使用多种方法，应视顾客、环境、时间、地点等具体情况而定。

实　训

顾客异议处理方法的应用

实训目的：

通过实训活动，熟悉和了解顾客异议的类型，掌握处理顾客异议的基本方法。

实训内容和步骤：

第一，学生利用课余时间到学校附近商店进行实地观察，留意营业员的态度、举止及处理顾客异议的方法。

第二，对营业员处理顾客异议的各种方法进行评判。

实训要求：

个人独立完成实训内容，以书面形式提交实训报告，并在课堂上进行讨论。

工作任务

正确看待顾客的异议

工作任务提示：

本工作任务将帮助学生正确看待顾客的异议，掌握处理顾客异议的策略和基本方法，为推销成功奠定基础。

工作任务内容：

回忆推销团队完成的推销洽谈活动，洽谈过程中顾客是否提出了异议，这些异议属于哪些类型，推销员是如何处理这些异议的，处理方法是否得当，如不妥当，正确的处理方法应是什么。

工作任务要求：

第一，推销团队成员认真讨论上面的问题；

第二，以书面报告的形式提交讨论结果；

第三，推销团队在进行推销实践时，要深刻领会和灵活运用顾客异议处理的原则、策略及方法。

课程小结

任务一　分析顾客异议的类型和成因

顾客异议的类型和成因

- 顾客异议的概念：推销员在推销过程中遇到的各种阻力，即阻拦推销活动顺利开展的各种主观或客观因素
- 顾客异议的类型：①按性质划分的顾客异议（真实异议和虚假异议）；②按内容划分的顾客异议（需求异议、产品异议、价格异议、服务异议、购买时间异议、推销人员异议、购买权力异议、货源异议）
- 顾客异议的成因：①顾客方面的原因（顾客的需要、顾客的成见、顾客的支付能力、顾客的购买习惯）；②推销品方面的原因（推销品的质量、价格、品牌及包装、销售服务）；③推销员方面的原因；④企业方面的原因
- 正确认识顾客异议：①顾客异议是推销活动过程中的必然现象；②顾客异议是推销成功的前奏和信号；③顾客异议提供了一些更有价值的信息；④顾客异议需要合理引导

任务二　处理顾客异议的策略

处理顾客异议的策略

- 处理顾客异议的原则：①尊重顾客异议原则；②耐心倾听原则；③永不争辩原则；④正确答复原则；⑤适时处理原则
- 处理顾客异议的具体策略：①处理价格异议的策略（重价值、轻价格策略，让步策略，心理策略）；②处理货源异议的策略（锲而不舍、坦诚相见，强调竞争收益，提供例证）；③处理购买时间异议的策略（货币时间价值策略、良机激励策略、潜在风险策略、竞争诱导策略）；④异议处理的时机策略（提前处理顾客异议、即时处理顾客异议、推迟处理顾客异议、不予处理异议）

任务三 处理顾客异议的方法

处理顾客异议的方法

- 询问法：又叫问题引导法或追问法，是指推销员利用顾客提出的异议，直接以询问的方式向顾客提出问题，引导顾客在回答问题的过程中不知不觉地回答自己提出的异议，甚至否定自己，同意推销员观点的异议化解方法
- 转折处理法：又称为赞成反驳处理法，是推销员根据有关的事实和理由，间接否定顾客异议的一种处理方法
- 利用法：推销员直接利用顾客反对意见的正面来处理顾客异议的一种方法
- 反驳法：推销员根据有关事实和理由来直接否定顾客异议的一种方法
- 补偿法：又称抵消处理法、平衡处理法，是指推销员利用顾客异议以外的其他有关优点来补偿或抵消顾客异议的一种方法

复习思考题

1. 顾客异议的类型有哪些？
2. 产生顾客异议的成因有哪些？
3. 处理顾客异议有哪些原则？
4. 处理顾客异议的方法有哪些？

测试题

案例分析

某货运公司找了一家船运公司，要求把出口的商品及时运送到美国西海岸去。由于船运公司要根据淡季、旺季，走大船、小船，货物的重量级别等多种因素来决定货物运送的价格，结果双方在报价问题上产生了矛盾：货运公司认为船运公司的报价过高，海运费太贵，而船运公司则坚持认为报价是合理的。

问题：

如果你是船运公司这项业务的负责人，会如何处理客户的抱怨，获得客户的理解和支持，从而完成这项业务？请简明扼要地阐述你的观点。如果有多种处理方法，请一并列出。

项目八　推销成交

知识目标

1. 了解并学会辨别成交的信号；
2. 熟悉并掌握促成交易的基本方法；
3. 熟悉签订合同的要点。

能力目标

1. 正确识别成交信号，能够抓住成交时机；
2. 运用正确的成交方法及时促成交易。

推销格言

只要你能帮助别人得到他们想要的，你就能得到一切你想要的。

——金克拉

问题导入

名牌大衣

圣诞前夕，一对夫妇在服装商场的拐角处看到时装模特披着一件非常好看的毛皮大衣。两人停下来欣赏、摆弄着那漂亮的毛皮大衣，妻子还抓住袖口查看了价格标签。这时，一位女推销员走过来望了一下那位妻子说："夫人，这是一件非常好的大衣！"

妻子说："当然啦。"

推销员接着说："我来把鉴别衣服质量好坏的方法教给您吧！"说完，她撩开大衣的里子，说："这件大衣用料好，做工细，款式很长时间都不会过时，而且既美观又暖和。"接着，她从时装模特身上取下那件大衣说："请试穿一下，看看大小是否合适，其他尺码的我们也有，不过我看这件最适合夫人的身材。"

妻子披上了那件大衣，丈夫在旁边看着。推销员说："先生觉得怎么样？夫人穿上去显得华贵大方吧。"稍停顿了一会儿，她接着说："一般呢大衣穿三四年就会变得陈旧了，而毛皮大衣穿上十几年其毛色也不变，算起来买毛皮大衣比买呢大衣还合算，这件毛皮大衣其实并不贵。"说完，她微笑着望着妻子的丈夫。

此时，妻子也把目光投向丈夫，丈夫连声说：“不错，不错。”

推销员一边看着女士一边说：“夫人，您真幸运，许多富人光顾这里都对这件大衣感兴趣，不幸的是她们的丈夫不像您的丈夫，没有人把这件非常漂亮的大衣给夫人买下来。”

结果可想而知，丈夫决定买下这件皮毛大衣给妻子作为圣诞礼物。

问题：

结合案例理解推销成交的重要性以及推销员促进成交的策略。

分析点评

任务一　识别成交信号

基础知识

完成本任务所需要的基础知识包括推销成交的内涵和原则、推销成交的识别信号。

推销成交是推销活动的高潮和关键阶段。在这个阶段，本来非常有购买意愿的顾客可能因为种种突发因素影响其购买行为，而并没有购买意愿的顾客可能被某些方面的因素打动，产生购买行为。推销员在此环节应当谨慎捕捉沟通过程中顾客传递的各种信号，在把握基本原则的基础上，准确识别成交信号，最终成功完成推销活动。

一、推销成交的内涵和原则

（一）推销成交的内涵

推销成交，是指顾客接受推销员的建议及推销演示，并且立即购买推销品的行动过程。推销成交是面谈的继续。在推销成交时，推销员不仅要继续接近和说服顾客，而且要采取有效的措施帮助顾客做出最后的选择，促成交易并完成一定的成交手续。成交过程的内涵可以从以下几个方面来理解：

第一，推销成交是推销员和顾客之间反复进行信息沟通的过程。推销成交离不开信息沟通。一方面，推销员要接收顾客发出的信息，了解顾客的购买心理；另一方面，推销员还要向顾客传递信息，通过多种渠道和方法，如广告、建议、劝说、演示等，让顾客了解自己的企业和所推销的产品。这一过程不可能一次完成，推销员和顾客要经过多次反复的信息交流和沟通，才能实现推销成交的目的。

第二，推销成交是顾客对推销员推销行为和推销品的一种积极反应。推销员在信息沟通的过程中为了实现推销成交，力图使顾客对推销品产生积极的反应。在传播信息时应当突出重点，在分析顾客需求和心理的基础上突出描述顾客关注的产品的正面信息，并且尽可能打消顾客对推销品负面信息的疑虑，通过刺激顾客对推销品产生积极反应，来促成推销成交的实现。

第三，推销成交是推销过程的重要环节，但不是最终环节。推销的最终目的是要赢得顾客对产品、服务以及品牌的忠诚，因此推销员促成推销成交必须以诚信为前提，以消费者满意为最终目标，而不是以单一一次推销成交为终极目标。

(二)推销成交的原则

推销成交在整个推销过程中具有特殊的意义,是推销成功的关键性标志。为了实现这一目标,推销人员要在错综复杂的推销环境中妥善处理各种问题,同时必须遵循一定的推销成交原则。

1. 互利互惠原则

互利互惠原则是指一切推销成功都必须建立在互利互惠的基础之上,否则推销成功就无法实现。这里的“利”和“惠”都是指利益、好处。推销必须在推销一方实现利益的基础上为顾客让渡出一定的利益、好处,顾客才愿意购买或者长期购买推销品。一切带有欺骗性的、强制性的推销都不能实现真正的推销成功。要想贯彻好互利互惠原则,就应该做到以下几点:

首先,要明确交易给双方带来的利益。买卖双方都从交易中各取所需,顾客从交易中得到推销品的使用价值或者收藏价值等,而推销员则代表企业在交易环节中得到经济利益的补偿,抑或顾客从交易中得到价格的优惠,而推销员则代表企业在交易过程中实现商品的快速流转等。不同顾客对推销品的关注层面不一样,企业针对不同时段的推销也有不同的目标。只有在实现一方利益的同时,自愿、主动让渡另一方所要求的价值,才能实现成交。

其次,要充分展示产品或服务给顾客带来的利益或价值。在明确交易给双方带来利益的基础上,推销员要充分展示推销品可以给顾客带来的利益或价值,这是说服顾客成交的主要途径。在交易中,顾客最关注的是自身利益,这种利益展示做得越充分和具体,顾客被说服的可能性就越大。

最后,找出双方利益分配的最佳点。成功的推销员总是在保证顾客满意的前提下,争取自己的最大利益。如何分配双方的利益,寻找到双方利益分配的最佳黄金分割点,要靠推销员对产品、市场及顾客心理的把握和娴熟的推销技巧。

2. 转变顾客使用价值观念的原则

(1)转变顾客的使用价值观念。使用价值是指商品的有用性,观念是指人的思想意识或认识。转变顾客使用价值观念,就是转变顾客对商品有用性的认识,向他们推销正确的消费理念。推销专家海因茨·M.戈德曼曾告诫说:“推销员不要仅仅单纯推销具体的商品,更重要的是推销商品的使用价值观念。”

阅读材料

(2)推销商品的使用价值。在推销商品的使用价值时应该做到以下几点:

首先,广泛深入发掘商品的使用价值。任何一种商品的效用都是多方面的。例如,窗帘既能遮挡人的视线,又能装饰美化房间,还能象征主人的身份、地位等。作为推销员,要尽量发掘商品的功能,并把它展示在顾客的面前。推销员发掘的商品的功能和效用越多,说服顾客的机会就越多,帮助顾客形成正确使用价值观念的可能性也就越大。

其次,认真深入地了解顾客。推销员要认真深入地了解顾客的需求,了解顾客的商品知识和消费心理,特别是他们的习惯心理等,然后进行有的放矢的说服工作。

最后,找准商品的使用价值与顾客需求的最佳结合点。一种商品有多重属性和功能,不同的消费者选择其不同的属性或功能。例如,同样一件服装,有人看重它的款式,有人看重它的颜色,有人看重它的质地,有人看重它的价格,等等。如果推销员能把顾客最喜欢的商品属性展示在他们的面前,就能帮助顾客形成对购买有利的使用价值观念。因此,推销员要学会找准商品的使用价值与不同顾客需求的最佳结合点,这对推销成交至关重要。

3. 与顾客建立良好人际关系的原则

买卖双方既是一种经济利益的交换关系，又是一种人际交往关系。推销员要想把商品推销给顾客，从中赢利，首先必须与他们建立良好的人际关系。

与顾客建立良好人际关系的原则，是指推销员在推销商品时必须与顾客建立起和谐的人际关系。这种关系不仅是经济的、利益的，而且是无私的和富于感情的；不是假装的、虚伪的，而是真诚的、坦率的；不是短期的、权宜的，而是长期的、发展的；是互利互惠的、双方都感到满意的关系。世界成功的推销家，无一不是建立在良好人际关系基础上的。

4. 尊重顾客的原则

尊重顾客是指尊重顾客的人格，重视顾客的利益，满足顾客的需要，使顾客认为其在推销员的心目中有分量、有地位。

首先，要尊重顾客的人格。人格是一个人在其先天性生理素质的基础上，在一定社会历史的条件下，通过社会交往而逐渐形成的稳定的心理特点的总和。由于人的先天生理素质、所处的社会地位、所从事的社会实践活动等不同，人的个性及人格特点也各不相同。每个顾客都有自己的个性和人格特点。推销员在推销商品时一定要注意到这一点，并根据顾客的个性特点推销商品。如果忽视了顾客的个性特点，顾客就会感到推销员没有尊重其人格。

其次，要尊重顾客的身份地位。一个推销员如果在一个公司的传达室问一位经理："您是这里的门卫吗？"这位经理一定会感到很不愉快，认为推销员低估了他的身份地位。所以推销员首先要搞清楚推销对象的身份地位后再进行推销活动。

最后，要尊重顾客的权利。顾客有作出购买决策的权利，也有不作出购买决策的权利。如果顾客在反复询问、挑选商品时，推销员表现出不耐烦甚至拒绝的态度，则顾客会认为推销员侵犯了他的权利。

关于如何把握尊重顾客的原则，推销员可以从以下几个方面做起：

首先，要进行换位思考。换位思考就是从顾客的立场、角度来思考问题，只有这样才能真正做到理解顾客和尊重顾客。

其次，不要左右顾客。推销员在推销过程中可以向顾客介绍商品、提出建议等，但买与不买由顾客自己决定，这是对顾客权利的尊重。

再次，善于赞美顾客。赞美顾客是推销员表达对顾客尊重的最有效方式。适时必要的赞美和恰到好处的奉承，可以使顾客感到自身价值的提升，使他们的被尊重心理得到极大的满足。

阅读材料

最后，注意顾客关心的事情。顾客关心的事情往往与其利益和情感紧密地联系在一起。如果推销员对顾客关心的事情不能及时予以注意，会使顾客感到推销员缺乏同情心，不尊重他的感情。

二、推销成交的识别信号

一个优秀的推销员应该具有明确的推销目的，密切注意成交信号，及时促成交易。然而，有时顾客发出的成交信号稍纵即逝，需要推销员及时捕捉。当成交机会还没有到来时，需要推销员耐心地等待机会；当成交机会已经出现时，则需要推销员及时抓住机会，善于利用机会。成交机会一般出现在顾客发出购买信号时。有经验的推销员特别善于捕捉顾客透露出来的每一个有关信息，并把它作为促成交易的线索，勇敢地向顾客提出销售建议，使自己的推销活动趋向成功。这些购买信号对促成推销员与顾客之间的交易发挥了重大的作用,作为推销员,对成交信号应具有高度的敏感性和捕捉能力。

(一)成交信号的识别

成交信号是指顾客在接受推销员推销的过程中有意或无意通过表情、体态、语言及行为等流露出来的各种成交意向。我们可以把它理解为一种成交暗示或提示。在实际推销工作中,顾客为了保证自己所提出的交易条件,取得心理上的优势,一般不会首先提出成交,更不愿主动、明确地提出成交,但是顾客的购买意向总会通过各种方式表现出来。对于推销员而言,必须善于观察顾客的言行,捕捉各种成交信号,及时促成交易。

顾客发出成交信号的表现形式往往是复杂多样的,一般可以分为语言信号、行为信号和表情信号。推销员可以通过察言观色,根据顾客的语言、动作、行为、面部表情等的变化来判断和识别顾客的成交意向。

1. 语言信号的识别

语言信号是顾客与推销员交谈的过程中,通过顾客的语言表现出来的成交信号。

顾客的言谈是判断和识别其成交信号的最直接的表现形式,如赞许的言辞、贬斥的言辞、提出要求、有意压价以及询问购买有关问题等。古人云:"凡音之起,由人心生也。"说明顾客的言谈话语能反映其心理状态。推销员应能从顾客有意或无意流露出的赞叹、喜欢、夸奖、信任、请教和询问等多种多样的言谈话语中捕捉到成交信号。

(1)顾客的询问。有时顾客的成交信号是通过直接向推销员询问表达出来的。顾客询问交货时间、付款条件、交货方式、产品质量等具体事宜,说明他们有购买意向,这是一种明显的成交信号。

(2)顾客的称赞或肯定。有时顾客的购买信号表现得很微妙,他们可以通过某些措辞将购买信号传递给推销员。例如,"这种产品确实非常漂亮","不错,我很喜欢这种样式","这种产品很适合我","我早就想拥有这样一件产品了","这样的车子坐起来很舒服","别人也曾建议我买这样一件产品","同事说这种款式非常适合我"。顾客将对商品的兴趣、购买的信号隐藏在他们的措辞中,推销员要训练自己的敏感能力,从言谈话语中找出顾客的真实感受,促成交易。

(3)顾客提出问题。顾客会提出产品价格问题,如顾客询问新旧产品的性价比问题,与竞争产品之间的价格差异问题,产品的成本价格问题,希望把价格定得更加确切一些,等等。这往往表明顾客已很现实地考虑到要购买了。顾客也会对产品质量及产品加工问题提出具体要求,尽管他们有时会把这些问题当做异议提出来,这恰恰说明顾客对该产品已有了深入的了解、一定的考虑和更具体的要求,表明他们有成交的意向。顾客还会提出售后服务问题。当顾客提出如何维修、能否上门服务以及退换条件、实行三包等问题时,说明顾客已经在考虑购买产品以后的问题了,这也是一种明显的成交信号。

应用实例

电脑记事本的推销成交

一个卖中文电脑记事本的女孩去拜访一位公司经理。她向经理推荐和介绍了她的产品，并拿出产品向这位经理做了演示。这位经理接过她的产品在手上摆弄了半天，很喜欢。过了一会儿，经理说："我有几本名片簿，把这些名片信息输进电脑记事本中需要多长时间？"

女孩马上意识到这是顾客成交的信号，于是向顾客提出要求："如果您同意的话，我把您的名片簿带回去，输完之后，明天给您送过来。"经理欣然接受了她的提议。

问题：

结合案例体会推销员如何识别成交信号。

2. 行为信号的识别

行为信号是在推销过程中，通过顾客的某些行为表现出来的成交信号。推销员接待顾客时不但要听其言，还要观其行。顾客的购买意向还会通过体态、行为反映出来，顾客的不同行为是他们不同心理状态的反映。例如，顾客不由自主地点头，身体自然前倾，要求推销员展示产品，并亲手触摸、试用产品，反复端详产品等都是发出的购买信号。行为信号具体表现在以下几个方面：

(1)顾客听了推销员的说明或介绍后频频点头，是同意的信号。

(2)顾客表现得很轻松，并能专心倾听推销员的说明和介绍，是对推销员和产品有好感的信号。

(3)顾客专心研究样品和有关资料，脸上露出高兴的神情，是一种明显的成交信号。

(4)顾客接受重复约见。顾客通常是不愿意重复会见一名无望成交的推销员的，如果顾客乐于接受推销员的重复约见或主动提出会面时间，就暗示顾客有成交意向。

在面谈过程中，顾客主动向推销员介绍该企业负责采购的人员或高层决策者，表明已经做出初步的购买决定，一些具体事宜还待有关人员进一步谈判，这是一种明显的成交信号。

其他的成交信号包括顾客认真地阅读推销资料，顾客比较各项交易条件，顾客有意杀价，顾客担心修理费用高或维修困难，顾客开始拿出支票或信用卡准备签字等。

正因为通过顾客的行为可以发现许多成交信号，作为一名推销员，应尽力使顾客成为一位参与者，而不是一位旁观者。在这种情况下，通过细心观察，推销员很容易发现成交信号。比如，当顾客在商品前流连忘返，或者来回看过几次的时候，就说明顾客对该产品有很大的兴趣，及时解决顾客的疑问，成交也就顺理成章了。

3. 表情信号的识别

表情信号是在推销过程中，通过顾客的面部表情和体态表现出来的成交信号。人的心理活动，包括深层的心理活动总是要通过外部行为表现出来的，特别是通过面部表情表现出来。通过推销员的有效劝说后，顾客的成交意向也会在面部表情上反映出来，推销员可以从顾客的表情上获得成交信号。

(1)目光。人的眼睛最富有表达能力，从一个人的眼睛中往往能窥见其内心世界。如果一个人目不转睛地盯着另一个人看，说明他对这个人感兴趣。同样，通过推销员有效地推销和劝说后，如果顾客将目光集中到了某一产品的广告、说明书上，说明他对这个产品已产生兴趣，或者产生了购买的意向。

(2)笑容。推销员彬彬有礼、实事求是地介绍商品后，如果顾客的脸上露出了赞许的微笑，暗示顾客有购买的意向。

(3)凝视。当顾客听了推销员的介绍后,目光凝视某一商品并默默地进行盘算,则暗示顾客已有购买意向。

阅读材料

(4)态度转变。顾客开始对推销员及产品表情冷漠、态度敷衍、言辞生硬、拒绝接受,但是经过推销员的介绍后,顾客的面部表情“由阴转晴”,面露微笑,态度也逐渐好转,这说明顾客已开始注意产品并对产品产生了一定的兴趣,暗示着顾客有成交的意向。

总之,顾客的成交信号隐藏在顾客的语言、动作、行为、表情的背后,推销员要学会细心观察和用心体验,善于及时、准确地捕捉到成交信号,抓住合适的机会达成交易。

(二)成交时机

顾客的情绪、态度是复杂的,顾客发出成交信号后,推销员要善于抓住有利的成交时机,促成交易。最佳的成交时机是顾客对拥有推销品的欲望达到顶点时的心理瞬间,提出成交的时机过早或过晚均不利于成交。当顾客还没有完全信服推销员的推销说明、对推销品和服务的优点还没有充分了解时,进行交易促成是一种冒险的做法。当时机已经成熟时,推销员若不提出成交,则会贻误成交时机。

推销实践中,下列四种情况可认为是最佳的成交时机:①顾客做出积极的反应和认可的表示;②重大异议或问题得到解决,完全取得顾客的信任;③重要的推销品利益被顾客接受;④顾客的成交信号由暗示转向明示。

工作任务

捕捉成交信号,抓住成交时机

工作任务提示:

本工作任务旨在帮助学生理解和掌握成交信号的各种形式和类型,使学生能够准确地捕捉成交信号。通过本工作任务,学生能够根据实际的成交信号准确、及时地抓住有利的成交时机,进而促成交易。

工作任务内容:

(1)班级学生分成偶数组,每组人数应不多于5人。

(2)将小组成员分成推销员和顾客,扮演顾客的一组学生模拟在购物时的各种表情、动作、语言,扮演推销员的一组学生要与顾客进行沟通,判断哪些是购买信号,然后双方交换角色进行演练。

(3)以小组为操作单元,发现和识别各种成交信号。

工作任务要求:

(1)各小组模拟购物的场景和产品要不同,充分和准确地捕捉到成交信号。

(2)将捕捉到的信息记录下来,进行分析,准确抓住最佳的成交时机,小组间分享情境模拟的体会。

任务二 运用推销成交方法

基础知识

完成本任务所需要的基础知识包括推销成交的影响因素、推销成交的基本条件和推销成交的主要方法。

一、推销成交的影响因素

推销成交成功与否受到诸多因素的影响，主要包括顾客方面的因素、商品方面的因素以及推销员自身的因素等。

1.顾客方面的因素

(1)顾客对商品的认识。如果顾客对推销员所推销的商品还没有完全认识，如推销员所推销的商品或许是非名牌产品，或许是刚刚上市的新商品，则顾客一般不敢贸然去购买。

(2)顾客有购买意图，但其购买能力尚有一定限制。顾客对推销员所推销的商品有一定的购买欲望和购买需要，但由于受其经济收入的限制，购买能力受到影响，故暂时放弃购买。

(3)顾客受到自身的情绪和情感的影响。在实际中经常会遇到这些情形：有些顾客情绪特别好或情绪特别低落时，就会去商场购物，以此来平衡自己的心理；有些顾客纯粹凭着自己的某种好恶感去选择购物地点和内容，所谓“跟着广告的感觉走”，就是其中的一个典型例子；有些顾客则较易受周围群体左右，从众心理突出，尤其是支配型性格的人。

2.商品方面的因素

(1)受商品功能效用的影响。很多顾客比较看重商品自身的质量，如果商品质量低劣，即便是其价格特别优惠，也不愿意购买。花钱买“垃圾”，谁都不会做。这是影响成交的一个主要因素。

(2)受商品价格的影响。按经济学的原理，价格是价值的外在表现。“一分价钱一分货”，“好货不便宜”。许多时候，商品的价格体现了商品的质量。然而，即使商品质量可靠、耐用，其价格过高，顾客也会感到可望而不可即，这也是影响成交的一个重要因素。

(3)受商品品牌效应的影响。一般来讲，对于有一定经济能力的顾客，商品品牌好、知名度高，成交的可能性就相对大些。因此，商品品牌也是影响成交的一个重要因素。

3.推销员自身的因素

(1)受推销员的性格、工作态度等影响。一般来讲，推销员本身性格是内向还是外向，工作态度是热情友善、谦和还是呆板、无表情甚至冷若冰霜，是实际影响成交的一个重要因素。

(2)受推销员业务能力的影响。在推销实践中，如果推销员业务能力较强，则对商品的介绍、分析非常合理、科学，让人深信不疑；反之则会给人一个“听不明白”“越听越糊涂”“听了以后反而增加疑虑”的感受，这必然会影响商品的成交机会。如果推销员善于创造一种氛围，有效地诱导顾客，则会带给商品多一些成交机会；反之，即使有了成交机会，可能也会丧失。

二、推销成交的基本条件

推销员在推销商品时能否与顾客达成交易,需要具备一定的条件。这些条件既包括推销员本身的条件,又包括顾客方面的条件。

1. 推销员做好各项推销准备工作

作为推销员,应对推销工作有一个全面的安排方案,根据方案明确自己的工作目标和方向,同时也明确自己下一步的工作规划和要求。尤其是在洽谈的最后阶段,对顾客提出来的意见要妥善处理,使顾客自始至终对推销员的推销工作及所推销的商品保持浓厚的兴趣,要引导顾客积极参与推销员的推销工作。

2. 推销员对顾客的情况有充分全面的了解和掌握

"知己知彼,百战不殆"。作为推销员,要想成功地向顾客推销产品,既要熟悉产品知识,又要熟悉顾客,关注顾客的需求。推销员应关注顾客的需求、个性心理以及消费行为等。

3. 顾客对推销品有全面的了解

在实际推销过程中,如果顾客比较熟悉推销员推销的商品,他们就会表现出购买的热情,或表现出想与推销员沟通的意愿,甚至欣然接受推销员的推销建议;反之,他们就会毫不客气地拒绝推销员包括推销员手中的商品。因此,作为推销员,应该主动地向顾客展示自己的商品,主动地介绍商品的各种优势、性能、用途等,尽可能消除顾客的疑虑。推销员应根据顾客的不同心理,多给顾客了解推销品的时间和机会。

4. 顾客对推销员及其所代表的公司有良好的信任度

让顾客对其所面对的推销员以及推销员所代表的公司有信任感甚至依赖感,是达成交易的一个必不可少的条件。如果顾客对推销员以及他们代表的公司没有足够的信心和信赖,那么即使推销员手中的商品质量再好,价格再优惠,顾客购买商品的信念也会产生动摇、变化。因此,推销员推销商品时,必须取得顾客的信任。

5. 顾客对推销员所推销的商品有强烈的购买欲望

根据市场营销学的原理,顾客对产品发生兴趣,产生了购买欲望,当具有购买能力时,欲望便转化成需求。购买欲望是构成产品市场的必要条件,要促成交易,必须刺激人们的购买欲望。作为推销员,应做好推销说明中的工作,这样才能影响和带动顾客的购买欲望,进而产生购买的行为。

三、推销成交的主要方法

在推销洽谈的最后阶段,推销员应密切注意成交信号,做好成交的准备,同时还要学会运用不同的技巧和成交方法。成交方法是指在成交过程中,推销员抓住适当的时机,引导顾客做出购买决定、促成顾客购买的推销技术和技巧。由于推销员推销的产品不同、对象不同,所处的环境和条件各不相同,采取的方法也应该有所不同,应该针对具体情况运用相应的推销方法和技巧,这是促使推销达到成交目的的重要一步。常见的方法主要有请求成交法、假定成交法、选择成交法、小点成交法、从众成交法、机会成交法、保证成交法、优惠成交法和激将成交法等。

(一)请求成交法

请求成交法是指在成交阶段,推销员根据顾客发出的成交信号,适时地直接要求顾客购买推销品的一种成交技术。这种方法直接而简单，是推销员常用的方法。

1. 请求成交法的使用时机

通常，请求成交法适合于以下一些场合：

(1)面对老顾客时。对老顾客而言，买卖双方已经建立了长久和良好的人际关系，推销员对顾客的需求很了解，顾客也接受过推销品，对推销品并不陌生，因此，顾客对推销员的直接请求一般不会提出反对意见。面对老顾客，推销员可以很轻松地说："您好！今天刚好到了一批新款产品，您挑一件吧！"

(2)在顾客发出购买信号时。如果顾客对推销品已经有好感，也流露出购买的意向，但是由于某些原因又不能最后下定决心购买，或者不愿意主动提出购买，这时，推销员就可以用请求成交法主动提出成交建议，促成顾客采取购买行动。例如，可以对犹豫不决的顾客说："这种产品实用又美观，现在又做特价活动，您买了肯定不会后悔！"或者"机会难得，这种产品很畅销，买过的人都非常满意，您就放心购买吧！"

(3)在顾客对产品提出的问题已经得到解决时。有的顾客对推销品非常感兴趣，但是还没有马上意识到成交的问题，推销员在回答和解决了顾客提出的问题之后，可以接着说："您还有什么疑问吗？没有的话您确定一下什么时候给您送货比较方便？"或者说："购买这款产品后，您如果填写了详细的订单信息，我们会有售后跟踪服务，您方便留下个人电话吗？"这种类型语言的主要作用是集中顾客的注意力，促进顾客进行购买思考和决策。

2. 请求成交法的优缺点

请求成交法的优点在于若能正确运用，能够有效地促成交易。因为从顾客心理来看，顾客一般不愿主动提出成交要求，为了有效地促成交易，就要求推销员把握时机，主动提议，说出顾客想说而又不愿意说的话，从而促成交易。另外，采用请求成交法，可以避免顾客在成交的关键时刻故意拖延时间，贻误成交时机，从而有利于节约推销时间，提高推销活动的效率。

但是，请求成交法也存在局限性。若推销员不能把握恰当的成交机会，盲目要求成交，很容易给顾客造成压力，从而产生抵触情绪，破坏本来很融洽的成交气氛。此外，若推销员急于成交，就会使顾客以为推销员有求于自己，从而使推销员丧失成交的主动权，使顾客获得心理上的优势。还有可能使顾客对本来已认可的条件产生怀疑，从而增加成交的难度，降低成交的效率。

3. 使用请求成交法的注意事项

成交请求提出的时机要合适。请求成交法要求推销员在推销过程中分析推销场景、顾客反应，及时捕捉顾客发出的各种成交信号，适时适地提出成交请求。成交请求的适时适地提出可以转化为适当的成交压力和成交动力，有利于推销员及时促成交易。反之，成交请求的滥用会造成成交障碍。

推销员应主动提出成交请求。一旦在推销过程中看准了时机，推销员就应该立即主动提出成交请求。主动性是请求成交法的最大特点，只有主动提出请求才能及时有效地促成交易的达成。

推销员应该树立正确的推销态度。在使用请求成交法的过程中，由于种种原因可能会给顾客造成"推销员有求于我"的感觉，这样推销员就处于被动地位，失去了推动成交实现的主动性。造成这种现象的主要原因是推销员利用请求成交法时信心不足，因此推销员必须树立正确的推销态度,将自己与顾客放于平等的地位,二者的关系是自由平等的"买卖"协议关系,并不是谁"求"谁的关系。

推销员应避免对顾客加压过大。请求成交法的核心在于通过推销员主动提出或者建议顾客做出购买决策,形成适当的成交压力或者动力,从而促成成交的实现。如果推销员在提出成交请求时过分地热情或者语气强硬,则会给顾客的心理带来过大的压力,导致顾客对推销员及其推销方式产生反感情绪,成交压力或动力就变成了障碍。推销员在推销过程中要学会"察言观色",适当地把握主动请求成交的程度和力度。

(二)假定成交法

1. 假定成交法的含义

阅读材料

假定成交法是指推销员在假定顾客已经接受销售建议、同意购买的基础上,通过提出一些具体的成交问题,直接要求顾客购买销售品的一种方法。在整个推销面谈过程中,推销员随时都可以假定顾客已经接受推销建议。假定成交法的力量来自于推销员的自信心,推销员应该认真做好接近准备,积极进行顾客资格审查工作,一旦成交机会成熟,推销员就应该坚信:"这位顾客会买的,他一定会购买的,这一点我毫不怀疑。"

2. 假定成交法的优缺点

(1)假定成交法的优点

首先,正确使用假定成交法,可以节省推销时间,提高推销效率。

其次,正确使用假定成交法,可以适当减轻顾客的成交心理压力。在成交时,顾客心理的接近压力会转化为成交压力,直接阻碍成交。在使用假定成交法时,推销员不应明示成交,而应暗示成交,尽量避免直接施加成交压力、把推销员的推销提示转化为顾客的购买提示,可以大大地减轻或者消除顾客的成交心理压力,有利于促成交易。

再次,正确使用假定成交法,可以把成交信号直接转化为成交行为,直接促成交易。在整个推销过程中,顾客随时都有可能有意或无意地流露出各种成交意向,推销员应该密切注意各种成交信号,充分利用它们,直接促成交易。

最后,假定成交法是基本的成交技术之一,具有十分广泛的用途。假定成交法还是其他各种成交技术的基本依据,如选择成交法、小点成交法等都是以假定成交法作为基础的。

(2)假定成交法的缺点

假定成交法可能对顾客产生成交压力,破坏成交气氛;不利于进一步处理有关的顾客异议;这种推销方法是推销员把顾客的暗示反应当做明示反应、把成交信号当做成交的行为,因此,如果推销员把握不准成交的机会,就会引起顾客的反感,反而会阻碍成交。

3. 假定成交法的使用策略

(1)推销员必须密切注意各种成交信号。成交信号是顾客成交意向的外部表现,是一种成交暗示。从现代推销学理论上讲,成交假定就是指推销员把成交信号假定为成交行为。因此,在使用假定成交法时,推销员应该密切注意顾客的心理变化和行为反应,密切注意各种有利的成交信号。在实际的推销工作中,推销员不断地向顾客传递推销信息,顾客也会产生一定的行为反应,这些反应是顾客的信息反馈,表明了顾客的态度和动机。顾客的内心活动及其变化也一定会以各种方式表现出来,形成各种异议信号和成交信号。异议信号就是异议暗示,也是一种秘密异议,是隐藏在顾客内心深处的真实的购买异议,是成交的障碍。

顾客的购买异议一旦被妥善处理，异议信号就可能转变为成交信号。而成交信号的具体表现形式则是千差万别、千变万化的，没有绝对的标准。因此，推销员除了要学习现代推销学基本理论和成交技术之外，还必须努力实践，在实践中学习，积累经验，探索规律，培养职业敏感度。

(2)使用假定成交法时必须具有十足的成交信心。假定成交法是推销员假定成交，而不是顾客假定成交。在使用假定成交法时，推销员主观假定顾客已经接受推销建议，已经决定购买推销品，是单方面假定成交。成交是推销主体双方的一致性行为，必须双方自愿、双方平等、双方同意、双方接受，因此在进行假定时必须有足够的成交信心和把握。而成交信心和把握建立在推销员对推销过程和客户反应的准确判断基础之上。

(3)推销员必须在假定成交法的使用过程中将成交信号转化为成交行为。成交信号是顾客购买意向的各种外部表现，成交行为是顾客的实际行动过程。成交信号并不是成交行为。在使用假定成交法时，推销员应该假定顾客已经接受推销建议，已经决定购买推销品，把成交信号转化为成交行为，把顾客的购买意向转化为购买行动。只有及时有效地实现这种转化，才能有效地促成交易。在假定成交时，推销员应该密切注意观察顾客的行为反应，把成交暗示转化为成交明示。此外，推销员应当根据相关法律法规，完成必要的成交手续，避免出现成交误会，产生成交纠纷。否则，推销员单方面假定成交，并没有将成交信号转化为顾客真实的购买行为，容易导致顾客不以为然，造成成交误会，甚至引发经济纠纷。因此，在使用假定成交法时，推销员必须注重落实成交行动，充分完成双方的成交行为。

(4)推销员应当创造有利的成交气氛，选择适当的成交方式。成交压力会使顾客产生一定的心理障碍，直接阻碍成交，而不利的成交气氛会增加成交压力。在使用假定成交法时，推销员既要有假定成交的自信心，又要有促成交易的耐心；既要有效传递推销信息，又要增强顾客的购买信心。在使用该方法时，推销员需要尽量保持自然的语气，创造有利的成交气氛，减轻顾客的成交心理压力，推销成交则会顺理成章地实现。

(三)选择成交法

1. 选择成交法的含义

选择成交法是指推销员向顾客提供一些可供他们选择的购买决策方案，并且要求顾客选择其中的一种的成交技术。

选择成交法是对假定成交法的应用和发展，推销员假定顾客购买推销的产品，设想顾客在购买时的不同选择，为顾客提供一些符合其需要的选择方案，这样更有利于顾客做出购买决策，尽快成交。在实际推销工作中，选择成交法的用途很广泛，具有很好的成交效果。

阅读材料

2. 选择成交法的优缺点

首先，正确使用选择成交法，可以减轻顾客的购买压力，创造良好的成交气氛。推销员使用选择成交法，似乎是把成交主动权交给了顾客，实际上是将成交选择权交给顾客，这样可以让顾客主动参与成交活动，减轻顾客成交的心理压力，形成良好的成交气氛。

其次，正确使用选择成交法，可以有效地促成交易。在使用选择成交法时，推销员不是直接请求顾客购买推销品，而是假定顾客已经决定购买推销品，直接提供选择成交方案，间接促成交易。推销员避开成交本身的问题，直接提供具体的成交选择方案，这样使得顾客无法拒绝成交，从而有利于促成交易。

最后,正确使用选择成交法,推销员可以掌握一定的成交主动权,留下一定的成交余地。推销员直接假定顾客已经决定购买推销品,直接向顾客提供成交方案,把购买选择权交给了顾客,把成交主动权留给了自己。顾客在一定的范围内进行选择,最终结果是成交,给推销员留下了一定的成交余地。即使选择成交失败,还可以进一步促成交易。

选择成交法的运用需要讲究时机与场合,若运用不当,产生误会,顾客会有被欺骗的感觉,故应谨慎使用。

3. 选择成交法的使用策略

选择成交法并不是放之四海而皆准的常胜不败的方法,为了正确应用,有效促成交易,在运用时应注重一定的使用策略。

推销员必须针对顾客的购买动机和购买意向,直接假定顾客已经决定购买推销品,先假定成交,后选择成交。选择成交是建立在假定成交的基础之上的,推销员要善于捕捉各种成交信号,假定成交,在此基础上提供选择成交方案,否则选择成交便失去了基础,推销员将陷于被动地位。

推销员应看准成交信号,直接向顾客提供成交选择方案。选择成交法的基本原理是选择提示。在使用时,推销员要把顾客注意力集中在成交活动范围内,将成交选择权交给顾客,调动顾客的成交积极性,减轻顾客的成交心理压力,消除成交心理障碍,创造良好的成交气氛。在推荐选择方案时,推销员应该注意沟通技巧,自然诚恳,主动热情。

推销员应该把成交选择方案限定在成交范围之内。在使用选择成交法时,推销员主动向顾客提供成交选择方案,把成交选择权交给顾客,促成双方自愿成交。但是推销员必须限制顾客的选择权,把顾客的选择范围限定在成交活动的一定范围之内。

推销员应该向顾客提供适当的成交选择方案,有效促成交易。一般情况下,推销员应该尽量选择与成交行为有直接联系的选择提示,作为向顾客提供的成交选择方案,如交货时间、交货地点、付款方式、运输方式、订货数量、订货规格、性能特点、质量要求等,都可以作为成交选择提示的基本内容。在某些特殊情况下,推销员也可以灵活机动,使用一些间接的成交选择提示,间接地促成交易。但是无论选择哪种推销提示,都必须有效地限制顾客的成交选择权,防止顾客滥用成交选择权,利用成交选择权来拖延成交或拒绝成交。

推销员应该掌握成交主动权,积极促进交易。使用选择成交法时,推销员在将成交选择权交给顾客的同时,自身一定要牢牢掌握成交主动权,控制成交气氛,施加成交压力,主动促成交易。具体来说,推销员应该开展重点推销,提供重点成交选择方案,限制顾客选择范围,引导顾客购买,节省推销时间,提升推销成交效率。

(四)小点成交法

1. 小点成交法的含义

阅读材料

小点成交法是推销员利用成交小点来间接促成大的交易的一种成交技术。小点即指较小的成交问题或次要的问题。推销员通过小的成交问题或次要问题的解决,逐步过渡到大的交易。一般来说,从顾客的购买心理来看,其在进行重大购买和成交决策时的心理压力较大,因而比较慎重和敏感,缺乏购买信心,不会轻易做出明确的决策。而在处理较小的成交问题时则心理压力小,购买信心强,能较为果断和明确地做出购买决策。小点成交法正是利用了顾客的这一心理活动规律,避免直接提出重大的和顾客比较敏感的成交问题，而是先从小的和顾客不太敏感的成交问题入手，先小点成交，再大点成交；先就成交活动的具体条件和具体内容达成协议，再就成交活动本身与顾客达成协议；先在没有争议或不会引起争议的问题上达成协议，最终促进现实交易的成功。

2. 小点成交法的优缺点

小点成交法是以假定成交法为基础的，推销员假定只要小点成交，就能大点成交。小点成交是一种试探性的成交，运用这种方法时要求推销员想方设法地直接促成小点成交，间接促成大点成交。推销员要善于捕捉和利用各种成交信号，并直接把信号转化为成交小点，努力促进小点成交后，再把小点成交信号转化为大点成交信号，假定大点成交，最终达到成功交易的目的。

小点成交法的优点在于它采取了先易后难、逐步推进的方法，避免直接提出成交的敏感性问题，有利于减轻顾客成交的心理压力。同时，由推销员掌握主动权，既可以主动进攻，又可以为自己留下退路，非常灵活。

小点成交法的缺点是有可能分散顾客的注意力，引起顾客的误会，产生纠纷，使顾客失去购买信心，因此推销员不宜盲目地进行成交尝试，乱用小点成交法。

3. 小点成交法的使用策略

(1)推销员应该针对顾客的购买动机和购买意向，适当选择成交的小点。顾客购买动机是顾客成交的动力，使用小点成交时，推销员应该直接针对顾客的个性特征和购买动机，选择有效的成交小点，诱发顾客的购买欲望，才能创造良好的成交气氛，有效促成推销成交。

(2)推销员应该把小点成交直接转化为大点成交的成交信号，及时促成大点成交。小点成交并不完全等于大点成交，顾客对推销品某一方面的认可不等于对推销品整体的认可。推销员在使用小点成交法的同时，既要把成交小点与成交大点结合起来，选择适当的成交小点，又要把成交小点与成交大点区分开来，把小点成交信号直接转化为大点成交信号，及时促成大点成交，完成成交手续，完成最后的交易。推销员应该避免直接提示大点成交，这样才能创造和谐的成交气氛，有效促成交易，避免发生成交误会和成交纠纷。

(3)推销员必须认真处理顾客对有关问题的异议，不能用小点成交提示回避顾客所提出的重大问题。小点成交提示可以有效缓解顾客购买的心理压力，促成交易达成，但阻碍成交的最根本的问题是成交异议，推销员对成交异议必须认真对待和回答。如果推销员试图借助小点成交掩盖或者忽略顾客的成交异议，最终只能导致成交失败。

(五)从众成交法

1. 从众成交法的含义

从众成交法是指推销员利用顾客的从众心理来促使顾客立刻购买商品的方法。从众心理是指人们追求和多数人行为相一致的心理，是一种普遍的社会心理现象。顾客的购买活动既是一种个体行为，又是一种社会行为；既要受到顾客个体购买动机的支配，又要受到购买环境的影响和制约。个人的认知水平和社会环境的压力是产生从众心理和行为的基本原因。推销员可以利用顾客的从众心理，利用周围和一部分顾客对另一部分顾客的影响促成交易。有时，顾客在某零售商店排队购买商品时，推销员并不急于让顾客离开，而是用中等速度不紧不慢地接待顾客，目的是

阅读材料

始终保持一种热销的气氛,诱发顾客的从众心理。

2. 从众成交法的优缺点

从众成交法的优点是,如果能创造出一种有利的购买环境,就可以省去许多推销环节,简化劝说的内容,利用顾客之间的相互影响,有效说服顾客。

从众成交法的缺点是不利于推销员准确地传递推销信息,缺乏劝说成交的针对性。这种方法适用于对从众心理较强的顾客进行成交诱导,对那些自我认知意识较强的顾客则难以奏效。

3. 从众成交法的使用策略

为了正确使用从众成交法,有效促成交易,推销员应注重一些使用策略。

推销员必须针对顾客的从众心理动机,选择和使用具有一定影响力的基本顾客和中心顾客。能否说服新顾客,引发其从众购买心理,关键在于基本顾客和中心顾客对新顾客是否有影响力。推销员应该选择目标顾客群体普遍认同或者愿意顺从的基本顾客和中心顾客"元素",利用这些元素来刺激新顾客的购买。例如,对时尚消费人群,可以选择影视明星或其购买行为进行说服,可以说"这个品牌也是××明星的最爱",或者"韩国著名影星××一直为这款产品代言"等。

从众成交法主要适用于有大批用户的普通商品,不适用于特别推销,尤其不适用于具有反从众心理特征的顾客,如个性消费群体。从众成交法的基本原理是利用从众心理促成大量成交,对于不具有从众心理的顾客以及不需要大量成交的推销品,使用从众成交法的效果不良。

(六)机会成交法

1. 机会成交法的含义

机会成交法是指推销员通过向顾客提示最后成交机会,促使顾客立即购买商品的一种成交方法。这种方法的实质是推销员通过提示成交机会,限制成交内容、成交条件和成交时间,利用机会心理效应,增强成交的说服力。例如:

(1)"目前这种商品供不应求,这是领导让我们留给老客户的,如果您现在买,还可卖给您一些。"

(2)"这种商品的价格上涨得很快,你们趁还没有提价赶快购买。"

(3)"我们的存货有限,要求订货的厂家又很多,如果现在就订货,还能保证你们的需要。"

(4)"如果最近两天还收不到你们的订单,我们就不能保证把这批货留给你们了。"

以上都是推销员在使用机会成交法推销自己的商品。实际上,顾客不可能注意到所有的成交机会,而只注重重要的机会。机会成交法恰恰是在强调购买机会的重要性,刺激顾客的购买动机和心理,激发其购买欲望,促成交易的实现。

2. 机会成交法的优缺点

机会成交法如果使用恰当,可以发挥其自身的优点,进而迅速促成交易。

机会成交法可以创造有利的成交气氛,吸引顾客的注意力。人们对于各种各样的机会,尤其是一去不复返的机会往往更加关注,用"稀缺的购买机会"信息提醒消费者,能够在第一时间吸引顾客的注意力,刺激顾客的购买兴趣和欲望。推销员以恰当的广告宣传方式,直接提示成交机会,造成良好的成交气氛,非常有利于促进成交的实现。

合理使用机会成交法可以向顾客施加一定的成交心理压力，促使顾客主动成交。通过稀缺成交机会刺激顾客产生一定的成交心理压力，使顾客处于一种决策前高度紧张的心理状态，有利于促进顾客迅速做出购买决策，主动成交。

合理使用机会成交法还可以主动限制成交内容和成交条件，促使顾客立即购买，及时达成交易。

机会成交法如果使用不当，也可能给顾客带来过高的心理压力，造成不利的成交气氛；滥用机会成交法，还有可能使顾客失去购买信心或者对推销品失去信任。

3．机会成交法的使用策略

为了正确使用机会成交法，有效促成交易，推销员应注重一些使用策略。

（1）推销员必须认真选择成交机会，诱发顾客的购买心理动机。推销员在确定选择成交机会的内容时，应该针对顾客的购买动机，选择和使用适当的成交机会因素，尤其是对顾客的购买条件和内容进行一定的限制，通过“稀缺”来刺激顾客的求新、求廉、求奇等心理带来的购买欲望。否则，顾客对转瞬即逝的机会也会毫不在意。

（2）推销员应该结合一定的广告宣传，形成一定的机会成交气氛。为了吸引顾客，推动主动成交，使用机会成交法之前应该对推销品进行广告宣传，充分整合利用各种现代信息传播手段，提示成交机会，吸引顾客，施加机会成交压力，引起大批连锁成交。

（3）推销员应该直接提示成交机会，开展重点推销。机会成交法利用最后机会、优惠机会、减价机会、展销机会等吸引顾客购买，推销员在制定机会政策时，应认真分析成交机会因素，结合推销重点，直接提示成交机会，增强说服力，诱发顾客的主动购买动机，直接促成交易。

（七）保证成交法

1．保证成交法的含义

保证成交法是指推销员直接向顾客提供成交保证来促使顾客立即购买推销品的一种成交技术。顾客在购买过程中往往会害怕或者担心决策失误而拒绝成交，或者故意拖延成交，顾客的这种成交心理障碍直接阻碍成交，不利于及时达成交易，甚至会使推销员失去最后的成交机会。推销员可以针对顾客的购买动机，向顾客提供一定的成交保证，消除顾客的成交心理障碍，增强顾客的成交信心，促使顾客立即做出购买决策。

应用实例

买　碟

王小姐：“如果我买了这个碟以后，发现问题，比如说质量问题，怎么办呢？”

刘先生：“我们的DVD制作过程是非常严谨的，绝对没有问题。万一出现问题，我们接到电话和信件后，将马上给您更换。”

王小姐：“那就好了。”

问题：

说明该案例中刘先生使用的推销成交方法。

2. 保证成交法的优缺点

正确使用保证成交法可以消除顾客的成交心理障碍,增强顾客的成交信心,有助于迅速推进成交实现。在成交时,推销员只要针对顾客的主要购买动机,直接提供有关成交的保证条件,就可以解决顾客的后顾之忧,消除成交心理障碍,增强顾客的购买信心。例如,推销员可以这样说:"钱总,请您放心购买,我们保证贵公司只会盈利,不会亏损,只要按照我们规定的经营标准进行经营,每进2吨货物,保证获利10万元。"能够直接消除顾客疑虑的保证,可以增强顾客的成交信心,很有可能在短时间内促进顾客实施购买行为。

正确使用保证成交法,可以增强成交说服力和成交感染力,诱发顾客的购买动机,创造良好的成交气氛。推销员具有说服力和感染力的推销既可以使顾客增强购买信心,减少心理压力,又可以刺激顾客的购买动机,强化购买欲望,创造出良好的推销氛围,使顾客在自愿、轻松的氛围中主动成交。

保证成交法的使用必须把握好一个度,盲目使用不但不会促进销售,反而会给顾客留下不好的印象,以致不能达成交易。

3. 保证成交法的使用策略

推销员必须针对顾客疑虑有针对性地提出保证。只有深入分析顾客真正的疑虑,有针对性地提出成交保证,才能彻底打消顾客的成交心理障碍,实现购买。

推销员必须出具有效的相关文件和保证材料。推销员往往无法以个人名义向顾客做出关于产品质量、售后服务等的保证,只有出具有效的相关文件和资质证明材料,推销员的成交保证才会真正有说服力,顾客才能真正相信,从而实施购买。

推销员在使用保证成交法推销的过程中,自身要具有充足的信心,同时要注意语言的感染力。只有这样,才能从情绪上打动顾客,让顾客在更加良好的氛围中实现成交。

(八)优惠成交法

1. 优惠成交法的含义

优惠成交法是指推销员通过向客户提供某种优惠条件,从而促使顾客购买推销品的方法。这种方法的本质,是在利益上对顾客做出让步,利用了顾客的求利心理。推销员在推销实践中深知市场竞争的激烈程度,有时为了更好地打开销路,就要向顾客提供某种优惠,以便吸引顾客。给顾客提供优惠的方式很多,如给予价格上的优惠、赠送礼品、提供附加的服务等。

例如,顾客对某一件商品爱不释手,却又下不了购买的决心。这时推销员就可以说:"我看您很喜欢这件商品,这样吧,价格上我给您打九折。一般情况下我们是不打折的,希望您能经常光顾。"

成交优惠条件除价格优惠外,还包括提供赠品、设备安装、人员培训、以旧换新等优惠条件。例如,"张总,我们最近有一个促销活动,如果您现在决定购买我们的设备,我们就为贵公司提供免费培训,还有三年的免费维修服务","大姐,如果您一次购买20桶纯净水的水票,我们可以送您一台饮水机",等等。

2. 优惠成交法的优缺点

优惠成交法利用顾客的求利心理,可以吸引并招揽顾客,有利于创造良好的成交气氛;利用批量成交优惠条件,可以促成大批量交易,提高成交的效率。

采取优惠成交法,通过给顾客让利来促成交易,必将导致销售成本上升。若没有把握好让利的尺度，还会减少销售收益。此外，采用优惠成交法，有时会让顾客误以为优惠产品是次等货而不予信任，从而丧失购买的信心，不利于促成交易。

使用优惠成交法时，不要让顾客误以为推销的产品是次等货而丧失购买的信心。使用这种方法时应当注意，推销员不得欺骗顾客，也不能让顾客产生所有商品都能打折和都有优惠的想法，否则就失去了意义。这种方法如果能够应用得恰到好处，对于促使某些顾客立即采取成交行动是十分有效的。

（九）激将成交法

俗话说：褒将不如贬将，劝将不如激将。激将成交法是推销员采用一定的语言技巧刺激顾客的自尊心从而达成交易的方法。

激将成交法是利用顾客的自尊心强、要面子的心理，刺激顾客的购买欲望。使用激将成交法，可以减少顾客异议，缩短成交时间，提高推销的效率。采用激将成交法一定要使用得当、要给顾客留面子，把握不好可能激发的不是自尊心，而是不满、愤怒，会破坏成交气氛，失去成交的机会。适当的激将，不但不会伤害对方的自尊心，还会在购买中满足对方的自尊心。

阅读材料

工作任务

运用推销成交方法

工作任务提示：

本工作任务旨在帮助学生熟练运用各种成交方法，引导学生根据实际情况准确及时地抓住有利的成交时机，进而促成交易。

工作任务内容：

（1）以小组为单位，根据小组制订的方案，结合具体推销活动，进行角色扮演。

（2）在演练过程中，小组要充分运用各种成交方法促成交易，然后对全过程进行记录。

（3）由学生对每个小组的表演进行评价，找出其不足之处。

工作任务要求：

学生以6～8人为一组，选择商品，制订方案，进行模拟演练。

任务三　订立合同

基础知识

完成本任务所需的基础知识包括买卖合同订立的原则、买卖合同的内容、买卖合同的格式以及成交的后续工作。

一、合同的订立

(一)买卖合同订立的原则

买卖合同是指出卖人转移标的物的所有权于买受人,买受人支付价款的合同。推销员与客户订立买卖合同后,才算真正意义上的成交。为保证买卖合同当事人的目的得以实现,企业获得较好的经济效益,需要明确合同订立的原则。

1. 遵守国家的法律和政策

签订合同是一种法律行为,合同的内容、程序及手续都必须合法。这里说的"合法"是指买卖合同的订立必须符合国家法律和政策的要求。只有遵循合法原则,订立的买卖合同才能得到国家的认可和具有法律效力,当事人的权益才能受到保护,并达到订立买卖合同的预期目的。

(1)买卖合同主体必须有法定资格。《中华人民共和国合同法》第九条规定:"当事人订立合同,应当具有相应的民事权利和民事行为能力。"也就是说,当事人应当具有相应的主体资格。

(2)当事人的委托必须有法定资格。在现实生活中,有些当事人由于各种原因,往往需要委托代理人来订立合同。委托代理是指代理人的代理权根据被代理人的委托授权行为而产生,在代理人与被代理人之间形成的代理关系。当事人委托代理必须依法进行。委托代理人订立买卖合同,包括委托授权和委托合同两种形式。如果授权委托书授权不明,被代理人应与代理人一起向第三人负连带法律责任。合同的代理是代理人在代理权限内,以被代理人的名义订立、变更、解除合同关系时经常采用的形式。代理行为必须符合法律的要求。

(3)买卖合同的形式必须符合法定形式。合同形式是指体现合同内容的、明确当事人权利义务的方式,是双方当事人意思表示一致的外在表现。订立合同的形式有书面形式、口头形式和其他形式。其中,书面形式合同有利于督促当事人全面认真履行合同,发生争议也便于分清责任和举证;口头形式的合同无文字依据,一旦发生争议,难以举证,不易分清责任,以致当事人的合法权益得不到保护;其他形式,即法律没有禁止的形式。

2. 平等互利、协商一致、等价有偿

这一原则在买卖合同关系中的具体体现是:双方当事人在法律地位上是平等的,所享有的经济权利和承担的义务是对等的。双方的意思表示必须真实一致,任何一方都不得把自己的意志强加于对方,不允许一方以势压人、倚强凌弱或利用本身经济实力雄厚、技术设备先进等优势条件签订"霸王合同""不平等条约",也不允许任何单位和个人进行非法干预。

3. 诚实信用原则

买卖合同的双方当事人,应诚实遵守合同的规定,积极履行合同,稳定地开展工作,为提高自己的信誉而努力。

(二)买卖合同的内容

买卖合同的内容即买卖合同的主要条款,是买卖合同的重心,它决定了合同签订双方的义务和权利,决定了销售合同是否有效和是否合法,是当事人履行合同的主要依据。推销员在签订合同的过程中,一定要对合同的主要条款逐一审明,详尽规定,使之清楚、明确。

1. 标的

标的是指合同当事人的权利和义务共同指向的对象。标的是订立合同的目的和前提，也是一切合同中都不可缺少的重要内容。合同中的标的必须具体详细地注明产品的名称、商标、型号、规格、等级、花色等。书写必须规范、准确、完整，不能采用简写、缩写、俗名、方言等，以免产生误解和纠纷。

2. 数量

数量是确定合同当事人的权利义务大小的尺度。订立合同必须有明确的数量规定，没有数量，合同是无法履行的。合同中数量的规定要准确、具体。数量所用的计量单位必须是国家规定的法定计量单位。对于成套设备，可以附一份清单，将主机、附机、附件、配套的产品等的数量和名称一一罗列清楚。国家没有具体规定的，可由供需双方商定，是以毛量计算还是以净量计算，是以体积计算还是以重量计算，在合同中都要明确说明。

3. 质量

质量是标的物的具体特征，也就是标的内在素质和外观形态的综合，是满足人的需要或生产的属性，如产品的品种、型号、规格和功能，工程项目的标准等。质量条款由双方当事人约定，必须符合国家有关规定和标准化的要求。关于产品的质量标准，《中华人民共和国标准化法》把它划分为国家标准、行业标准和企业标准三种。买卖双方可根据产品的种类和当事人的要求协商签订。

4. 价款或酬金

价款或酬金是取得合同标的一方向对方支付的以货币数量表示的代价，体现了经济合同所遵循的等价有偿的原则。在合同中，推销员应明确规定定价或酬金的数额，并说明它们的计算标准、结算方式和程序等。

5. 履行期限和方式等

履行期限是合同当事人双方实现权利和履行义务的时间，它是确认销售合同是否按时履行或延期履行的时间标准。双方当事人在签订合同时，必须明确规定具体的履行期限，如按年、季度或月、日履行的起止期限，切忌使用“可能完成”“要年内完成”等模棱两可、含糊不清的措辞。履行方式是一方当事人履行义务的具体方法，由合同的内容和性质来决定。如交付货物，是一次履行还是分期分批履行，是提货还是代办托运等。

6. 违约责任

违约责任是指当事人中的一方或双方出现拒绝履行、不适当履行或者不完全履行合同等违约行为后，对过错方追究的责任。当事人可以依据《中华人民共和国合同法》在合同中约定违约责任的具体条款。

7. 解决争议的方法

我国目前有四种解决合同争议的方法：一是当事人自行协商解决；二是请求有关部门主持调解；三是请求仲裁机关仲裁；四是向人民法院提起诉讼。合同当事人可以在合同上写明解决争议的方法。

8. 当事人的名称和住所

签订合同时，自然人要写上自己的姓名，法人和其他组织要写上单位的名称，还要写上各自的住所。

除此之外，合同中还包括包装方式、检验标准和方法，根据法律规定或买卖合同性质必须具备的条款，以及当事人一方要求必须规定的条款等。

(三)买卖合同的格式

产品买卖合同是每个企业或经营商户都会经常接触到的,由于行业不同、销售产品不同、贸易方式不同,合同的格式有多种,如出口合同、进口合同(货物、服务、技术)、经销合同(机电产品、药品、房屋)、代理合同(货物采购代理、销售代理、出口代理、进口代理、金融代理、运输代理、保险代理、广告代理、期货代理、证券代理、招投标代理、税务代理、财务代理、跨国婚介代理、出国留学代理、旅行代理等)。

工矿产品买卖合同范本

订立合同双方:

购货单位:______________________________,以下简称甲方;

供货单位:______________________________,以下简称乙方。

经由甲乙双方充分协商,特订立本合同,以便共同遵守。

第一条　产品的名称、品种、规格和质量

1.产品的名称、品种、规格:______________。(应注明产品的牌号或商标)

2.产品的技术标准(包括质量要求),按下列第(　　)项执行:

(1)按国家标准执行;

(2)按部颁标准执行;

(3)按甲乙双方商定的技术标准执行。

第二条　产品的数量、计量单位和计量方法

1.产品的数量:______________。

2.计量单位和计量方法:______________。

3.产品交货数量的正负尾差、合理磅差和在途自然减(增)量规定及计算方法:

____。

第三条　产品的包装标准和包装物的供应与回收

略

第四条　产品的交货单位、交货方法、运输方式、到货地点(包括专用线、码头)

1.产品的交货单位:______________。

2.交货方法,按下列第(　　)项执行:

(1)乙方送货;

(2)乙方代运(乙方代办运输,应充分考虑甲方的要求,商定合理的运输路线和运输工具);

(3)甲方自提自运。

3.运输方式:______________。

4.到货地点和接货单位(或接货人):______________。

第五条　产品的交(提)货期限

略

第六条　产品的价格与货款的结算

1.产品的价格,按下列第(　　)项执行:

(1)按照甲乙双方的商定价格;

(2)按照订立合同时履行地的市场价格;

(3)按照国家定价。

2. 产品货款的结算:产品的货款、实际支付的运杂费和其他费用的结算,按照《中国人民银行结算办法》的规定办理。

第七条　验收方法

略

第八条　对产品提出异议的时间和办法

1. 甲方在验收中,如果发现产品的品种、型号、规格、花色和质量不合规定,应一面妥为保管,一面在30天内向乙方提出书面异议;在托收承付期内,甲方有权拒付不符合合同规定部分的货款。甲方怠于通知或者自标的物收到之日起两年内未通知乙方的,视为产品合乎规定。

2. 因使用、保管、保养不善等造成产品质量下降的,不得提出异议。

3. 乙方在接到甲方书面异议后,应在10天内(另有规定或当事人另行商定期限者除外)负责处理,否则,即视为默认甲方提出的异议和处理意见。

第九条　违约责任

略

第十条　不可抗力

甲乙双方的任何一方由于不可抗力的原因不能履行合同时,应及时向对方通报不能履行或不能完全履行的理由,以减轻可能给对方造成的损失。在取得有关机构的证明以后,允许延期履行、部分履行或者不履行合同,并根据情况可部分或全部免于承担违约责任。

第十一条　其他

本合同如发生纠纷,当事人双方应当及时协商解决。协商不成时,任何一方均可请业务主管机关协调或者向仲裁委员会申请仲裁,也可以直接向人民法院起诉。

本合同自______年______月____日起生效,合同执行期内,甲乙双方均不得随意变更或解除合同。合同如有未尽事宜,须经双方共同协商,做出补充规定,补充规定与合同具有同等效力。本合同正本一式二份,甲乙双方各执一份;合同副本一式______份,分送甲乙双方的主管部门、银行等单位各留存一份。

购货单位(甲方):______________(盖章)	供货单位(乙方):______________(盖章)
法定代表人:__________________(盖章)	法定代表人:__________________(盖章)
委托代理人:__________________	委托代理人:__________________
地　　址:__________________	地　　址:__________________
开户银行:__________________	开户银行:__________________
账　　号:__________________	账　　号:__________________
电　　话:__________________	电　　话:__________________
______年______月______日	______年______月______日

二、成交的后续工作

推销员的推销活动从寻找顾客开始,经接触顾客、进行推销洽谈、排除和转化顾客的异议,最后实现成交。至此,推销活动作为一个完整的过程已经结束。但是,推销员的推销活动是一个连续不断的工作,需要推销员与顾客建立起长期的合作关系,企业和推销员应该善始善终地做好后续工作,妥善地处理好成交以后的有关事宜,包括回收货款、继续与顾客建立和保持良好的关系、为顾客提供优质的售后服务等。

(一)回收货款

售出货物与回收货款是交易的两个方面,缺一不可。实际上,销售的本质就是将商品转化为货币,在这种转化中补偿销售成本,实现经营利润。收不回货款的推销是失败的推销,会使经营者蒙受损失。所以,在售出货物后及时收回货款,就成为推销员的一项重要工作任务。在现代推销活动中,及时、全额地收回货款是重中之重。

1. 在商品销售前进行顾客的资信调查

顾客的资信主要包括顾客的支付能力和信用记录两个方面。在推销前,从多方面了解顾客的资信状况,是推销员选择顾客的重要内容,同时也是能够及时全额地回收货款的安全保障。

2. 在收款过程中保持恰当的收款态度

如果因为采取了不恰当的态度而影响货款的收回,那是得不偿失的。因此,推销员应针对不同的客户、不同的情况,采取相应的收款态度。一般情况下,收款态度过于软弱,则无法收回货款;收款态度过于强硬,容易引起冲突,不利于企业形象的树立,而且会影响双方今后的合作。所以,推销员在收款时,要态度认真、有礼有节。这样,既有利于货款的回收,又有利于维持双方已经建立起来的良好关系。

3. 正确掌握和运用收款技巧

推销员掌握一定的收款技巧,有利于货款的回收。例如,以价格优惠鼓励现金付款;成交签约时有明确的付款日期,不给对方留下余地;按约定的时间上门收款,推销员自己拖延上门收款的时间,会给对方再次拖欠的借口;注意收款的时机,了解客户的资金状况,在客户账面有款时上门收款;争取客户的理解和同情,让客户知道马上收回货款对推销员的重要性;收款时携带事先开好的发票,以免错失收款的机会,因为客户通常都凭发票付款。如果确实无法按约收款,则必须将下次收款的日期和金额,在客户面前清楚地做书面记录,让客户明确认识到这件事情的严肃性和重要性。如果按约收到货款,也不能掉以轻心。如果收到的是现金,须仔细清点;若收到的是支票,则要看清楚支票中的各项内容,不能有误,否则,依然不能及时收到款项。

在实际工作中,需要推销员针对不同的顾客,灵活机动,临场发挥,运用各种收款技巧。无论采用何种技巧,推销员的目的都是明确的,即及时、全额地收回货款。

(二)继续与顾客建立和保持良好的关系

在交易达成后,推销员仍应保持冷静,不要得意忘形,谨防乐极生悲,要用诚挚的语言对顾客的合作表示感谢。例如:"能跟您达成这笔交易,我感到万分地高兴,谢谢您的支持。"但推销员也应认识到,交易的达成是对购买双方都有利的事情,是一项互惠互利的交易,也不必过分地表示感谢。帮助顾客解决了他们所遇到的问题,同时也获得了订单,是"双赢"的好事。

1. 表达友好之情

当人们做出于对方有利的事情后,在心理上都期待得到对方相应的回报。同样,顾客在购买了商品后,也希望推销员对他有友好的表示。因此,推销员应该根据双方的合作程度,表达出相应的感情。这种感情的表达可以是有声的语言,也可以是无声的语言(包括身体语言、表情语言等)。

(1)亲自拜访。亲自拜访或许只是请个安、问个好,但会让顾客感觉到推销员不会过河拆桥,他不但愿意对所推销的产品负责,而且会一直关心顾客。

(2)信函问候。推销员在顾客适逢婚丧嫁娶、病痛变故时,或在生日、年节时致以问候,会使对方感到意外的高兴与温馨。国外有经验的推销专家都会在生意成交的当天寄一封别致的感谢信给顾客,以便从成交之日起就与顾客建立起良好的关系。

(3)电话致意。除了信函之外,电话也是联络感情的有效工具。与信函相比,电话更方便、更迅速,在适当的时候打个电话向顾客问候一下,简短的几句话,便会使顾客感到很受重视,可以起到很好的联络感情的作用。但是,在表达情感时一定要把握好分寸,既表现得自然诚恳,又不能过分讨好顾客,因为推销活动是互惠互利的行为。推销员向顾客道谢,不是感谢交易本身,而是感谢他的合作。

2. 注意收集顾客信息,建立、维持与顾客的关系

企业与消费者之间建立起的巩固关系如同筑塘、蓄水和养鱼的关系,必须先筑塘、蓄水,然后才能把千万条游进池塘里的鱼养好。“筑塘”就是企业和推销员通过坚持不懈的努力,保持和顾客的稳固关系;“蓄水”则是企业和推销员坚持不懈、锲而不舍地投入爱心,进而使企业、推销员与顾客的关系犹如“鱼水之情”。推销员面临着日益激烈的竞争,竞争对手正在不断地访问和“拉拢”顾客。要取得有利的竞争地位,赢得更多的顾客,必须与顾客保持密切的业务关系和良好的人际关系,这是推销员重要的工作内容之一。

3. 建立通畅的信息沟通渠道

推销员要想与顾客建立起良好的关系,就必须建立通畅的信息沟通渠道,以进一步了解和掌握顾客的消费需求、消费心理的变化,做好市场预测。

沟通信息的基本手段有:进行调查,把有关顾客信息报告给企业领导和有关部门,并协同相关部门进行全方位的公关活动等。

应用实例

美国米利肯公司实施了这样一些措施:让所有的推销员都到生产制造部门实习一段时间,举办“如何站在客户的角度看问题”的训练班;为公司服务部门的人员(如电话总机话务员、发货人员等)举办训练班,利用录像、传真等手段,向他们介绍客户的生活和工作情况;安排公司的高层经理人员接受一定的销售训练,以了解客户使用本公司产品的情况。公司的公关部门为配合推销工作,还邀请客户参观米利肯公司的设施,为客户放映有关米利肯公司发展状况的电影,以增加客户对企业的感性认识。公司还在客户中进行范围广泛、内容详尽的调查,调查中特别强调客户对公司的态度以及对公司各种做法的反应,甚至包括公司人员接电话的用语是否有礼貌这样的细节。美国米利肯公司通过不断完善沟通渠道,采取有效的方法,不仅与老客户保持了良好稳固的关系,每年还发展了大量的新客户。

问题:

结合案例说明企业与顾客进行信息沟通的主要措施。

(三)为客户提供优质的售后服务

售后服务是指产品被售出后,由销售方围绕产品为顾客提供的安装、调试、维护、质量保证、技术咨询、客户沟通等方面的服务。在市场激烈竞争的今天,随着消费者维权意识的增强和消费观念的变化,消费者在选购产品时,不仅关注产品实体本身,在同类产品的质量和性能相似的情况下,更加重视产品的售后服务。因此,企业在提供价廉物美的产品的同时,向消费者提供完善的售后服务,已成为现代企业市场竞争的新焦点。

工作任务

制订买卖合同

工作任务提示:

本工作任务旨在帮助学生掌握买卖合同的订立原则、内容和格式。

工作任务内容:

(1)班级学生分成偶数组,每组人数应不多于5人。

(2)每一小组成员分成推销员和客户,讨论合同的内容和格式。

(3)以小组为操作单元,签订买卖合同。

工作任务要求:

学生分组,选择商品,进行模拟演练,制订合同方案。

课程小结

任务一　识别成交信号

- 成交信号
  - 推销成交的内涵:顾客接受推销员的建议及推销演示,并且立即购买推销品的行动过程
  - 推销成交的原则:互利互惠、转变顾客的使用价值观念、与顾客建立良好人际关系、尊重顾客
  - 推销成交的识别信号:语言信号、行为信号、表情信号

任务二　运用推销成交方法

- 运用成交方法
  - 推销成交的影响因素：顾客因素、商品因素、推销员自身因素等
  - 推销成交的基本条件：推销洽谈准备、顾客情况掌握、顾客了解推销品、顾客信任、顾客有购买欲望等
  - 推销成交的方法：请求成交法、假定成交法、选择成交法、小点成交法、从众成交法、机会成交法、保证成交法、优惠成交法、激将成交法等

任务三　订立合同

- 订立合同
  - 买卖合同的内涵：出卖人转移标的物的所有权于买受人，买受人支付价款的合同
  - 买卖合同订立的原则：遵守国家的法律和政策，平等互利、协商一致、等价有偿，诚实信用
  - 买卖合同的内容：标的、数量、质量、价款或酬金、履行期限和方式、违约责任、解决争议的方法、当事人的名称和住所
  - 买卖合同的格式：出口合同、进口合同、经销合同、代理合同等
  - 推销成交的后续工作：回收货款、继续与顾客建立和保持良好关系、提供优质的售后服务

复习思考题

1. 如何识别推销成交的信号？
2. 推销成交应具备哪些条件？
3. 成交的主要方法有哪些？各自有什么优缺点？
4. 简述买卖合同的订立原则。
5. 简述买卖合同的内容和格式。

测试题

案例分析

一办公用品公司的推销员到某局办公室去推销一种纸张粉碎机。办公室主任在听完推销员的推销介绍之后，摆弄起这台机器，并自言自语道："东西倒是很适用，

只是办公室这些小青年,毛手毛脚的,只怕没用上几天就坏了。”推销员一听,马上接着说:“这样好了,明天我把货送来时,顺便把纸张粉碎机的使用方法和注意事项给大家讲一下。这是我的名片,如果使用中出现什么故障,请随时与我联系,我们负责维修。主任,如果没有其他问题,我们就这么定了。”办公室主任很快接受了这个条件,实际上,他随之也接受了推销员的推销建议。

问题:

(1)该推销员运用了什么推销成交法?

(2)遇到案例中的类似情况,你愿意选择哪种成交方法?为什么?

项目九 推销管理

知识目标

1. 了解推销人员招聘的途径，掌握推销人员招聘的过程；
2. 理解推销人员培训的目标、内容及方式；
3. 理解推销人员激励的重要性，掌握推销人员激励的方式；
4. 掌握推销人员绩效评估的内容及指标体系；
5. 理解客户管理的必要性，掌握客户分类管理。

能力目标

1. 掌握推销人员管理的内容和方法，并能灵活运用于实践；
2. 掌握客户管理的内容和方法，为企业创造价值。

推销格言

推销一般都从拒绝开始，一个成功的推销员绝不会第一次听到顾客说“不”就放弃进攻，他起码应该在听4次“不”以后，才可以做稍许退让。

——佛兰克·贝特格

问题导入

对推销人员的激励

海尔集团通过设置营销员、营销师、高级营销师、营销专家等专业技术职务序列吸引营销人才，激励营销人员热爱市场营销工作，提高海尔产品的市场占有率。

小天鹅集团公司重视营销队伍的建设，明确强调企业的第一线在市场。在小天鹅集团公司，科室以上的领导干部及技术骨干都上过市场，站过柜台，体验过市场的严酷。新员工的第一课就是上市场。最近几年来进入公司的新员工无一例外地都派往市场搞推销，体验推销员的酸甜苦辣。拟进入管理层的人员都要过销售关，需要有不平凡的销售业绩。

红桃集团对营销人员实行参股、赠股和股权分红制，将营销人员的利益与企业利益紧紧地连为一体，做到约束和激励并重。几年以前到岗的营销人员基本上都成了股东。

常州船用电缆厂通过开展“经营首脑外交”，带出了一支敢于闯市场的高素质销售队伍。

董事长兼厂长刘洪儒亲自跑市场，他和经营厂长每年都要带领销售人员主攻重、大、新客户，不断扩充自己的客户群。

分析点评

问题：

企业应如何激励推销人员？

任务一　推销人员管理

基础知识

完成本任务所需要的基础知识包括推销人员的选拔与培训、推销人员的薪酬与激励、推销人员的绩效评估。

一、推销人员的选拔

成功的销售工作需要有一定数量和一定质量的推销人员，需要他们具有踏实、认真、勤劳的态度和过硬的工作能力。企业要取得良好的经济效益和社会效益，一定要重视推销人员的组织和管理。因此，招聘到优秀的推销人员是企业应当重视的一件大事，推销人员的素质将直接影响到日后推销工作的开展。

(一)推销人员的招聘途径

招聘途径是指负责招聘的工作人员利用哪种渠道从企业内部及企业外部招聘推销人员。可供选择的招聘途径主要有以下几种：

1. 面向企业内部公开招聘

企业的人事部门或销售部门可根据工作需要从本企业内部招聘一部分推销人员。内部职工可自行申请，也可以推荐其他候选人。这样不仅可以降低招聘成本，而且可以根据个人的特长、工作能力和兴趣爱好，合理地使用人才，有利于企业内部人才的合理流动。

通过企业内部人员动员自己的亲属、朋友、同学、熟人积极应聘或通过这些关系介绍他人加入本企业的外勤销售行列，这种方式一般适用于规模较大、员工较多的企业。利用这种途径有许多优点，因这些人都是熟人介绍来的，已对本企业的性质及其他情况有所了解，工作时可以减少因生疏而带来的不安和恐惧，从而降低了辞职率。有时应聘者与介绍者的关系比较密切，彼此有责任感，因而有利于企业与推销人员建立起一种相互信任、彼此合作的关系，有利于做好推销工作。但无论是从企业内部招聘推销人才，还是通过企业内部人员介绍他人应聘，在整个招聘工作中，都要严格把关，增加招聘工作的透明度，严禁个别领导及招聘工作的负责人徇私舞弊，真正把一些素质好的人选拔到推销工作岗位上来。

2. 人才交流会

人才交流会是改革开放后涌现出来的新生事物，它可以把众多的求职者和许多用人单位吸引集中在一起，使双方都有较大的挑选余地，也大大提高了招聘工作的效率。目前，各地每年都要组织几次大型的人才交流会，如规模较大的春、秋季人才交流会，大中专毕业生供需见面洽谈会，特殊人才交流会，外资企业人才招聘会等。但在这种交流会上，小型企业很难招聘到优秀人才，这是制约中小企业发展的一个重要因素。

3. 职业介绍所

职业介绍所是介于求职者和用人单位之间的职业中介机构。一些企业有时会利用职业介绍所来获得所需要的推销人员。但有人认为，职业介绍所提供的求职者，多为能力较差而不易找到工作的人。常见的职业介绍所有提供家政服务的职业介绍所、为打工者提供职业的职业介绍所、为下岗职工提供就业机会的职业介绍所等。一般大型企业不会利用这种渠道。但有时让职业介绍所的专业顾问帮助遴选，能使招聘工作简单化。

4. 行业协会

行业协会是指按职业类别划分的行业组织，如中国市场协会、高校市场营销研究会、香港管理专业协会及下属的市场推销研究社等。这些行业组织经常访问制造商、经销商、销售经理和推销人员，定期召开会议，对行业内部的情况比较了解。企业可以通过它们介绍或推荐希望转职的推销人员。

5. 广告招聘

广告招聘是指企业通过各种宣传媒介，以广告的形式招聘所需的人才的一种方法。它是目前被广泛采用的一种招聘方法。

(1)报纸广告。报纸广告即将招聘启事刊登在报纸上，这样可以吸引众多的应征者，但合格者所占的比例一般较低。所以企业往往采用限定申请人资格的办法，如限定年龄、性别、身高、特长、工作经历等减少那些盲目的应征者，提高合格者的比例，从而节省招聘成本。

(2)杂志广告。杂志广告即将招聘广告刊登在各类专门杂志上。企业在杂志刊登招聘广告时，一定要有针对性地选择刊物。第一，如要选择青年人来企业担任推销人员，就必须在青年人喜欢看的杂志上刊登广告，而不应刊登在一些有关老年人保健的杂志上；第二，将招聘广告刊登在本行业的杂志上，可吸引本行业内的人士应聘；第三，将招聘广告刊登在一些专门介绍人才的专刊上。杂志广告一般效果较好，能招聘到较高级的推销人员。

(3)电视广告。电视广告即通过电视这个大众传播媒介来播放企业的招聘广告。因电视节目收视率高、覆盖面大而费用高，故一些大中型企业或前景特别诱人的企业通常利用这个途径招聘优秀的人才。

(4)张贴广告。张贴广告即选择一些合适的地点张贴招聘启事。这种广告一般是规模较小的企业或私营企业及个体业主采用的招聘方式。这种方法省钱省力，一般都在本市区张贴，大多是招聘兼职人员。

(5)业务接触。企业或推销人员在开展业务的过程中，会接触到客户、供应商、非竞争性的同行及其他各类人员，这些人员都是选拔推销人员的可能来源。此外，企业也可以在国家法律法规允许的范围内采取“挖墙脚”的办法，吸引竞争对手的推销人员到本企业工作。

总之，各个企业可根据自己的实际情况来选择合适的招聘途径。对于那些无需特别技巧或经验的推销人员和大量的、无差别的推销人员以及可靠性强、成功率较高的推销人员，可利用尽可能多的途径获取。对技术性要求较高、比较复杂的产品，企业为了获得较多的合格应征者，可以利用有限的途径，获得优秀的推销人员。

(二)推销人员选拔的原则

1. 双向选择的原则

双向选择，一方面是指管理部门根据本公司产品推销活动的实际要求，自主地选择本企业所需要的推销人员;另一方面又指应聘者可根据自身的条件自由地选择企业。

双向选择原则是劳动力市场上劳动力资源配置的基本原则。该原则一方面能使公司不断提高效益,改善自身的形象,增强自身的吸引力;另一方面还能使劳动者为了获取理想的职业,在招聘竞争中取胜,而努力提高自身的科学文化知识、技术业务等方面的素质。随着国际化统一市场的逐渐形成,企业之间的竞争也必然越来越激烈,各公司能否在激烈的市场竞争中取得优势,归根到底看企业职员是否具备良好的整体素质。企业没有高素质的推销人员,就难以保证产品销售系统的畅通。对于推销人员的招聘,做好双向选择很容易使企业的推销队伍上下团结一致,为企业销售目标的实现而奋斗,这对于企业经营文化的发展也很有利。

2. 效率优先的原则

效率优先是指人事部门在招聘过程中,要尽量用较少的招聘费用录取到高素质的、适应本企业产品推销需要的人员。效率优先是市场经济条件下一切经济活动的基本准则,推销人员的招聘工作也不例外。其具体体现就是在招聘工作中,根据不同的招聘要求,灵活选用适当的招聘形式和方法,在保证聘用推销人员质量的情况下,尽可能降低投入成本。

3. 德才兼备的原则

一家世界最大的轮胎公司,曾以它的500家主要代理商老板为对象,做了一次问卷调查,问题是:“到你店里来的推销员中,你认为哪一种人最受欢迎?”结果,50%以上的答案是:“我最喜欢人品好的推销员。”这表明,推销员的人品是非常重要的。

4. 面向社会公开招聘的原则

招聘是一项规模较大的社会活动,要为符合招聘条件的人提供平等的竞争机会,必须遵守公开招聘、平等竞争、全面考核、择优录用的原则。公开招聘的程序是:由人事部门和销售经理负责成立招聘专门工作小组;确定招聘对象、招聘原则、录用标准;拟定招聘简章并向社会公布。

(三)推销人员的选拔过程

要组建一支高效率的销售队伍,关键在于选择有能力的、优秀的销售代表。一般的销售代表与优秀的销售代表相比,其业务水平有很大差异。在美国,一项对500多家公司进行的调查结果表明,27%的销售人员创造了52%的销售额。除了销售效率的差别外,选用不当的销售代表会给企业资源造成巨大的浪费。设计合理的选拔程序是挑选到优秀推销人员的保障。

甄选推销人员的程序因企业而异。较复杂的甄选程序包括九个步骤:先行约见—填申请表—面谈—测验—调查—体检—销售部门初步决定—高层主管最后决定—正式录用。前一个步骤通过后才能进入下一个步骤,以确保选出优秀的销售人才。下面对前几个步骤加以详细说明。

1. 初步淘汰

初步淘汰包括先行约见和填申请表两个步骤,其目的是防止明显不合格的人员继续参加以后各阶段的选拔,以节省甄选的时间及费用,提高效率。初步约见由负责派发申请表的职员主持,该职员可凭对应聘者的初步印象如年龄、性别、外貌、体格等,决定是否给予申请表。当应聘者的上述特点明显不适合做销售工作时,便不应给予申请表。初步约见淘汰的人通常很少。发给申请表后,要让应聘者据实填写,必要时须出示有关的证件资料。申请表的作用主要体现在以下几个方面：初步断定应聘者是否具备工作所需的一般条件或资格；以申请表作为面谈时提问的导向；对应聘者所提供的各项资料进行全面衡量。

应聘者填完申请表后，负责招聘的人可根据申请表的资料进行初步淘汰。衡量时，可参考一些必备条件，如年龄、学历、工作经验等，缺乏必备条件者给予淘汰，具备必备条件者可再进行综合考虑。具体执行时可建立一种记分制度，分高者优先。

2. 面谈

面谈即面对面的交谈，是整个甄选工作的核心部分，任何一种人事招聘几乎都少不了这个环节。面谈是一种有目的的谈话，其目的是要增进相互的了解。对申请表上的资料有不明白或怀疑的地方，均可利用面谈加以讨论与验证，并可借此了解申请表上没有的情况，如兴趣、爱好、以往的工作经验等。面谈人可把公司及未来工作的情况作简要的介绍，使应聘者对公司及工作有更详细的了解，并澄清以前可能存在误解的地方。只有向面谈人努力推销自己，才能使面谈产生较好的效果。面谈是对应聘者真实的考验。

(1)面谈的类别。面谈包括非正式面谈、标准式面谈、导向式面谈和流水式面谈。

非正式面谈是在事前毫无计划及准备的情况下进行的，实际上是一种临时讨论。这种方法的效果一般不好，特别是在面谈的人较多时会出现混乱，甚至会毫无收获。所以，一般正式的甄选工作不采用这种方式。

标准式面谈是与非正式面谈相对应的一种面谈方式，也叫记分面谈或组织面谈，即事先安排一整套结构严谨的面谈问题，并配有记分标准，视应聘者的不同回答来记分。这种方法太死板，缺乏弹性，适应性不强，不利于发挥面谈的作用。

导向式面谈是上述两种方式的折中方案，即只规定提问若干定性问题，由面谈人灵活掌握，引导应聘者回答各有关方面的问题，从而获知应聘者的情况。这种方法又叫典型面谈或引导面谈。很多企业采用这种面谈方式。

流水式面谈是指每一个应聘者按次序分别与几个面谈人面谈，面谈结束后，各面谈人聚集在一起，综合比较各面谈人的观察与判断。这种方法能对应聘者所具有的各种特长予以全面考虑。此法具有较大的优越性，近年来为许多企业所采用。

(2)面谈的技巧。下面述及面谈主持、面谈发问、面谈追问的相关技巧。

①面谈主持的技巧。面谈人是面谈的召集者，也是面谈的主持者。面谈人在面谈的准备及实施过程中应总结出一些经验，运用一些技巧，以提高面谈的效率，达到面谈的目的。

未雨绸缪，成竹在胸。面谈人要事先确定需要面谈的事项及范围，写下会谈的纲要，包括问话的次序及方式，并进行合理的安排及组合，把想问的话及问话方式与自己希望获知的资料加以配合。在面谈开始前还要详细了解应聘者的资料，从中发现应聘者的个性、社会背景及其对工作的态度、以后的发展潜力。对应聘者的资料了解得越多，越能在面谈时运用自如。

例常发问，切入正题。面谈人应该以应聘者预料得到的例常问题开始发问，如工作经历、文化程度等，然后再慢慢地过渡到正题部分。

察言观色，烘托气氛。面谈人要密切注意应聘者的行为及反应，尽量创造和谐自然的环境。面谈人不要对应聘者进行人身攻击及自尊心上的打击。对所问的问题、问题间的变换、问话的时机以及对方的答复都要多加注意。

面谈记录，适可而止。面谈要有所记录，但不要一直不停地记，这样反而会遗漏一些重要的事项,也会给对方以束缚感。有经验的人会尽量少地记录,只记录一些必要的事项,如希望的收入、待遇等,其他大部分内容只是记在心上,待面谈完毕后再做简要的记录。

态度和缓,以静制动。面谈时要缓和,细心地听,力求多了解对方。在应聘者停下来的时候,要安静地等待,不要暗示他回答自己的问题。观察他的举止,注意他的音调、回话的态度和反应,对想知道的问题要问得仔细。对他提供的资料要持信任的态度,不要表现出优越感或不耐烦,更不要争论、说教或教训别人。

言辞诚恳,掌握进程。面谈人回答问题要直爽而简洁,切勿泄露公司的机密。同时要掌握谈话进程,不要让谈话方单方面发问,或者任由对方滔滔不绝地谈论他的销售经验。

给予机会,圆满结束。在结束前,要确定是否问完了所有预先计划的问题,同时给对方一个机会,看有无遗漏之处以及要加以补充或修正的不妥之处。

②面谈发问的技巧。一般说来,面谈人发问的方式及问题类型,可以决定从应聘者那里得到什么资料或多少资料。发问技巧主要有开放式发问、封闭式发问和诱导式发问。

开放式发问,即希望应聘者自由地发表意见或看法,如"请你谈谈自己的工作经验吧"或"你在原来那个公司完成工作任务时常遭遇到的困难是什么"。开放式发问一般在面谈的开始阶段或讨论某一方面问题的起始阶段运用。

封闭式发问,即希望对方就问题作出明确的答复。封闭式发问比开放式发问更深入、更直接,如"如果延长时间,是否会有助于你顺利完成销售任务"。封闭式发问可以表示两种不同的意思:如果在对方答复后立即提出一些和答复有关的封闭式问题,即表示面谈人对答复十分感兴趣;如果一直问封闭式问题,则表示面谈人不想让对方多发表意见,或对他的答复不感兴趣。

诱导式发问,即以诱导的方式让对方回答某个问题或同意某种观点,如"你对这一点怎么看"或"你同意我的观点吗"。运用诱导式发问时一定要把握好分寸,否则会给应聘者以紧张感,使其被迫回答一些他认为面谈人想听而并非自己真正想说的话,从而不能获得有价值的资料。

③面谈追问的技巧。如果应聘者回答问题不完全、不正确,面谈人还要进行追问。面谈追问一般来说有探询式追问和反射式追问两种技巧。

探询式追问的问法有"为什么"、"怎么办"、"请再往下说"、"真是这样吗"、"为什么这样想"等,或用一些非口语化的表情、手势。

沉默也是探询式追问方式之一,但时间的掌握很重要。据研究,如果想鼓励对方再谈下去,最有效的方法是在对方谈话中断时保持3～6秒的沉默,这样对方会很自然地往下说。有时对方在回答问题时,只绕着谈话主题兜圈子,提供的资料没有价值;有时对方答非所问或避而不答。此时,先要分析一下原因,是由于误解了问题、不了解问题、没听懂问题,还是不想回答,然后再用探询式追问,要求对方作更进一步的说明。

反射式追问,就是把对方所说的再重述一遍,以此来考验对方的反应及其真实意图。如对方认为这样的待遇不合理时,也可以说:"依工作的性质、任用条件及其他因素来考虑,你认为这样的待遇不合理吗?"当对方回答问题不完全或值得怀疑时,就要用反射式追问,鼓励应聘者对其尚不完整的答复加以说明或引申,以确认其全面而真实的想法。

(3)面谈的评估。面谈人应对面谈的结果作明确的评估(参见表9-1),以便决定是否淘汰。如合格,则进入下一阶段的挑选。

表 9-1 销售工作应聘者面谈评估表

应聘人员： 时间：

评估项目	评估标准	评估等级			
		优	良	中	劣
仪表	外表很好，体格正常，干净整洁，健康良好				
口才	吐字清楚，用词恰当，表达清晰，逻辑性强				
知识	大专及以上学历，知识丰富				
经验	专业工作经验及同类工作经验丰富				
智慧	思路敏捷，考虑细致，分析合理，理解力强				
进取	上进心强，不过分计较地位权力				
诚意	态度明朗，不易动摇，毫无做作				
毅力	不屈不挠，不轻易改变工作				
说服	能引人注意，激发兴趣，使人领悟，辩论有力				
友情	能唤起他人同情，建立亲密友谊				
成熟	目标明确，责任心强，认识现实，自律力强				
抱负	谋求发展，发挥潜能，争取最好的工作成绩				
综合评估					

评语：

主要面谈人： 职位：

3．测验

目前许多大公司及要求招聘素质较高的销售业务人员的单位，大都采用测验这一方式。测验能测出应聘者的真实能力，能以更客观的方式了解应聘者的个性及能力，并能以定量的方式分出应聘者在各种特性上的高低，便于比较衡量。

测验仅是甄选程序中的一环，并不能因此而减少其他的甄选环节。测验工作必须由测验设计、管理与分析的专门人才来进行。测验管理必须标准化，每次执行时的程序及环境都必须相同，否则，测验成绩可能会发生较大差异，不具有可比性。测验材料要严加保管，以保证其正常运用及延续价值。如果测验材料落入了将参加测验人员之手，则失去了它的意义。

阅读材料

对于测验的效用及其结果必须进行审慎的鉴定。测验成绩可视为对应聘者的一个客观而定量的衡量。但要注意测验的各种限制，其结果有时不尽可靠。

4．核查

在测验合格后，就可对应聘者所提供的资料进行核查，以确认资料的真实性。核查对象包括应聘者在应聘材料中提及的相关人员，但要注意这些人员与应聘者之间的关系，以便考虑其保证的真实性。下面主要阐述核查的主要内容及主要方式。

(1)核查的主要内容。通过咨询应聘者以前的工作单位或客户，以获取应聘者过去工作的真实情况,看是否与其所提供的资料一样。如可通过应聘者的大学老师或同学来查证应聘者的人品;通过咨询当地的信用调查机构或其他公司的同类专业工作者来核查应聘者的信用好坏、经济情况以及有无案底等。

(2)核查的主要方式。

①拜访咨询人。派人专门拜访咨询人,迅速有效地获取各种有关资料予以查核。

②电话联系。直接用电话询问咨询人,既便利又快捷。但对方可能因怀疑访问者的身份,而不愿在电话中告诉应聘者的详情。所以这种方式具有一定的局限性。

③利用信函核查。这种方式获取资料的速度较慢,并且多数被咨询人不愿在书面上说他人的缺点或不足。

二、推销人员的培训

招聘到推销人员之后,就要对推销人员进行职业培训。在顾客自由选择度日益增强和产品复杂程度越来越高的今天,推销人员不经过系统的专业训练,是不能很好地与顾客沟通的。对推销人员必须认真地进行培训,使其具备本企业产品销售的基本知识和基本技能,随时更新产品知识,挖掘个人的推销潜力。

1. 推销人员培训计划的制订

培训需要一个持续训练的计划。培训计划需要明确以下问题:培训目标、培训时间、培训地点、培训方式、培训师资、培训内容等。培训计划的设计应考虑到新人培训、继续培训、主管人员培训等不同类型培训的差异。

(1)培训目标。培训目标有许多,每次培训至少要确定一个主要目标。总的说来,培训目的包括发掘推销人员的潜能、增加推销人员对企业的信任、训练推销人员工作的方法、改善推销人员工作的态度、调整推销人员推销的情绪、奠定推销人员合作的基础等。通过培训,最终提高推销人员的综合素质,以增加销售额,提高企业的利润。

(2)培训时间。培训时间可长可短,应根据需要来确定。确定培训时间需要考虑以下几方面:①产品性质。产品性质越复杂,培训时间应越长。②市场状况。市场竞争越激烈,培训时间应越长。③人员素质。人员素质越低,培训时间应越长。④要求的销售技巧。要求的销售技巧越高,需要的培训时间也越长。⑤管理要求。管理要求越严,则培训时间越长。

(3)培训地点。依培训地点的不同,培训可分为集中培训和分开培训。集中培训一般由总公司举办,培训企业所有的推销人员。一般知识和态度方面的培训,可采用集中培训,以保证培训的质量和水平。分开培训是由各分公司分别自行培训其推销人员。有特殊培训目标的可采用分开培训,并可结合推销实践来进行。

(4)培训方式。培训方式有企业集中培训、学校代培、函授学习等。

①企业集中培训。这是指企业采取办培训班、研讨会等形式对推销人员进行集中培训。许多大型企业用正规的课堂讲授方法,让专业教师、有经验的推销人员将其学问和聪明才智传授给受训人员。此法的优点是时间短、费用低、见效快、节省人力、便于互相启发提高,不强迫受训人员过早地投入现场工作。缺点是缺乏实践和切身体会,不易引起受训人员的足够重视。

②学校代培。由于企业内部培训力量有限,为适应商品经济的发展,有必要把一批优秀的推销人员送到经济院校进行重点培训、深造。委托代培需要花费一定的经费,为获得较好

的投资效益，选送的人员应有相当的专业知识和实践经验。这种培训方式是使企业的推销人员在知识水平和专业技能上迅速得到提高的好方法。

③函授学习。函授学习是先把讲义、手册或有关推销技术的书面资料发给推销人员，让他们在工作之余自己学习，然后再找合适的时间面授，最后进行考核，检查掌握知识的情况，不合格者让其继续学习，直至达到合格为止。

各企业可根据自身的实际情况选择适宜的方式。

(5)培训师资。培训师应由学有专长和富有销售经验的专家、学者担任。培训师应具备如下条件：对于所授课程应有彻底的了解，对于任教工作具有高度兴趣，对于教授方法有充分研究，对所用教材能随时进行补充和修正，具有乐于研究及勤于督导的精神。

(6)培训内容。总的来说，培训推销人员的内容包括基本推销技术、销售管理业务和经营知识三大部分。

①基本推销技术。基本推销技术包括以下内容：

客户研究，包括客户类型研究、购买心理过程研究、主要客户及其前景研究等。

与客户洽谈，包括初次访问、自我介绍、再度访问、应对法、推荐商品以及销售服务等。

产品知识，包括品质特性、成本与价格、减价限度、生产过程以及竞争产品等。

销售计划，包括时间安排、如何提高效率、行动记录以及重点分析等。

销售业务，包括记账、支票、提款等一般银行业务，合同、交货、统计业务、分期付款、利息计算以及函电等。

②销售管理业务。销售管理业务包括推销人员管理、客户管理、推销政策、预测技术、销售业绩分析、销售理论、销售组织以及销售计划等。

③经营知识。经营知识包括产品研究、经济学、销售成果分析、资金分析、社会学、人员培训以及经营决策等。

推销培训是一项重要的工作，需要持续不断地进行。推销人员常常需要了解特殊的推销技术、策略和程序。培训课程强调倾听和发现客户需求，解决客户的问题以及学会如何利用公司的全部资源以完成其目标。

2.推销人员的培训方法

常用的培训方法主要有课堂培训法、会议培训法、模拟培训法和实地培训法。

(1)课堂培训法。一般由销售专家或有丰富推销经验的推销人员采取讲授的形式将产品生产、营销策划、推销技巧、企业政策等知识传授给受训人员。这是应用最广泛的培训方法，其主要优点在于费用低，并能增加受训人员的实用知识。缺点是此法为单向沟通，受训人员获得讨论的机会较少，讲授者也无法顾及受训人员的个体差异。

阅读材料

(2)会议培训法。这种方法一般是组织推销人员就某一专题进行讨论，会议由主讲老师或销售专家组织。此法注重双向沟通，受训人员有表达意见及交换思想、学识、经验的机会。

(3)模拟培训法。这是一种由受训人员亲自参与并具有一定实战感的培训方法，为越来越多的企业所采用。其具体做法可分为实例研究法、角色扮演法以及业务模拟法等。实例研究法是一种由受训人员分析所给的推销实例材料，并说明如何处理实例中遇到的问题的模拟培训法。角色扮演法是一种由受训人员扮演推销人员，由有经验的推销人员扮演客户，受训人员向“客户”进行推销的模拟培训法。业务模拟法是一种模仿多重业务情况，让受训人员在一定时间内做出一系列决定，观察受训人员如何适应新情况的模拟培训法。

(4)实地培训法。这是一种在工作岗位上练兵的培训方法。新来的推销人员在接受一定的课程培训后即可安排在工作岗位上，由有经验的推销人员引导，逐渐熟悉业务，适应工作。这种方法有利于受训人员较快地熟悉业务，效果较好。

三、推销人员的薪酬

(一)薪酬的概念和实质

薪酬，由薪和酬组成。在现实的企业管理环境中，往往将两者融合在一起运用。薪，指薪水，又称薪金、薪资，所有可以用现金、物质等来衡量的个人回报都可以称之为薪，也就是说薪是可以数据化的，企业发给员工的工资、保险、实物福利、奖金、提成等都是薪。做工资、人工成本预算时预计的数额都是“薪”。酬，指报酬、报答、酬谢，是一种着眼于精神层面的酬劳。

从某种意义上说，薪酬是组织对员工的贡献(包括员工的态度、行为和业绩等)所做出的各种回报。从广义上讲，薪酬包括工资、奖金、休假等外部回报，也包括参与决策、承担更大的责任等内部回报。外部回报是指员工因为雇佣关系从自身以外所得到的各种形式的回报，也称外部薪酬。外部薪酬包括直接薪酬和间接薪酬。直接薪酬是员工薪酬的主体组成部分，包括员工的基本薪酬，即基本工资，如周薪、月薪、年薪等；也包括员工的激励薪酬，如绩效工资、红利和利润分成等。间接薪酬即福利，包括公司向员工提供的各种保险、非工作日工资、额外的津贴和其他服务，比如住单身公寓、免费工作餐等。

内部回报指员工自身心理上感受到的回报，主要体现为一些社会和心理方面的回报，一般包括参与企业决策、获得更大的工作空间或权限、承担更大的责任、从事更有趣的工作、得到个人成长的机会等。内部回报往往看不见，也摸不着，不是简单的物质付出，对于企业来说，如果运用得当，也能对员工产生较大的激励作用。然而，在管理实践中内部回报方式经常会被管理者忽视。管理者应当认识到内部回报的重要性，并合理地利用。

(二)推销人员薪酬的形式

推销员所获得的薪酬形式是否得当，对其推销商品的积极性和创造性起着较为重要的影响作用。一般来讲，推销员的薪酬与完成推销量的多少、工作能力的强弱和推销经验的多寡直接挂钩。从目前企业的实际情况看，推销员的薪酬形式主要分为以下几种：

1. 固定工资制

固定工资制又称纯粹薪水制度、固定薪金制度，是指无论推销员的销售额是多少，其在一定的工作时间之内都获得固定数额的报酬。固定报酬的调整主要依据对推销员的表现及销售结果的评价。

(1)固定工资制的优点

①推销员收入稳定，生活有基本保障。由于预先知道收入的数量，能够量入为出，有计划地安排生活。

②有利于培养推销员对公司的“忠诚心”。获取佣金的推销员，其收入往往与自己的工作业绩相联系，因而对公司的归属感比较薄弱。固定工资制恰恰相反，推销员的收入与推销额并无直接关系。

③管理上有较大的灵活性。因为收入与效率不挂钩，所以在销售区域、客户、推销产品等方面进行调整时，矛盾就比较少。

④对一些工作因其本身性质的原因很难直接用劳动成果来衡量其劳动量的推销员，如传教式推销员、一些高级销售管理人员用固定工资制就比较适宜。

⑤公司有很大一部分销售成本是固定的，便于管理。

(2)固定工资制的缺点

这种工资制度就报酬多少而言，有薄待绩优者而厚待绩差者之嫌，有失公平。若不公平长期存在，则推销员流动率将增加，而工作效率最高的人将会首先离去。

这种工资制度缺乏激励作用，不能提高销售业绩。另外，推销员的报酬与他们的劳动成果没有关系，同样意味着企业的销售成本与销售收入没有联系，这就可能造成销售成本失控，以致企业出现亏损。因此，目前很少有企业对推销员实行固定工资制。

2. 固定佣金制

推销员的佣金就是以他们完成的推销额的一部分作为他们的报酬。实行固定佣金制，推销员的收入便是他们完成的推销额乘以一个给定的百分比。因此，在固定佣金制下，推销员的收入取决于两个因素：完成的销售额和给定的固定佣金率。

应用实例

佣金的计算

某大型机械公司推销员的固定佣金为已销售并实际装(车)船货物金额的4%。某月某位推销员一共与客户签订了16 000元的购货合同，但因可供商品数量不足，只装船托运了15 000元的货物，则该推销员该月的收入应为多少？

固定佣金＝已销售并实际装船货物金额×固定佣金率＝15 000×4%＝600(元)

问题：

上述计算是否正确？试着在生活中找出其他一些例子。

中小型工业企业和批发商业企业对推销员实行固定佣金制的居多，房地产推销员基本采用固定佣金制。零售商业企业实行固定佣金制的，主要是部分经营皮革、家具、地毯等高值产品的商店。

佣金占销售额的比例变化很大，主要因行业而异。这里还有一个销售费用问题。如果推销员的销售费用自理，佣金的固定比率就会高一些；反之则低一些。

(1)固定佣金制的优点

①推销员的收入和他们的劳动成果直接挂钩，干得越多，收入越高，这就有利于调动他们的工作积极性。争取获得更多的收入将成为推销员提高业务水平和扩大销售量的内在动力。

②企业和推销员双方都很容易掌握固定佣金制，即双方都可以根据固定的佣金率和推销员完成的推销额计算出应支付和应领取的佣金，这就可以避免双方出现矛盾。

③由于佣金为销售额的一部分,水涨船高,一般不会出现销售成本失控的问题。

④固定佣金制简化了企业对推销员的管理。为了增加收入,推销员就得努力工作,并不断增加才干,没有能力或不能吃苦的则只能自行淘汰。

(2)固定佣金制的缺点

采用固定佣金制,推销员没有固定收入,生活不安稳,这会给他们的心理造成很大的压力。推销员对企业的"忠诚心"差,流动性大。一旦企业不景气,产品无销路,固定佣金急剧下降,以致没有收入时,他们不得不另找出路,为其他企业效力。

固定佣金制可能会造成推销员收入"失控"现象,即有的推销员收入过高,甚至超过了高级管理人员的收入水平,这自然会引起内部员工的不满。他们会认为销售额上升并不完全是推销员努力的结果,而主要是产品质量提高,或是市场需求变化造成的。此外,佣金建立在销售额的基础上,因而推销员可能不愿干销售以外的工作,不愿受销售区域的限制,不愿推销新产品,不愿发展新客户,这就增加了销售管理工作的难度。

3. 预提金制

预提金制是对固定佣金制的修正,即一些企业在实行固定佣金制的基础上,为了保障推销员的基本生活,稳定推销员的情绪,允许他们预先提取一部分资金以应付日常需要,日后在佣金中扣除。

应用实例

预提金制计算实例

某皮革公司推销员的固定佣金率为10%。如销售状况不理想,推销员可预提上半年平均收入的75%。假设某推销员上半年的平均收入为每月800元,则今年他每月可预提的收入为:

$$800\times75\%=600(元)$$

这位推销员的收入每一季度结一次账。假定他在某年第二季度的推销额分别为1 500元、1 200元和16 300元,则其收入情况见表9-2。

表9-2 某公司推销员第二季度收入情况表

单位:元

月份	推销金额	实际佣金	收入	欠公司金额
4	1 500	1 500×10%	600	450(600−150)
5	1 200	1 200×10%	600	480(600−120)
6	16 300	16 300×10%	700(1 630−450−480)	0

问题:

预提金制有何优缺点?

4. 固定工资加佣金制

固定工资加佣金制即在支付薪金的同时,利用佣金来刺激推销员更好地工作。这种形式实际上是薪金制和佣金制的结合。固定工资加佣金制弹性较大。如果企业只想给推销员一个较小的刺激，那就可以适当定高工资，定低佣金率；如果企业想给推销员较大的刺激，则可以将工资定低，而适当提高佣金率。

应用实例

固定工资加佣金制计算实例

一家化妆品公司对推销员实行固定工资加佣金制。某推销员的报酬是月工资 200 元，另加完成商品推销额的 5％的佣金。假定某月该推销员完成的商品推销额为 2 000 元，则该月他的收入为：

固定工资＋佣金＝固定工资＋完成的商品推销额×佣金率

＝200＋2 000×5％

＝300（元）

问题：

据你了解，固定工资加佣金制在现实中的运用情况如何？

固定工资加佣金制的价值在于，如使用得当，既能克服固定工资制和固定佣金制的缺点，又能吸取上述两者的优点。这种报酬制度比较适合于工作相对稳定，但销售额又能在一定程度上反映其工作态度的推销员岗位，如零售商店的售货员等。固定工资加佣金制也有局限性，关键是如何确定合适的佣金率。

5. 指标佣金制

指标佣金制又称工资加指标佣金制，指推销员在领取工资的基础上，按超额完成推销定额的百分比获得佣金。在这种报酬制度下，每个推销员都分配到一个推销任务指标，这个指标是由管理人员根据推销员的基本工资和销售成本率两个因素确定的。实行指标佣金制的理由是，无论是工资还是佣金，都作为销售成本，必须由相应的销售收入做保障。其相关公式为：

推销指标额＝基本工资/销售成本率

推销指标额×销售成本率＝基本工资

应用实例

指标佣金制计算实例

某日用工业品推销员的报酬形式是指标佣金制，其中基本工资每月 200 元，超额完成推销指标可获得超额金额 10％的佣金，同时销售成本率为 4％。假定该推销员某月完成销售金额 7 000 元，该月该推销员的收入是多少？

销售指标额＝200÷4％＝5 000（元）

佣金=(7 000-5 000)×10%=200(元)

该月该推销员的收入=基本工资+佣金=200+200=400(元)

问题：

指标佣金制有何优缺点?

6. 固定工资加红利制

红利是指年终分配的一部分利润。在固定工资加红利制下，推销员每月的收入是固定的，而在每个财务年度末，根据企业一年的经营状况，每个推销员结合工作贡献再分得一份企业利润，即红利。红利可能是现金，也可能是股票。美国著名的希尔斯公司推行的利润分享计划就属于这类报酬制度。

固定工资加红利制的优点是，推销员清楚地意识到企业的经营状况与自己的经济利益息息相关，它有利于培养推销员对企业的"忠诚心"和"归属感"。

7. 固定工资加奖金制

奖金是指企业对员工的突出表现给予的金钱奖励。对于推销员，奖金的运用范围很广，如用来奖励推销员对推销方法的改进、开拓新的客户、超额完成推销任务、推销新产品成功、提出合理化建议，以及在企业开展的推销员竞赛中获得优胜等。奖励可以是定期的，也可以是不定期的，或者两者结合。奖金的最大优点是它的灵活性，即可以随时根据具体情况用它来奖励推销员，以调动他们的积极性。

奖金是实行奖励的手段，本身不是独立的报酬形式，它一般和固定工资相结合，成为完善固定工资制的一种方式。

四、推销人员的激励

采取有效的激励措施，对于调动推销人员的积极性、主动性，提高工作效率有着重要的作用。反之，如果激励不得当，即使拥有了最优秀的推销人员，仍然不会有最优秀的推销业绩。

(一)激励推销人员的原因

对大多数推销人员来说，需要鼓励和特别的刺激，才能使他们的工作达到最高水平。激励推销人员的原因，总结起来有如下几个方面：

(1)工作性质。推销工作经常会受到挫折，推销人员通常要独立工作，他们的工作时间是无规律的，并且经常离家在外。他们面临着有进取心的、富有竞争意识的竞争对手。由于条件限制，他们常常无法完成为赢得客户所必须做的事情，有时他们会失去经过艰苦努力而争取到的大订单。

(2)人固有的"懒惰本性"。"Y理论"认为：人的本性是懒惰的，不愿意承担责任。大多数人如果没有特别的激励，如金钱的获得和社会的承认，就不能发挥其全部才能。

(3)推销人员个人的问题。有时推销人员会为个人问题而苦恼，如家里有人生病、婚姻不和谐以及负债等，这些都影响到推销工作的正常进行。

(二)激励推销人员的方式

公平合理的激励原则，对提高推销人员的工作绩效有直接作用。对推销人员的激励一般分为物质和精神两个方面。物质激励主要包括工资加级、发放奖金或奖品以及享受其他福利待遇等。精神激励主要包括口头或文字表扬、证书、奖章等。一般来说，推销人员在其物质需要得到基本满足后，就会日益追求精神需要的满足。对推销人员进行激励的正确做法是将物质激励和精神激励有机地结合起来。

1. 环境激励

环境激励是指企业创造一种良好的工作氛围，使推销人员能心情愉快地开展工作。企业对销售人员的重视程度很重要。有些企业认为推销人员不重要，有些企业认为推销人员是实现企业价值的人，应给他们提供无限的机会。事实证明，如果对推销人员不重视，其离职率就高。企业可以召开定期的销售会议或非正式集会，为推销人员提供一个社交场所，给予推销人员与公司领导交谈的机会，给予他们在更大群体范围内结交朋友、交流感情的机会。

2. 目标激励

目标激励是指为推销人员确定一些拟达到的目标，以目标来激励推销人员。企业应建立的主要目标有销售定额、毛利额、访问户数、新客户数、访问费用和货款回收率等。其中，制订销售定额目标是企业的普遍做法。

许多公司为其推销人员确定销售定额，规定他们一年应推销的数量，并按产品分类确定。销售定额是在制订年度市场营销计划的过程中确定的。公司先确定一个可能达到的合理的预计销售指标，然后管理部门为各地区确定销售定额，各地区的销售经理再将定额分配给本地区的销售人员。

3. 物质激励

物质激励是指对做出优异成绩的推销人员给予奖金、奖品和额外报酬等实际利益，以此来调动推销人员的积极性。物质激励往往与目标激励联系起来使用。研究人员在评估各种可行激励的价值大小时发现，物质激励对推销人员的激励作用最为强烈。

应用实例

某电子产品企业的销售部门按行政区划将全国划分成不同的销售区域，每年年初向销售区域总经理下达其所辖区域的年度销售计划。销售区奖金总额根据该销售区的年度销售总额的一定比例提取。每个业务人员的奖金也与其所负责区域的销售额挂钩。如果销售区完不成销售计划，无论什么原因，销售区所有人员的奖金都会受到很大影响。

为了提高自己的销售量，业务人员在向批发商推销产品的时候，往往向客户承诺一些难以实现的优惠条件，比如批发商进货达到一定量时给予高额返利，向批发商或者专卖店提供进行统一形象装修的补贴等。同时，为了扩大自己的销售额，除了开拓自己负责的区域以外，许多销售区还向相邻销售区的经销商以优惠条件批发产品，以至于最后各销售区之间互相抢占对方的地盘。

刚开始，这种做法的确提高了企业的销售额，企业在一些地方的市场占有率也因此得以大幅度提高，销售区经理和业务人员的奖金收入在业内达到了中上水平。但是两三年以后，这种做法的弊端就开始暴露出来。一方面，许多经销商发现该企业的业务人员不守信用，令他们蒙受了很大损失，纷纷停止从这家企业进货；另一方面，由于各销售区之间互相窜货，且愈演愈烈,严重影响了企业的整体市场策略。最后,企业的整体销售业绩开始下滑。

问题:

案例中企业的销售业绩为何会下滑?企业应如何改善这种状况?

4. 精神激励

精神激励是指对做出优异成绩的推销人员给予表扬,颁发奖状、锦旗以及授予称号等,以此来激励推销人员上进。对于多数推销人员来讲,精神激励也是不可少的。精神激励是一种较高层次的激励,通常对那些受正规教育较多的年轻推销人员更为有效。所以企业负责人应深入了解推销人员的实际需要,他们不仅有物质生活上的需要,而且还有诸如理想、成就、荣誉、尊敬、安全等方面的精神需要。尤其是当物质方面的需要得到基本满足后,对精神方面的需要就会更强烈一些。有的公司每年都要评出"冠军推销员""推销状元"等,效果都很好。

5. 销售竞赛

竞争能激发推销人员求胜的意念,提高士气。销售工作是一项很具挑战性的工作,每天都要从零开始,充满艰辛和困难,所以销售主管要不时地给推销人员加油或充电。开展业绩竞赛是一个充电的好办法。竞赛奖励的目的是要鼓励推销人员付出比平时更多的努力,创造出比平时更高的业绩。要注意的问题是竞赛项目及奖励办法的科学设计。

(1)奖励设置面要宽,竞赛至少要设法使参加者人数的50%~60%有获得奖励的机会。成功的奖励办法能鼓励大多数人。奖励面太窄,会使业绩处于中下水平的业务员失去信心。

(2)业绩竞赛要和年度销售计划相配合,要有利于公司整体销售目标的完成。

(3)要建立具体的奖励颁发标准,奖励严格按实际成果颁发,杜绝不公正现象。

(4)竞赛的内容、规则、办法力求通俗易懂,简单明了。

(5)竞赛的目标不宜过高,应使大多数人通过努力都能达到。

(6)专人负责宣传推动,并将竞赛实况适时进行公布。

(7)要安排宣布推出竞赛的聚会,不时以快讯、海报等形式进行追踪报道,渲染竞赛的热烈气氛。

(8)精心选择奖品,奖品最好是大家都希望得到,但又舍不得自己花钱买的物品。

(9)奖励有时应把家属也考虑进去,如奖励去香港旅行,则应把其家属也列为招待对象。

(10)竞赛完毕,马上组织评选,公布成绩和结果,并立即颁发奖品,召开总结会。

(三)对不同类型推销人员的激励

为了更好地达到激励推销人员的目的,还可以根据推销人员的不同类型设计激励方法。

1. 追求舒适者

特征:年龄一般较大,收入较高。

需要:工作的安全感、成就感、尊严。

激励方式:分配挑战性任务,参与目标的设置,给予一定的自由和权力,并经常沟通。

2. 追求机会者

特征:收入一般较低。

需要:适当的收入、被认可、工作安全。

激励方法：薪资、沟通、销售竞赛。

3. 追求发展者

特征：一般比较年轻，受过良好的教育，有适当的收入。

需要：个人发展。

激励方法：良好的培训机会。

除此以外，还可根据推销人员的业绩状况采取不同的激励方式。比如，优秀的推销人员关心的是地位、社会认可和自我实现，而一般的推销人员关心最多的是奖金和工作的安全感。需要不同，采取的激励方式也应不同。

阅读材料

五、推销人员的绩效评估

推销绩效的评估是指企业对推销人员在一定时期内的推销工作的评定与估计，具体表现为对推销业务的核算。这是企业经营管理过程中不可缺少的一环，是推销人员提高推销工作效率的重要手段。推销绩效评估的目的在于分析推销工作及业务的效果，并从中探索规律，总结经验教训，以便进一步改进和制订新的推销计划。

（一）推销绩效评估的内容

推销绩效评估是通过对一定的项目或指标系列的核算来实现的。它主要以价值量（金额）、实物量（数量）和劳动量（时间）为计量单位记录、计算与反映企业销售部门或推销人员的推销业务动态与推销效果。按照不同的划分标准，推销绩效评估的内容可分为很多种。

按推销业务的核算范围划分，可分为全面核算与单项核算。全面核算是指对推销的全部业务活动进行的核算，单项核算是指对推销某一方面的业务活动进行的记录、计算和反映。按推销核算的指标划分，可分为销售核算、费用核算、利润核算和劳效核算等。按推销核算的形态划分，可分为价值核算、数量核算和劳动量核算等。

另外，推销绩效还可以通过其他数量标准进行衡量，如每日拜访次数、订货量、购买量、销售与拜访次数比、毛利、巡回时间等，这些数量标准都可以定量表示，很容易进行比较。评价推销绩效也可使用对企业的了解程度、客户信誉或驱动力等质量标准。有些企业把质量标准与数量标准结合在一起，规定出一些分数，推销人员的得分越高，其工作绩效越好。但质量标准带有主观意图，不容易评价，往往要借助销售管理者的判断。

当前，我国企业或推销人员的推销评估主要从数量标准所表现的经济效益方面进行核算、考察和评定。

（二）推销绩效评估的指标

企业是一个由多重要素组成的有机整体，推销成果则是这个有机整体运动的表现。推销绩效综合反映了这个有机整体中各环节、各部门的经营活动效果。因此，对推销绩效的评估需要抓住能够综合反映推销成果的指标，才能对推销绩效进行全面、科学的评价。

1. 销售量指标

销售量是反映推销绩效的重要标志之一。在其他因素不变的情况下，多销才能多得。开拓市场、扩大销售是企业经营和推销工作的重要任务，正确进行销售量核算，是准确考核推销效果、评估推销绩效的重要方法之一。销售量是指企业或推销人员在一定时期内实际推销出去的产品数量，包括合同供货方式或其他供货方式（如现货销售、代销、经销、自销等）

售出的产品数量,以及尚未到合同交货期提前交货的预交数量。准确地确定销售量所包含的内容,是销售量核算的基础工作。

销售量的统计方法有以下几种:采用送货制(包括到港交货与出港交货)的产品,在办好托运手续后就可计算销售量,统计时以承运单位的日戳为准;采用提货制的产品,在需求方办妥货款结算手续并开出提货单后即可计算销售量,统计时以提货单上的日期为准;交货后退回的本年度合格产品并再次入库的,应扣减销售量;交货后退回修理的产品,修理后不交原用户而另行销售的,应冲减销售量;各主要产品的销售量可用实物量或价值量表示,全部产品的销售量必须用价值量表示。

2. 销售收入指标

销售收入是销售量的货币表现,是以价值形式反映推销成果的一个指标。当推销人员推销的不是单一品种的产品,而是不同规格、型号、品种的产品时,为了比较各个推销人员的推销成果,就必须进行销售收入的核算。

进行销售收入核算,首先要了解有关产品的价格,然后再结合销售量统计数据,换算成销售收入。对推销人员来说,应该根据自己推销的产品的实际情况,先分别计算所推销的各种产品的销售额,再进行汇总,形成自己的全部销售收入。销售收入可具体分为计划销售收入和实际销售收入。

3. 销售费用指标

销售费用是指在推销产品过程中所发生的费用。其考核推销人员为了完成推销任务所支出的费用情况,可以及时发现费用开支中的问题,有利于把销售费用控制在预算范围内,提高费用使用率。进行销售费用评估常用的指标有以下两种:

产品销售费用率,是指在一定时期内销售费用与销售额的比例。销售费用包括与产品销售活动紧密相关的成本、费用开支,如销售项目可行性调研的费用、印刷费和广告费、交通费、通讯费、业务招待费、展销场地租赁费等。

销售费用降低率,是指一定时期内,推销人员实际支出的销售费用与计划核定的销售费用限额之间的比例。它反映了销售费用节约或超支的程度。费用的评估,可以按总费用或各分类费用结合各类别的费用配额进行比较分析。

4. 销售利润指标

推销活动的目的一方面是满足社会的需要,另一方面是获得较好的经济效益。推销活动的经济效益究竟如何,可通过销售利润指标的核算来加以明确。销售利润核算,就是在销售量或销售收入核算与销售费用核算的基础上,通过对二者的比较分析,来反映推销工作或经营活动的经济效果。

销售利润受多种因素的影响和制约,因此,销售利润指标核算还应该计算某些因素变化对销售利润产生的影响。有关这方面核算的内容有以下几方面:

(1)销售量变动对销售利润的影响

$$\text{销售量变动对销售利润的影响额} = \left(\frac{\sum \text{实际销量} \times \text{计划单价}}{\sum \text{计划销量} \times \text{计划单价}} - 1\right) \times \text{计划利润总额}$$

(2)单价变动对销售利润的影响

$$\text{单价变动对销售利润的影响额} = \sum[\text{实际销量} \times (\text{实际单价} - \text{变动单价}) \times (1 - \text{税率})]$$

(3)销售成本变动对销售利润的影响

$$\text{销售成本变动对销售利润的影响额} = \sum[\text{实际销量} \times (\text{计划单位成本} - \text{实际单位成本})]$$

(4)销售结构变动对销售利润的影响

$$\text{销售结构变动对销售利润的影响额} = \sum[(\text{实际销量} - \text{计划销量}) \times \text{单位计划利润}] - (\sum \text{实际销量} \times \text{计划单价} / \sum \text{计划销量} \times \text{计划单价} - 1) \times \text{计划利润总额}$$

销售利润是推销成果的集中体现,进行销售利润核算,可促使企业根据国家计划和市场需要生产适销对路的产品,提高销售量,降低销售费用,增加销售利润,追求最好的推销效果。

5. 推销劳效指标

为了能够全面准确地评价各个推销人员的工作程度及效果,把握此间存在的差距,奖勤罚懒,促进推销工作的发展,需要对推销劳效指标进行核算。推销劳效是推销人员从事商品推销的效率。具体反映推销劳效的绝对指标包括一定时期推销人员完成的产品推销数量、推销人员在一定时期内访问客户的次数、每次访问的收获或每百次访问征得的订单数量、访问客户所耗费的时间和招待费用、一定时期推销人员新发展的客户数和失去的老客户数等。与上述绝对指标相联系,反映推销劳效动态的相对指标主要包括推销定额完成率、人均推销额、客户访问完成率、订单平均订货量与订货合同完成率等。

(1)推销定额完成率。这一指标通过对推销人员实际完成推销情况与计划或定额推销任务间的比较,来反映推销人员的工作达到预期目标的程度。其计算公式为:

$$\text{推销定额完成率} = \frac{\text{实际完成推销量(额)}}{\text{计划推销量(额)或定额推销量(额)}} \times 100\%$$

利用推销定额完成率指标核算推销劳效具有直接性和客观性。推销劳效的大小首先体现在推销的结果上,而推销的结果又往往以推销的产品数量来代表,推销的产品数量愈多,推销劳效就愈高。推销定额完成率是反映推销产品数量的一个动态相对数,它能直接客观地反映推销劳效。

(2)人均推销额。这个指标对于衡量销售部门的平均成绩有积极意义。对推销人员来说,了解平均推销水平,也便于检查自己的推销工作,可以激励自己努力推销,提高工作绩效,赶超平均水平。其计算公式为:

$$\text{人均推销额} = \frac{\text{一定时期内商品销售总额}}{\text{推销人员总人数}}$$

(3)客户访问完成率。这一指标是一定时期内(年或月)推销人员实际访问客户的次数(或户数)与计划规定的标准访问次数(或户数)的比例。其计算公式为:

$$\text{客户访问完成率} = \frac{\text{实际访问客户次数}}{\text{计划访问客户次数}} \times 100\%$$

或

$$\text{客户访问完成率} = \frac{\text{实际访问客户数}}{\text{计划访问客户数}} \times 100\%$$

访问客户是推销人员的职责之一,也是推销工作的基本内容。因此计算客户访问完成率实质就是通过推销劳动的过程反映核算推销劳效,评估推销工作绩效。

应用实例

红灯笼公司的推销绩效评估指标体系

在红灯笼公司，对推销人员最主要的考核内容包括约见情况和签单情况。针对这一考核标准，在CRM(Customer Relationship Management，客户关系管理，具体介绍见任务二的相关内容)软件中，金蝶就专门为红灯笼公司设置了“客户约见统计分析报表”功能。按照红灯笼公司的要求，一个销售人员一天至少约见3个客户，而且，在每月约见的客户中，必须有65%是新客户。每到月底进行考核时，红灯笼公司的郭涛就会打开其计算应用系统中的客户约见统计分析报表生成功能，熟练地输入相关的时间，选择考核人员。郭涛说：“我们根据一个月里一个推销人员在工作日约见的客户数，平均下来，可以轻松得出每天约见的数量，以及其中约见的新客户所占的百分比。另外，我们的客户关系管理系统不但可以生成约见报表，还可以进行纵向的比较，生成递增月更新报表。通过这两个表，公司的管理层就可以查看推销人员的工作情况了。”对于签单情况报表的生成也是类似的，不同的是，对于签单情况的报表，红灯笼公司还会排列成销售排行榜，提供给管理层。

保证客户资源的稳定性和对员工进行科学的业绩考核，其目的都是为了把公司内部理顺，使管理明朗化，而这些努力是保证红灯笼公司的客户得到满意服务的基础。在现在中国的市场中，竞争是非常激烈的，客户也许只要轻点鼠标或打一个电话就可以转向竞争者。在这样的环境下，采用客户关系管理系统完成对服务队伍的科学管理，是实现服务流程的自动化和优化，加强对服务过程的控制和管理，实现标准化、准确化的服务，对于提高服务效果，增加客户满意度极为重要。

问题：

你认为上述公司的推销绩效评估指标体系合理吗？

(4)订单平均订货量。订单平均订货量即一定时期内获得的订单或合同订货总量(金额)与订单或合同总数的比值。其计算公式为：

$$\text{订单平均订货量}=\frac{\text{订单(或合同)订货总量(金额)}}{\text{订单(或合同)总数}}$$

订单平均订货量指标既反映推销人员争取到的订单数量，又体现了订单的容量，它用于核定推销价格低、品种规格多、用户分散、订单订货量少的这类产品的推销人员的推销劳效。

(5)订货合同完成率。这个指标又称履约率，对核算推销合同的完成程度有重要意义。订货合同完成率的计算公式为：

$$\text{订货合同完成率}=\frac{\text{合同期交货数}}{\text{合同期订货数}}\times 100\%$$

其中，

$$\text{合同期交货数}=\text{合同期订货数}-(\text{合同期欠交数}+\text{合同期超交数})$$

(三)推销绩效评估的方法

推销绩效评估的方法很多,根据评估掌握的情况和目标,常用的方法有以下几种:

1. 纵向分析法

纵向分析法是指通过推销指标绝对数值的对比确定数量差异的一种方法,其作用在于揭示客观存在的差距,发现值得研究的问题,为进一步分析原因指明方向。依据分析的不同要求,主要可进行三种比较分析:将实际资料与计划资料对比,说明计划完成情况;将实际资料与前期资料对比,考察推销活动的发展变化;将实际资料与先进资料对比,找出差距和原因,挖掘潜力。

2. 横向对比分析法

横向对比分析法是指企业对所有推销人员的工作业绩加以相互比较的分析方法。正确运用横向对比分析法,必须在充分考虑各地市场潜力、工作量、竞争激烈程度、企业促销配合等因素的基础上制定合理的目标。但在实际评估中,推销管理部门很难面面俱到地考虑所有的影响因素,在目标的制定上有一定的主观偏差,如果仅用这种分析方法,则容易引起误解。因此,配合纵向分析法,能够更全面、准确地评估推销绩效。

3. 尺度考评法

尺度考评法是将考评的各个项目都配以考评尺度,制定一份考核比例表加以考评的方法。在考核表中,可以将每项考评因素划分为不同的等级考核标准,然后根据每个推销人员的表现按依据评分,并可对不同的考评因素按其重要程度给予不同的权数,最后核算。

工作任务

制订推销人员培训计划

工作任务提示:

通过对推销人员培训计划的学习和理解,能够为特定企业制订适合其实际情况的推销人员培训计划。

工作任务内容:

第一,回顾基础知识中制订推销人员培训计划的内容。

第二,推销团队收集相关资料,为其制订可行的推销人员培训计划。

工作任务要求:

小组完成,全班进行讨论,制订培训计划方案。

任务二 客户管理

基础知识

完成本任务所需要的基础知识包括客户管理的概念、建立客户档案、客户分类管理、处理客户投诉。

一、客户管理的概念

客户管理,即客户关系管理(Customer Relationship Management)的简称,也可以称作CRM。客户管理就是通过对客户详细资料的深入分析,提升客户满意程度,从而提高企业的竞争力的一种手段。客户关系是指围绕客户生命周期发生、发展的信息归集。客户管理是企业选择和管理有价值客户及其关系的一种商业策略,要求以客户为中心的商业哲学和企业文化来支持有效的市场营销、销售与服务流程。

客户管理是一个获取、保持和增加可获利客户的方法和过程。客户管理既是一种崭新的、国际领先的、以客户为中心的企业管理理论、商业理念和商业运作模式,又是一种以信息技术为手段,有效提高企业收益、客户满意度、雇员生产力的实现方法。1999年,Gartner Group Inc提出了CRM概念。Gartner Group Inc在早期提出的ERP(Enterprise Resource Planning,企业资源计划)概念中,强调对供应链进行整体管理。而客户作为供应链中的一环,为什么要针对它单独提出一个CRM概念呢?原因之一在于,在ERP系统的实际应用中,人们发现,由于ERP系统本身功能方面的局限性,也由于IT技术发展阶段的局限性,ERP系统并没有很好地实现对供应链下游(客户端)的管理,由于客户的多样性,ERP系统也没有给出良好的解决办法。原因之二在于,到20世纪90年代末期,互联网的应用越来越普及,客户信息处理技术(如数据仓库、商业智能、知识发现等技术)得到了长足的发展。结合新经济的需求和新技术的发展,Gartner Group Inc提出了CRM概念。从20世纪90年代末期开始,CRM市场一直处于一种爆炸性增长的状态。

实施客户管理的目标是通过全面提升企业业务流程的管理水平来降低企业成本,通过提供更快速和周到的优质服务来吸引和保持更多的客户。作为一种新型管理机制,客户管理极大地改善了企业与客户之间的关系,实施于企业的市场营销、销售、服务与技术支持等与客户相关的领域。

二、建立客户档案

要进行有效的客户管理,首先要对客户有充分的了解,能及时了解客户的各种变化,能够科学地将各种相关资料进行记录、分析、整理、归类,也就是要建立客户档案。建立客户档案便于推销人员与客户保持密切的人际关系,建立长期稳定的业务关系。同时,通过日积月累,使有关资料越来越丰富,对这些资料进行分析整理后,必然又能得到许多有价值的信息,为推销人员与客户打交道提供更大的帮助。美国和日本的许多大公司都拥有数量庞大而周密的客户情报资料,作为企业今后生产、销售的重要依据。因此,建立客户档案十分必要。客户档案主要包括客户基础资料、客户经营资料以及客户行为资料。

1. 基础资料

客户基础资料指推销人员应了解的客户基本情况,一般包括两个方面:个人基本资料和企业背景资料。

个人基本资料是指个人消费者或企业购买决策人和关键人物的个人资料,具体包括以下几方面内容:

(1)基本资料:姓名、性别、年龄、职业、职称和职务、联系方式、籍贯、出生日期等。

(2)教育情况:学历、各学习阶段的起止时间和学校名称、所学专业、在校期间的情况等。

(3)家庭情况:婚姻状况、配偶情况(姓名、爱好、对购买者的影响力等)、子女情况(性别、年龄、受教育情况等)。

(4)人际情况:亲戚情况、朋友情况、同事情况等。

(5)事业情况:工作经历、个人抱负、奋斗目标、在公司中的地位等。

(6)生活情况:业余爱好、经济状况等。

(7)个性情况:价值观、个性、待人处事的风格等。

(8)个人消费经历:过往的消费经历,对竞争对手的产品或服务的评价等。

企业背景资料指企业客户的消费经历,具体包括以下几项:

(1)基本资料:企业名称、地址、各种通讯方式、所有者、经营者、创业时间、行业地位、经营范围、企业类别、资产、企业规模、组织架构及购买决策流程等。

(2)客户特征:经营理念、经营特点、企业形象等。

2. 经营资料

经营资料指与企业客户相关的经营情况和信用情况,主要包括:企业目标、服务区域、销售能力、企业经营现状、企业存在的问题、发展潜力、销售业绩、未来的对策、信用状况、支付能力、经营管理者及业务员的素质、与其他竞争者的关系等。

3. 行为资料

行为资料指客户购买行为的记录,比如,客户与本企业交往的历史、购买的人员和部门、各部门对产品的评价、每次订货量和订货频率、每次交易纠纷的情况记录、双方合作的情况、使用竞争对手同类产品的情况等。

三、客户分类管理

(一)客户分类管理的必要性

由于客户的规模、经营时间、经营方式、管理能力等各方面都存在较大的差异,企业实施客户管理时就要对客户进行评估,从各类不同客户中筛选符合企业合作要求的客户类型,即采取客户分类管理方法。通过客户分类,企业可以突出重点,以点带面,使客户能够长期与企业共同发展。

客户分类是市场营销管理的内在要求。意大利经济学家及社会学家维尔弗雷多·帕拉多创立的“80/20 原则”,阐述的中心思想是 80%的结果来自于 20%的原因,即企业的销售额(或其他的重要指标)可以解释为 80%是来自 20%的重要客户,而其余 80%的大部分客户的销售额只占企业销售额的 20%。

任何一个企业的资源都是有限的,不可能为所有客户提供同等满意的产品和服务。目前多数企业在服务资源的配置上存在着“大锅饭”或“倒置”现象,即对所有客户一视同仁,重要客户并未得到更多的服务。企业要想获得最大限度的收益,就必须对自己拥有的客户进行有效的差异分析,并根据这种差异来区分不同价值的客户,指导企业更合理地配置有限的市场销售、服务和管理资源,确保企业的投入和付出都用在“刀刃”上,实现客户资源价值和企业投入回报的同步最大化。

对客户进行分类管理,有利于企业根据关键客户和合适客户的需要,进行客户个性化设计、制造和服务,使客户的个性化需要得到满足,使客户价值最大化,这是客户的需要,也是营销管理的动力之源。

(二)客户分类管理的方法

客户管理的一个重要原则就是要做好对重要客户的管理。在此,介绍一种较实用的客户分类方法——ABCD客户分类法。根据客户差异的分析,按照一定的方式确定不同客户群对企业的价值以及重要程度,把客户群分为VIP客户(A类客户)、主要客户(B类客户)、普通客户(C类客户)、小客户(D类客户)四个类别,并针对不同客户类别制定不同的营销策略,配置不同的市场销售、服务和管理资源,以追求较高的投入产出比。按照客户价值分类,找到最有价值的客户,才是企业最重要的工作,ABCD客户分类法是一种比较实用的客户分类方法。划分好客户类别之后,即可依据客户价值,由营业部策划配套的客户关怀项目。

1. VIP客户

VIP客户,即A类客户,是在过去特定的时间内,购买金额最多的前1%且具有最大发展潜力的客户。VIP客户(A类客户)是公司的优质核心客户群,由于他们经营稳健,做事规矩,销量大、单价高、信誉度好,能给公司带来长期稳定的收入,值得公司花费大量时间和精力来提高该类客户的满意度。对这类客户的管理应做到以下几点:

(1)指派专门的推销人员经常联络,定期走访,为他们提供最快捷、周到的服务,享受最大的实惠;公司领导也应定期去拜访他们,密切注意该类客户所处行业的发展趋势、企业人事变动等其他异常动向。

(2)该类客户的订单在安排计划时采取相应的保护措施,保证货期的准确。

(3)安排优秀的跟单员跟进该类客户的订单,配套一系列好的软、硬件资源。优先处理该类客户的抱怨和投诉。

2. 主要客户

主要客户,即B类客户,是在特定时间内,购买金额最多的前5%且具有较大发展潜力客户中扣除VIP客户后的客户。这类客户较易变为忠诚客户,因此值得推销人员投入时间和金钱来建立关系。对主要客户(B类客户)的管理应注意以下几点:

(1)指派专门的推销人员(或客户代表)经常联络,定期走访,为他们提供服务的同时更多的是关注;营销主管也应定期去拜访他们。

(2)密切注意该类客户的产品销售、资金支付能力、人事变动、重组等异常动向,以避免倒闭的风险。

3. 普通客户

普通客户,即C类客户,是购买金额最多的20%客户中扣除前两种客户之外的客户,他们具有低成交额和中等发展潜力的特点。对于这类客户,推销人员一方面可设法从中找出“明日之星”,把其培养为B类客户;另一方面,应适当控制时间和精力的投入,向他们提供必要的服务,并与这些客户保持联系,让他们知道,在他们需要的时候,推销人员总是会伸出援手的。

4. 小客户

小客户,即D类客户,是除上述三种客户外,剩下的客户。这类客户往往购买量少,忠诚度很低。对这些客户,推销人员应提供有限的时间和服务,以保证重要的客户得到充分的重视。

四、处理客户投诉

客户投诉是因商家的产品质量、服务态度等存在问题，客户向商家主管部门反映情况，检举问题，并要求得到相应的补偿的一种手段。当今社会，这种情况发生的频率越来越高，这是一种进步的表现。客户投诉可以使企业及时发现并修正产品或服务中的失误，开创新的商机，可以帮助企业建立和巩固自身的形象。

将客户投诉转变为企业收益的前提是正确处理客户投诉，并从中挖掘对企业的价值。一般情况下，正确处理客户投诉的流程包括以下几个主要步骤：

1. 记录投诉内容

根据客户投诉登记表详细记录客户投诉的全部内容，如投诉人、投诉时间、投诉对象、投诉要求等。在这一阶段主要了解事情的来龙去脉，以便帮助客户解决问题，也要注意疏导和安抚客户的情绪。

2. 判断投诉是否成立

在了解客户投诉的内容后，要确定客户投诉的理由是否充分，投诉要求是否合理。这一步骤的工作要求推销人员谨慎处理，通过复述、询问等方法仔细核实事情的经过，并由此判断事情的真相。如果投诉并不成立，可以委婉的方式答复客户，以取得客户的谅解，消除误会。

3. 公平提出处理方案

依据实际情况，参照客户的投诉要求，提出解决投诉的具体方案，如退货、换货、维修、折价、赔偿等。

4. 提交主管领导批示

针对客户投诉问题，主管领导应对投诉的处理方案一一过目，并及时做出批示。根据实际情况，采取一切可能的措施，尽力挽回已经出现的损失。

5. 实施处理方案

为了提出一个公平合理的解决办法，推销人员必须获得下列信息：客户索赔的金额、客户索赔的频率、客户的重要程度、所采取的行动对客户可能的影响程度、推销人员在处理其他索赔时的经验以及特定的索赔信息。在检查了所提供的信息后，再采取退货、换货、维修、折价、赔偿等形式。

6. 总结评价

对投诉处理过程进行总结与综合评价，吸取经验教训，并提出改善对策，从而不断完善企业的经营管理和业务运作，提高客户服务质量和服务水平，降低投诉率。

工作任务

运用 ABCD 客户分类法进行客户分类管理

工作任务提示：

本工作任务将帮助团队掌握客户分类管理的方法，指导销售实践。

工作任务内容：

第一,团队讨论进行客户分类管理的必要性;

第二,选择ABCD客户分类法进行具体的客户分类。

工作任务要求:

第一,团队分工协作完成,进行小组讨论;

第二,以书面报告的形式分析客户分类管理的必要性和使用ABCD客户分类法对客户进行分类的具体策略。

课程小结

任务一　推销人员管理

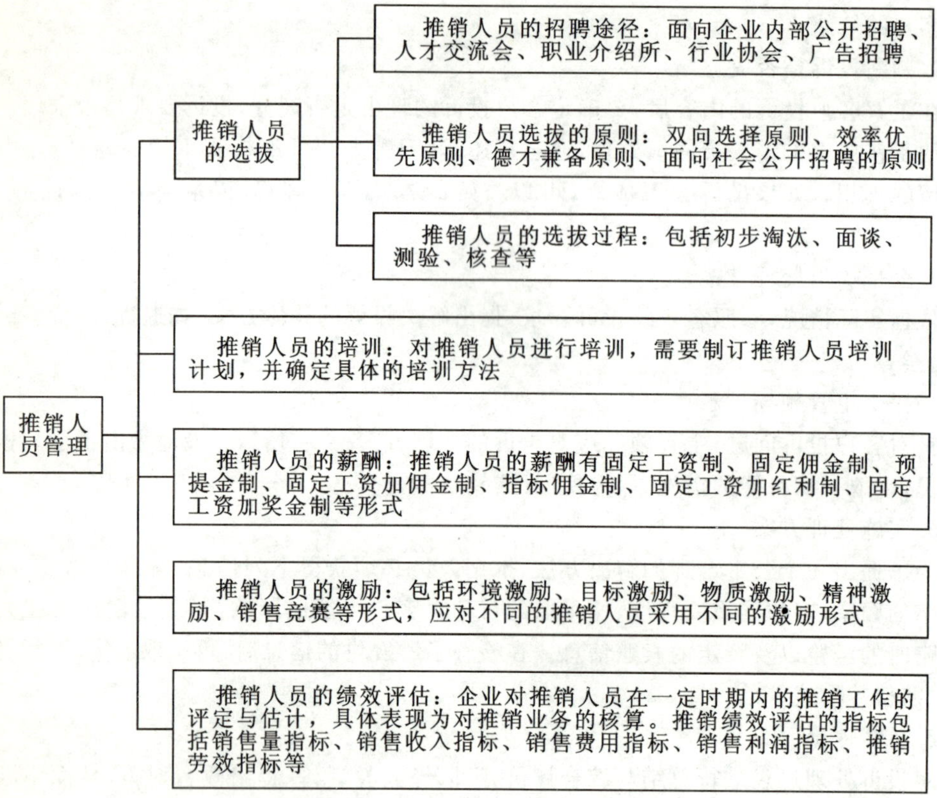

任务二　客户管理

客户管理

- 客户管理的概念：通过对客观详细资料的深入分析，提升客户满意程度，从而提升企业的竞争力的一种手段
- 客户档案的建立需要收集客户基础资料、客户经营资料以及客户行为资料的相关信息
- 客户分类管理：是市场营销管理的内在要求，ABCD客户分类法是一种较实用的客户分类方法，它将客户分为VIP客户、主要客户、普通客户、小客户四个类别，针对不同客户类别制定不同的营销策略
- 处理客户投诉的流程：包括记录投诉内容、判断投诉是否成立、公平提出处理方案、提交主管领导批示、实施处理方案、总结评价等步骤

复习思考题

1. 简述进行推销人员甄选时的面谈技巧。
2. 简述推销人员的培训方法。
3. 简述对推销人员常用的激励方式。
4. 简述 ABCD 客户分类法。
5. 简述处理客户投诉的流程。

测试题

案例分析

日本资生堂化妆品公司是一个著名的企业，它在经营管理方面有一套独特的经验，值得借鉴。这个公司在培训职工时曾用过以下办法来测试：

首先，组织所有参加培训的员工围绕金鱼缸观察一段时间。其次，组织所有参加培训的员工到专门养螃蟹的地方再去观察一段时间。最后，通过对两种生物体生活的观察，要求每人写出一份较完整的观后感(体会)。

问题：

(1)这个公司采用上述办法有何意图？

(2)假如你是其中一名被测试者，你的观后感是怎样的？

参考文献

[1]田春来.现代推销技术[M].北京:北京理工大学出版社,2012.

[2]张晓,许洪岩.现代推销技术[M].北京:北京交通大学出版社,2011.

[3]余姗姗,王彤.现代推销技术[M].北京:中国传媒大学出版社,2011.

[4]付春雨.推销技术[M].西安:西北工业大学出版社,2012.

[5]张月莉,齐永智,刘江鹏.现代推销技术[M].成都:西南财经大学出版社,2009.

[6]郭奉元,黄金火.现代推销技术[M].北京:高等教育出版社,2009.

[7]杜明汉.商务礼仪[M].北京:高等教育出版社,2010.

[8]许进.销售新人全能训练手册[M].北京:机械工业出版社,2008.

[9]阿乔.把斧头推销给总统[J].名人传记(财富人物),2008(1).

[10]张春霞,戴克商.现代推销技术[M].北京:北京交通大学出版社,2007.

[11]毕思勇.推销原理与实务[M].北京:高等教育出版社,2007.

[12]王茗.推销高手评析高手推销[J].销售与市场,1995(8).

[13]余琦.学会和各种客户打交道[M].北京:中国华侨出版社,2011.

[14]史文迪.世界上最会说话的人[M].北京:北京邮电大学出版社,2005.

[15]张雁白,陈焕明.现代推销学[M].2版.北京:中国人民大学出版社,2014.

[16]余远坤,蒋勇.现代推销学[M].北京:清华大学出版社,2012.

[17]张秋林.现代推销理论与实务[M].南京:南京大学出版社,2008.

[18]陈妍.推销实务[M].北京:人民邮电出版社,2010.

[19]赵欣然,王霖琳.推销原理与技巧[M].北京:北京大学出版社,2011.

[20]平怡.推销理论与实务[M].北京:北京理工大学出版社,2010.

[21]李文国,夏冬.现代推销技术[M].2版.北京:清华大学出版社,2015.

[22]韩光军,周宏.现代推销学[M].6版.北京:首都经济贸易大学出版社,2015.

[23]毕思勇.推销技术[M].2版.北京:高等教育出版社,2015.

测试题

答案